融合型·新形态教材
复旦学前云平台 fudanxueqian.com

幼儿保育专业系列教材

幼儿保育专业考证指导与训练

YOUER BAOYU ZHUANYE KAOZHENG ZHIDAO YU XUNLIAN

主　编　雷红云

副 主 编　吴劲茵　林锡赢

参编人员　聂春莲　吴小平　陆基伟

　　　　　杜文阁　彭　颖　陈嘉琪

复旦大学出版社

内容简介

本教材根据《国家职业技能标准（保育师中级·2021年版）》的要求，依据国家卫生健康委员会《托育机构设置标准（试行）》《托育机构管理规范（试行）》和《托育机构保育指导大纲（试行）》等编写而成，反映了国家对保育师职业的新要求，满足托幼机构保育工作不断发展的需要。

本教材系统概括了专业核心课程的相关考证知识，聚焦保育师的职业道德、幼儿保育政策法规常识、幼儿生理发展与保育、幼儿早期发展、幼儿生活照护、幼儿安全照护、幼儿健康照护、幼儿园保育环境管理。教材将理论知识融入实操项目中，综合设计实训内容，每个实训内容以考试题目的形式呈现，题目操作流程一目了然，可操作性极强，有利于培养学生考证的实战经验。

本教材配有强化练习题、聚焦考证题和参考答案，其中强化练习题可以在线反复练习；在"实操题目"中为每个项目配了视频，学生可更加生动直观地感受实操考试的内容和情境。本教材还配套教学大纲、课件及教案，可登录复旦学前云平台（www.fudanxueqian.com）查看、获取。

复旦学前云平台
fudanxueqian.com

复旦学前云平台
数字化教学支持说明

为提高教学服务水平，促进课程立体化建设，复旦大学出版社学前教育分社建设了"复旦学前云平台"，为师生提供丰富的课程配套资源，可通过"电脑端"和"手机端"查看、获取。

【电脑端】

电脑端资源包括 PPT 课件、电子教案、习题答案、课程大纲、音频、视频等内容。可登录"复旦学前云平台"www.fudanxueqian.com 浏览、下载。

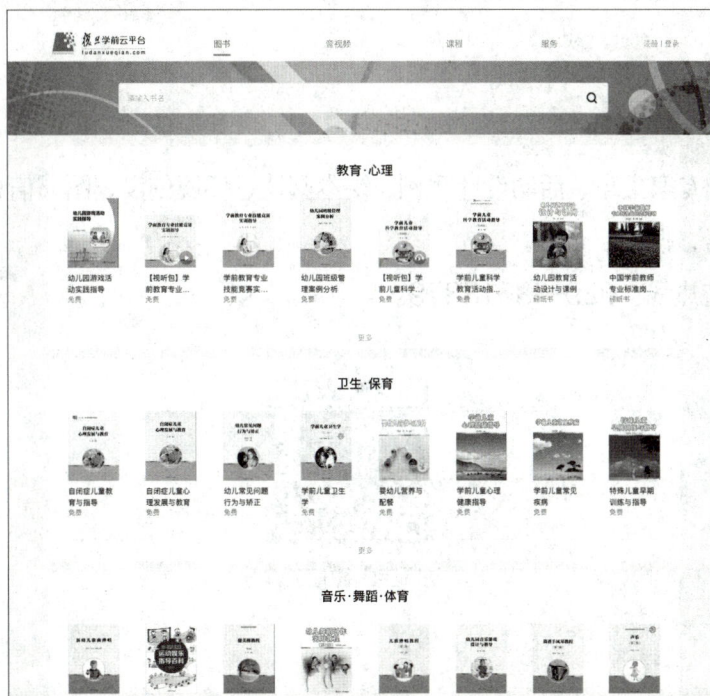

Step 1　登录网站"复旦学前云平台"www.fudanxueqian.com，点击右上角"登录／注册"，使用手机号注册。

Step 2　在"搜索"栏输入相关书名，找到该书，点击进入。

Step 3　点击【配套资源】中的"下载"（首次使用需输入教师信息），即可下载。音频、视频内容可通过搜索该书【视听包】在线浏览。

PPT 课件、音视频、阅读材料：用微信扫描书中二维码即可浏览。

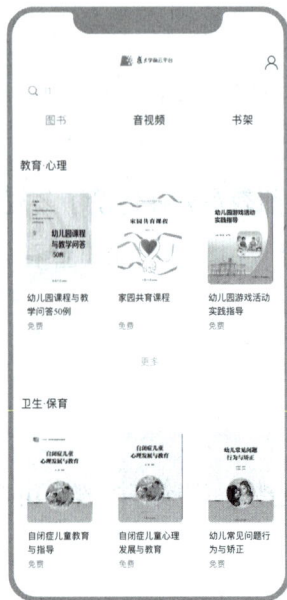

扫码浏览 ➡

更多资源，如专家文章、活动设计案例、绘本阅读、环境创设、图书信息等，可关注"幼师宝"微信公众号，搜索、查阅。

平台技术支持热线：029-68518879。

"幼师宝"微信公众号

1. 刮开书后封底二维码的遮盖涂层。

2. 使用手机微信扫描二维码，根据提示注册登录后，完成本书配套在线资源激活。

3. 本书配套的资源可以在手机端使用，也可以在电脑端用刮码激活时绑定的手机号登录使用。

4. 如您的身份是教师，需要对学生使用本书的配套资料情况进行后台数据查看、监督学生学习情况，我们提供配套教师端服务，有需要的老师请登录复旦学前云平台官方网址：www.fudanxueqian.com，进入"教师监控端申请入口"提交相关资料后申请开通。

前言

幼儿保育是适应我国新时代社会发展需要应运而生的一种新型专业。2019年，在《中等职业学校专业目录》中增设幼儿保育专业。自2020年起，中职学前教育专业两年内分批转设成幼儿保育专业。幼儿保育专业作为新兴专业，急需开展教材建设。依据《保育师国家职业技能标准（2021年版）》，将"保育员"职业名称变更为"保育师"，增加了二级/技师和一级/高级技师两个职业技能等级。依据国家卫生健康委员会《托育机构设置标准（试行）》《托育机构管理规范（试行）》和《托育机构保育指导大纲（试行）》，"职业功能"聚焦生活照料、安全健康管理、早期学习支持和合作共育，增加了环境创设职业功能，满足托育机构保育工作不断发展的需要。

幼儿保育专业是集理论性和技能性于一体的高标准专业，《幼儿保育专业考证指导与训练》是"幼儿保育专业"的综合性教材，突出综合培养、全面发展的要求。通过对在校的幼儿保育专业学生进行保育职业技能培训，帮助学生考取职业资格，拓宽学生就业渠道，全面提高学生职业技能水平，加快技能人才队伍建设。

本教材编写反映了国家对保育师职业的新要求，根据保育师的"工作内容"和"技能要求"，教材内容由理论知识、技能操作两部分构成。理论知识部分体现了知识的先进性和时代性，反映了当前幼儿保育职业发展的新规范、新标准。技能操作部分体现了幼儿保育职业发展的新技术、新工艺。理论知识分八个模块：保育师的职业道德、幼儿保育政策法规常识、幼儿生理发展与保育、幼儿早期发展、幼儿生活照护、幼儿安全照护、幼儿健康照护和幼儿园保育环境管理。技能操作分五个模块：环境管理、生活照料、安全健康管理、早期学习支持和合作共育。

该教材具有以下特点：

1. 本教材的编写注重发挥"课程思政"的引领作用，培养学生树立正确的教育理念，具有爱岗敬业、精益求精的工匠精神，落实立德树人的根本任务。在每个模块的任务要求中都突出培养学生遵循幼儿成长特点和规律、促进幼儿身体和心理全面发展的师德要求。

2. 本教材的编写符合学生认知特点，强调理论实践一体化，突出"做中学、做中教"的特色。

3. 本教材的编写体现"岗课证赛"一体化的职业教育理念,遵循幼儿保育专业职业岗位知识技能要求,按照保育岗位工作任务逻辑组织模块内容,每个模块分若干项目,每个项目分若干任务。每个任务都从"案例导入"引出知识点学习,以职业情境分析贯穿始终,以实操项目检验学习效果,让学生充分感受到理论知识与技能操作的紧密结合。

4. 该教材编写将理论知识融入技能操作中,综合设计实操项目,培养学生的适岗综合能力,提升人才培养质量。技能操作部分包含了对幼儿保育专业岗位能力和考证题目的透彻分析,以试题的形式呈现,各操作环节紧扣保育师考证的要求,操作流程一目了然,便于学生掌握,有利于丰富学生考证的实战经验。

本教材配有数字化教学资源,学生可以从中找到相关政策文本,以及更多的参考资料进行拓展阅读,本教材参考学时建议72学时。

课时分配表(仅供参考)

篇　目	课　程　内　容	教学(或实训)时数
理论知识	模块一　保育师的职业道德	4
	模块二　幼儿保育政策法规常识	8
	模块三　幼儿生理发展与保育	6
	模块四　幼儿早期发展	10
	模块五　幼儿生活照护	6
	模块六　幼儿安全照护	6
	模块七　幼儿健康照护	7
	模块八　幼儿园保育环境管理	5
技能操作	模块一　环境管理	3
	模块二　生活照料	4
	模块三　安全健康管理	7
	模块四　早期学习支持	4
	模块五　合作共育	2
合　计		72

本教材编写团队来自广东江门幼儿师范高等专科学校、江门中医药职业学院、佛山市顺德区陈村职业技术学校、中山市中等专业学校、江门市新会机电职业技术学校等。本教材由雷红云担任主编,负责全书统稿工作。理论知识模块编写分工为:模块一、模块二由林锡赢编写,模块三由聂春莲编写,模块四由吴小平编写,模块五由陆基伟、杜文阁编写,模块六由彭颖编写,模块七由陆基伟编写,模块八由陈嘉琪编写。理论知识模块作者都参与了相应技能操作模块的题目设计与编写。吴劲茵、陈春燕、何嘉仪、林晓玲、刘洋和黄珍文对教材的前期编写做了大量的实操项目的资料收集和编写工作。

江门市第一幼儿园李爱东园长对教材视频的拍摄给予了鼎力支持。江门市妇幼保健院儿保科陈艳娟主任、陈翠柳主任对幼儿园清洁消毒的相关标准给予了专业指导。在编写过程中，我们参考并借鉴了许多专家、学者的观点，在此一并表示衷心感谢！

由于编者水平有限，书中难免有疏漏和不足之处，恳请广大读者批评指正。

编 者

2023 年 4 月

目 录

模块 一

保育师的职业道德

项目一 → 保育师的职业道德基本知识

项目二 → 保育师的职业理念和职业守则

职业道德是指从职人员在职业活动中应当遵循的道德，在职业生活中形成和发展，以调节职业活动中的特殊道德关系和利益矛盾，是一般社会道德在职业活动中的体现。保育师职业道德是指保育师在一定的职业道德知识、情感、意志、信念支配下而自觉遵循的行为准则和规范，是保育师的思想觉悟、道德品质和精神面貌的集中体现。本模块主要阐述保育师职业道德的基本知识，要求学生能运用所学知识进行案例分析，践行职业理念，遵守职业守则，落实立德树人根本任务，呵护幼儿健康成长。

》》 **学习目标**

1. 掌握保育师职业道德的基本知识。
2. 掌握保育师的职业理念与职业守则。
3. 能在保教工作中践行职业道德，落实立德树人根本任务。

》》 **内容结构**

```
                          ┌─ 保育师的职业道德基本知识 ─┬─ 职业道德概述
                          │                            └─ 保育师职业道德的内在要求及意义
保育师的职业道德 ─────────┤
                          └─ 保育师的职业理念和职业守则 ─┬─ 保育师的职业理念
                                                         └─ 保育师的职业守则
```

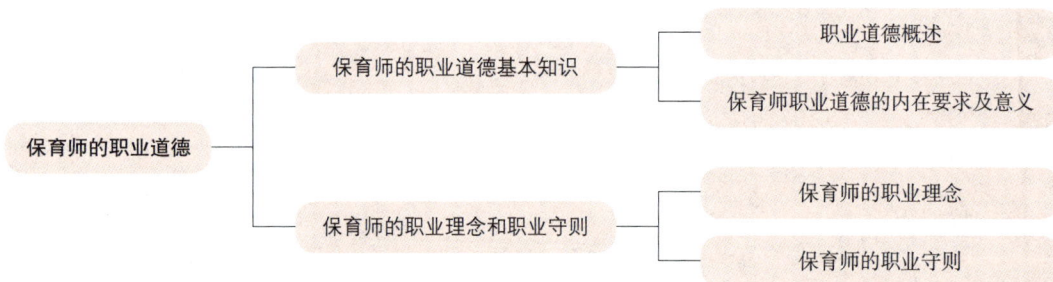

项目一　保育师的职业道德基本知识

任务一　职业道德概述

案例导入

2019年12月，某托育中心保育师许某某、潘某某在保育过程中，拉扯幼儿、让幼儿自己打自己嘴巴，这种体罚幼儿的保育行为严重伤害了幼儿，违背了新时代托幼机构保育师的职业道德。作为保育师，应该遵循哪些职业道德要求呢？

任务要求

1. 理解职业、道德、职业道德的概念和内涵。
2. 在日常保育工作中积极践行职业道德规范。

　　保育师职业的对象是幼儿，幼儿的生长发育迅速且未完善，他们可塑性很强，但知识经验匮乏；他们活动欲望强烈但自我保护意识薄弱；他们心灵稚嫩、天真烂漫，但特别容易受到伤害。保育师的一言一行、一举一动都会对幼儿产生潜移默化的影响，因此，需要建设一支品德高尚、富有爱心、敬业奉献、素质优良的幼儿园保育队伍。

一、职业

　　职业，即个人所从事的服务于社会并作为主要生活来源的工作，是通过运用专业的技能和知识创造物质或精神财富，获取合理报酬，丰富社会物质或精神生活的一项工作。2022年新版《中华人民共和国职业分类大典》将社会职业分为八个大类，其中保育师（编码4-10-01-03）属于第四大类——社会生产服务和生活服务人员中的居民服务人员的生活照料服务人员（编码4-10-01）。

二、道德

　　道德是以善恶评价的方式调节人际关系的行为规范和人类自我完善的一种社会价值形态。道德通过社会的或一定阶级的舆论对社会生活起约束作用。进入新时代，我国大力弘扬社会主义核心价值观，积极倡导富强民主文明和谐、自由平等公正法治、爱国敬业诚信友善，全面推进社会公德、职业道德、家庭美德、个人品德建设，引导人们向往和追求讲道德、尊道德、守道德的生活。

三、职业道德

　　职业道德的概念有广义和狭义之分。广义的职业道德是指从业人员在职业活动中应该遵循的行为准则，涵盖了从业人员与服务对象、职业与职工、职业与职业之间的关系。狭义的职业道德是指一定社会、一定阶级要求人们遵循的调整个人与个人之间以及个人与社会之间关系的行为准则和规范的总和。良好的职业道德是每一个员工都必须具备的基本品质和素质。进入新时代，我国推动践行以爱岗敬业、诚实守信、办事公道、热情服务、奉献社会为主要内容的职业道德，鼓励人们在工作中做一个对社会有贡献的人。《幼儿园工作规程》2016年3月版第一章第六条规定：幼儿园教职工应当尊重、爱护幼儿，严禁虐待、歧视、体罚和变相体罚、侮辱幼儿人格等损害幼儿身心健康的行为。

聚焦考证

　　（单项选择题）职业是指人们利用（　　　）参与社会分工，创造社会价值，获得合理报酬作为物质生活来源，并满足精神需求的工作。

　　A. 专业技能和知识　　　　B. 自己的优点　　　　C. 自己的爱好　　　　D. 劳动力

　　【破题要领】A。此题考查的是职业概念。

　　（单项选择题）狭义的（　　　）是指一定社会、一定阶级要求人们遵循的调整个人与个人之间以及个人与社会之间关系的行为准则和规范的总和。

　　A. 职业　　　　　　　　　B. 道德　　　　　　　C. 职业道德　　　　　D. 高尚的道德

　　【破题要领】C。此题考查的是狭义的职业道德概念。

任务二　保育师职业道德的内在要求及意义

案例导入

　　日前，家住深圳龙岗的冯女士（化名）发现儿子小鸥从幼儿园回家后脖子上有伤痕。此外，孩子晚上睡觉时经常会做噩梦。经过警方调查，保育师朱某（化名）在幼儿园午睡时间对不愿睡觉的小鸥进行殴打。作为保育师，应该如何守护幼儿健康成长？

任务要求

1. 理解保育师、保育师职业道德的内涵及意义。
2. 践行保育师职业道德的内在要求，促进幼儿全面发展。

保育师是指在托育机构及其他保育场所中，从事幼儿生活照料、安全照护、营养喂养和早期发展工作的人员。保育师的学历要求是高中毕业（或同等学力）及以上文化程度。保育师的职业技能等级共设五个等级，分别为：五级/初级工、四级/中级工、三级/高级工、二级/技师、一级/高级技师。

一、保育师的职业能力特征

保育师的职业能力特征是身心健康，人格健全；热爱幼儿，认真负责；亲切和蔼，善于沟通；观察敏锐，身体灵活。

二、保育师职业道德的内在要求

保育师的职业道德是指保育师在一定的职业道德知识、情感、意志、信念支配下而自觉遵循的行为准则和规范，是保育师的思想觉悟、道德品质和精神面貌的集中体现。保育师是托儿所、幼儿园保育工作的主要实施者，应当具有良好的职业道德，落实立德树人根本任务，爱岗敬业，细致耐心，呵护幼儿健康成长。

聚焦考证

（单项选择题）保育师职业道德是指保育师在一定（　　　），情感、意志、信念支配下而自觉遵循的行为准则和规范。

A. 职业道德知识　　　　　B. 道德观念知识　　　　C. 专业理论知识　　　　D. 法律法规知识

【破题要领】 A。此题考查的是保育师职业道德概念。

保育师具有高尚的职业道德是其职业特点的要求，对待幼儿要做到有责任心、耐心、细心，为幼儿健康成长服务。

第一，保育师的工作职责需要其具备高尚的职业道德。

幼儿园保育师的主要职责如下：

1. 环境创设。负责本班房舍、设备、环境的清洁卫生和消毒工作。
2. 生活照料。在教师指导下，科学照料和管理幼儿生活，妥善保管幼儿衣物和本班的设备、用具。
3. 安全健康管理。在卫生保健人员和本班教师指导下，严格执行幼儿园安全、卫生保健制度。
4. 早期学习支持。促进幼儿动作、语言、认知、情感和社会性发展。
5. 合作共育。会与家长、幼儿沟通交流，开展育儿指导。

工作职责赋予职业使命，这就要求保育师一定要把保护幼儿生命健康放在首位，依法履行职责，严于律己，自尊自律，兢兢业业工作，做幼儿健康成长的守护者。

第二，保育师的工作对象和工作环境需要其具备高尚的职业道德。

保育师的工作对象是幼儿，保育师的职业道德素质对幼儿的品德发展起着独特的、不可替代的作用。幼儿具有可塑性强、活泼好动、喜欢模仿的特点，保育师是幼儿模仿的重要对象。为了使幼儿具有良好的道德品质，保育师要注意自身的一举一动、一言一行，为幼儿树立良好的学习榜样。

托幼机构的工作环境一方面要求保育师要有高度的责任心和爱心，会倾听理解幼儿；另一方面，还要求保育师能协调各种关系，主要包括与其他保育师之间、与教师之间、与幼儿和家长之间的关系等。要使上述关系达到和谐、有序，保育师也必须加强道德修养，具备高尚的职业道德。

三、保育师职业道德的意义

1. 保育师具有高尚的职业道德有助于提高社会道德水平

保育师职业道德是保育师通过日常生活、保教实践与专业理论学习获得的对学前教育规律和幼儿身心发展的理性认识，是保育师开展保教活动的基础。

按照《幼儿园保育教育评估指南》要求，保育师要坚持立德树人，儿童为本的科学理念，将培育和践行社会主义核心价值观融入保育教育全过程，注重从小做起、从点滴做起，培养德智体美劳全面发展的社会主义建设者和接班人；尊重幼儿年龄特点和成长规律，关注幼儿发展的整体性和连续性，在保育教育实践过程中通过观察理解幼儿的学习方式、特点和规律，以游戏为基本活动，有效促进幼儿身心健康发展。保育师职业道德是其专业发展的重要体现，随着保育师职业道德的提高，其专业知识和专业能力方面的素养也相应提高。

2. 保育师具有高尚的职业道德有助于全面提高幼儿的素质

保育师的道德品行、仪容仪表、一言一行都蕴含着无声的教育力量，对幼儿来说都是学习的典范。保育师在平凡的岗位上，要努力成为一个言之有道、行之有礼、品德高尚的人，以自己的爱心构筑幼儿茁壮成长的环境。

保育师的职业道德是贯彻国家保育教育方针的基础，是面向全体幼儿、全面提高幼儿素质的首要条件。只有当保育师具有高度的责任心，对幼儿充满爱的情感，并和幼儿的情感产生共鸣时，保育师的施教行为才能发挥作用，才能促进幼儿全面发展。

聚焦考证

（单项选择题）职业道德是调节（　　）的基本手段。

　A. 社会关系　　　　　　B. 党群关系　　　　　C. 宾主关系　　　　　D. 组织关系

【破题要领】A。此题考查职业道德作用。

强化练习

一、单项选择题

在线练习1-1

1. 对于学习困难的幼儿，优秀保育师总是能够耐心地进行个别辅导，支撑他们这样做的关键因素是其（　　）。

　A. 敬业精神　　　　　　B. 教学水平　　　　　C. 知识水平　　　　　D. 教学风格

2. 赵老师在省政府机关幼儿园工作，她对班上每个孩子家长的工作单位和职务都了如指掌，在日常的保教活动中，赵老师对省政府工作人员的孩子总是特别关照。赵老师的做法（　　）。

　A. 不正确，没有维护幼儿的同伴关系　　　　　B. 不正确，没有做到对幼儿一视同仁

　C. 正确，有利于良好家园关系的建立　　　　　D. 正确，有利于获得更多的办园资源

3. 中班幼儿正在做手工，佳佳尿裤子了，刘老师发现后，对嘲笑佳佳的幼儿说："佳佳可能是做手工

太认真，忘记上厕所了，以后我们要学习她认真做事的态度。当然，我们在认真做事时记得上厕所，那就更好了。"刘老师的做法（　　）。

  A. 有利于保护幼儿的自尊心   B. 有利于提高幼儿的操作能力

  C. 有利于增强幼儿的秩序感   D. 有利于培养幼儿的时间观念

4. 汪老师平时对幼儿大声喧哗、扔东西的行为不予理睬，有人检查才提要求。该教师的做法（　　）。

  A. 体现宽容待生的教育要求   B. 体现严慈相济的教育原则

  C. 忽视幼儿良好习惯的养成   D. 影响幼儿学习成绩的提高

二、判断题

1. 敬业奉献是指保育师对本职工作有正确的认识，在此基础上对工作的热爱是做好保育工作的基础。

  （　　）

2. 教幼儿长大成人是保育师的职业守则的基本要求。 （　　）

3. 园长派保育师外出参加培训学习，保育师却拒绝不去，认为保育师每天工作重复，不需要培训。

  （　　）

项目二　保育师的职业理念和职业守则

任务一　保育师的职业理念

⬡ 案例导入

  幼儿园小班午点吃香蕉和面包。保育师依旧逐个帮幼儿剥开香蕉皮，这时主班教师说道："为什么不让幼儿自己剥香蕉皮呢？"保育师回答："大班都是这样，何况是小班呢！"主班教师则认为，多让幼儿尝试动手做一做，可以不断积累生活技能。你支持哪个老师的做法？为什么？

⬡ 任务要求

  1. 理解保育师职业理念的基本内涵。

  2. 能够在保教实践中积极践行正确的职业理念。

  职业理念是指由职业人员形成和共有的观念和价值体系，是一种职业意识形态，是工作的精神力量。作为保育师，要有正确的职业理念指引，保育工作才能更加专业化、规范化。保育师应具备的职业理念基本内容包括以下三个方面。

一、保教结合

  幼儿园一直强调保教结合、保教并重，而保在前是因为幼儿年龄小，各项机能均在发展中，所以需要成人细心照顾和保护。

  "保"就是保护幼儿的生命安全健康。教育部颁布的《幼儿园教育指导纲要（试行）》中明确指出："幼儿园必须把保护幼儿的生命和促进幼儿健康放在工作的首位。"作为保育师应切实做好安全管理和卫生保健工作，确保幼儿的生命安全。

  "教"则按照体、智、德、美等方面身心和谐全面发展的目标，有目的、有计划地培养幼儿良好的行为习惯、态度，发展幼儿认知、语言、动作、情感等方面能力，引导幼儿快乐活泼地生长。

首先,在托幼园所工作目标中体现保教结合。在托幼园所教育目标中,要重视幼儿身体正常生长发育和机能协调发展,增强幼儿的体质,培养良好的生活习惯、卫生习惯和参加体育活动的兴趣;也要重视发展幼儿智力,培养其正确运用感官和运用语言交往能力;增进对环境的认识,培养有益的兴趣和求知欲,培养初步的动手能力;还要培养幼儿诚实、自信、好问、友爱、勇敢、爱护公物、克服困难、讲礼貌、守纪律等良好的品行和活泼开朗的性格,以及初步感受美、表现美的情趣和能力。

其次,在托幼园所工作内容中体现保教结合。托幼园所教育内容应贯穿于幼儿一日生活。幼儿一日生活应动静交替,注重幼儿实践活动,有组织的集体活动应与幼儿自己选择的活动相结合,生活护理、生活习惯培养应与教学活动相结合,充分发挥保育与教育两个方面的作用。如"天气变冷,保育师为幼儿增添衣服"这一行为是保育师主动护理的保育行为。如果保育师在此基础上,引导幼儿关注"天冷了,身体的感觉怎么样",关注天气预报并了解气温变化与穿衣的关系、与健康的关系等,这就在"保"中结合了"教",增强了幼儿自我保护意识,并促进幼儿将自我保护意识转化为自我保护的主动行为。

最后,在人员分工上体现保教结合。保证幼儿健康是教师的首要任务,教师必须树立保育幼儿的意识,具备保育的能力。教师要给保育师做出正确示范,指导保育师做好保育工作。教师的教育工作要包含保育内容,保育师在侧重"保"的同时,也要关注"教",配合教师做好幼儿的教育工作,例如,在绘画活动中,教师指导幼儿创造性地绘画,保育师观察幼儿绘画姿势,并及时纠正幼儿坐姿,教师和保育师的合作沟通是保教结合的保障。

总之,保育师在日常工作中只有将保教融合在一起,才能促进幼儿身心全面发展。

聚焦考证

(单项选择题)托儿所的特殊教育对象决定了托儿所集体教养的核心是( )。

A. 以保为主 B. 以保为主,保教并重

C. 以教为主 D. 以教为主,保教并重

【破题要领】B。托儿所教养工作的核心是以保为主、保教并重。

(单项选择题)以下对保育工作的认识正确的是( )。

A. 辅助教师做好教学工作 B. 搞好卫生

C. 保证幼儿吃好穿好 D. 保中有教,教中有保,保教结合

【破题要领】D。此题考查保教结合内涵。

二、育人为本

育人为本,就是要关爱幼儿、尊重幼儿,相信每个幼儿都具有发展潜力;维护每个幼儿的人格与权利;公正地对待每一个幼儿,不因性别、民族、地域、经济状况、家庭背景和身心缺陷等歧视幼儿。托幼机构的一切活动均为促进幼儿发展,把育人作为保育工作的根本要求。

第一,坚持德育为先,把立德树人作为根本任务。德是做人的根本,要激发幼儿爱祖国、爱家乡、爱集体、爱劳动、爱科学的情感,在一日生活中注重培养诚实、自信、友爱、勇敢、勤学、好问、爱护公物、克服困难、讲礼貌、守纪律等良好的品德行为和习惯,以及活泼开朗的性格。

第二,坚持以游戏为基本活动,寓教于各项活动之中。游戏是幼儿期主要的活动,保育师要珍视幼儿游戏活动的独特价值,保护幼儿的好奇心和学习兴趣,尊重个体差异,在一日生活保育活动中,鼓励支持幼儿通过亲近自然、直接感知、实际操作、亲身体验等方式学习探索,促进幼儿全面发展。

第三,尊重个性差异,促进幼儿全面发展。保育师要充分考虑不同幼儿的个性发展需求,为不同家庭背景、不同智力水平、不同性格的幼儿提供相适应的学习和成长的机会,让每个幼儿都有机会获得优质的保育。

聚焦考证

（单项选择题）教师要依据幼儿的个体差异表现进行教育，下列现象不属于幼儿个体差异表现的是（　　）。

A.某幼儿平常吃饭很慢，今天为了得到老师表扬，吃得很快

B.有的幼儿吃饭快，有的幼儿吃饭慢

C.某幼儿动手能力强，但语言能力弱于同龄儿童

D.男孩通常比女孩表现出更多的身体攻击性行为

【破题要领】　A。个体差异主要指个体之间在稳定的心理特点上的差异，是不同个体之间的差异，但A选项是同一幼儿在不同时间的不同表现，并不是他与其他幼儿之间的差异，故本题选A项。

（单项选择题）下列针对幼儿个体差异进行教育的观点，哪种不妥？（　　）

A.应关注和尊重幼儿不同学习方式和认知风格

B.应支持幼儿富有个性和创造性的学习与探索

C.应确保每位幼儿在同一时间达成同样目标

D.应对有特殊需要的幼儿给予特别关注

【破题要领】　C。幼儿个别差异是指幼儿在幼儿园学习与教学情境下，在性别、智力、认知方式及性格等方面的差别。"幼儿在同一时间达到同一目标"违背了尊重幼儿个别差异原则。

三、终身学习

《幼儿园教师专业标准》的"终身学习"理念指出："学习先进学前教育理论，了解国内外学前教育改革与发展的经验和做法；优化知识结构，提高文化素养；具有终身学习与持续发展的意识和能力，做终身学习的典范。"保育师自身职业发展需要实践终身学习理念。

第一，积极学习新的知识，不断更新和优化自己的知识结构，以适应新时代的要求。作为保育师，必须学习先进的卫生保健和教育知识，融会贯通，有效指导自己的保育工作。

第二，增强教育意识和教育能力。保育师要辅助教师贯彻保教结合的原则，重视在教育活动中与幼儿的互动、交流等，对幼儿实施全面发展的教育。

第三，潜心钻研业务，不断提高保育水平。保育师业务学习主要包括理论知识和技能操作。理论学习主要涵盖幼儿生活照料、游戏实施、安全看护、营养喂养、急救和早期发展支持等。技能操作主要考核五大方面的技能水平，综合评价保育工作。

任务二　保育师的职业守则

案例导入

网传视频显示，某托育中心一保育师粗暴对待幼儿，采取夹带和拖拽的方式将幼儿带离教室，其间幼儿发出哭声。该保育师行为遭到家长投诉，当地教育行政部门立即成立工作专班进行调查处置，涉事托育中心已停业整顿，涉事保育师已停职，公安部门正依法对其进行调查。保育师在从事保育工作时应该遵守哪些职业守则？

任务要求

1.理解保育师的职业守则内涵。

2.能够在保教实践中践行保育师职业守则。

保育师职业守则是对从事幼儿保育工作人员的职业道德、职业纪律、职业责任、职业技能以及社会关系等方面的要求，是每一个保育师必须遵循的行为规范。

一、品德高尚，富有爱心

品德高尚要求保育师坚持立德树人，爱国守法，严格遵守职业伦理道德规范，依法履行职责权利，不得损害国家利益、社会公共利益，或违背社会公序良俗，无虐待幼儿记录，无犯罪记录，身心健康。只有具备高尚的品德，才能在面对复杂的幼儿保育活动时，充分履行工作职责。

富有爱心要求保育师要呵护幼儿健康，保障幼儿快乐有尊严的生活，不得体罚和变相体罚幼儿，不得歧视、侮辱幼儿，严禁猥亵、虐待、伤害幼儿。保育师只有品德高尚、富有爱心，才能做到热爱幼儿，尊重幼儿人格，无私地、全心全意为幼儿服务，为幼儿创造安全、信任、和谐的生活环境，促进幼儿身心健康成长。

聚焦考证

（单项选择题）品德高尚、富有爱心是保育师（　　　）的重要内容。

A. 职业守则　　　　　　　B. 职业道德　　　　　　　C.道德　　　　　　　D. 职业修养

【破题要领】A。此题考查的是职业守则内容。

二、敬业奉献，素质优良

敬业奉献要求保育师具有强烈的责任心和使命感，富有耐心，认真细心。敬业奉献是积极践行社会主义核心价值观的体现。

保育师的责任心来自对幼儿早期发展意义的正确认识，来自对幼儿个体生命价值的尊重和对生命的敬畏。缺乏责任心，不仅是一个职业道德的问题，也是对鲜活生命的麻木和漠视。

由于幼儿独立生活和学习的能力较差，幼儿从吃、喝、拉、撒、睡，到游戏、运动、活动等，都需要保育师的关心、帮助和引导，保育师工作的细致、具体、琐碎等特点决定了其必须具有耐心和细心的良好素质，认真做好保育工作。

素质优良是保育师开展保育工作的内在要求。保育师要具备品德高尚、富有爱心的道德素质，身心健康、人格健全的身心素质，掌握幼儿发展、保教基础的知识素质，具有环境创设、生活照料、安全健康管理、早期学习支持、合作共育的能力素质。只有自身素质过硬，不断增强业务能力，才能真正做好保育工作，潜心培幼育人。

聚焦考证

（单项选择题）保育师要敬业奉献，要求保育师在幼儿园中（　　　）。

A.直观形象地进行集体教育　　　　　　　　B.只做好清洁工作

C.既关爱幼儿，又全心投入工作　　　　　　D.把个人所有的精力投入工作中来

【破题要领】C。此题考查的是敬业奉献内涵。

三、尊重差异，积极回应

尊重幼儿发展的个体差异。幼儿的发展是一个持续、渐进的过程，同时也表现出一定的阶段性特征。由于每个幼儿各自的发展速度和到达某一水平的时间不同，要充分理解和尊重幼儿的个别差异，通过多种途径支持和引导他们从原有水平向更高水平发展。保育师应当关注和尊重每位幼儿发展优势领域、发展速度和发展水平方面的个体差异，为有特殊需求的幼儿提供适宜的照护，忌用一把"尺子"衡量所有幼儿。只有保育师尊重、热爱每一位幼儿，做到因材保教，才能服务幼儿的个性发展。

积极回应。保育师要了解各年龄段幼儿身心发展特点，在养育照护中应关注幼儿的表情、声音、动作和情绪等表现，理解其所发出的信号和表达的需求，及时给予恰当、积极的回应。

聚焦考证

（单项选择题）"人心不同，各如其面"，这句话提示保育师在保教活动中应该关注（　　　）。

A. 幼儿的发展性 　　　　　　　　　　　　B. 幼儿的自主性

C. 幼儿的主体性 　　　　　　　　　　　　D. 幼儿的独特性

【破题要领】D。这句话的内涵是幼儿发展具有个体差异性，因此需要关注幼儿的独特性。

四、安全健康，科学规范

幼儿正处于身心发展最初阶段和关键时期，健康、安全和舒适的环境是幼儿充分发展的前提，保育师应为幼儿创设安全、健康的生活学习环境，切实做好安全防护、营养膳食、疾病防控等工作，保障幼儿免受虐待与外部伤害；保育师应明确安全和卫生是幼儿早期发展的前提条件，要具备足够的风险防范意识与专业能力，才能够在幼儿照护环境和一日生活各环节中有效应对意外事件，促进幼儿健康成长。

保育师职业守则需要内化为保育师的道德自律和理想追求，外化为保育师的自觉行动，方能真正发挥出职业守则的重要作用。

聚焦考证

（单项选择题）每个从业人员，不论是从事哪种职业，在职业活动中都要遵守（　　　）。

A. 职业守则　　　　B. 职业道德　　　　C. 组织纪律　　　　D. 单位要求

【破题要领】A。此题考查职业守则概念。

强化练习

在线练习1-2

一、单项选择题

1. 根据职业分类，保育师属于（　　　）。

A. 专业技术人员 　　　　　　　　　　　B. 办事人员和有关人员

C. 社会生产服务和生活照料服务人员 　　D. 农、林、牧、渔业生产及辅助人员

2. 职业道德是指在一定职业活动中应遵循的、体现一定职业特征的、调整一定职业关系的职业（　　　）。

　　A. 行为准则和规范　　　　B. 规章　　　　　　　　C. 制度　　　　　　　　D. 规矩

3. 保育师是指在托育机构及其他保育场所中，从事幼儿（　　　）、安全照护、营养喂养和早期发展工作的人员。

　　A. 教育　　　　　　　　B. 引导　　　　　　　　C. 生活照料　　　　　　D. 健康管理

二、判断题

1. 保育师是专业技术人员。　　　　　　　　　　　　　　　　　　　　　　　　　（　　　）

2. 为确保职业活动的正常进行，必须建立调整职业活动中发生的各种关系的职业道德规范。（　　　）

3. 保育师的职业道德的基本要求仅是像妈妈一样关爱幼儿。　　　　　　　　　　　（　　　）

4. 保育师要规范工作，确保幼儿安全健康成长。　　　　　　　　　　　　　　　　（　　　）

5. 保育师要为有特殊需求的幼儿提供适宜的照护，忌用一把"尺子"衡量所有幼儿。（　　　）

6. 保育师做保育工作，教师做教育工作，是截然分工的。　　　　　　　　　　　　（　　　）

模块小结

　　保育师用责任之心和敬业之心做好保育工作，创造更加幸福美好的生活，让幼儿拥有快乐的生活。通过本模块学习，恪守职业理念，践行职业守则，做最美保育师。

模块 二

幼儿保育政策法规常识

项目一 → 幼儿保育职业法规

项目二 → 托幼机构食品、卫生保健管理规范

项目三 → 托幼机构管理规范

模块导读

幼儿是特殊群体，自理能力不够，需要保育师依法从业，规范从业，树立科学保育理念，保障幼儿的身心健康。通过本模块学习帮助学生树立法治意识，增强依法从业、规范从业的自觉性。

本模块主要阐述幼儿保育相关政策法规。一是《中华人民共和国母婴保健法》《中华人民共和国未成年人保护法》《中华人民共和国劳动法》等相关法律条款，帮助学生提高职业认识，保护合法权益。二是托幼园所食品、卫生保健方面的法规，帮助学生理解卫生保健工作规范，提高对食品、卫生安全的认识。三是托幼机构设置标准和管理规范，帮助学生规范从事保育工作。

学习目标

1. 熟悉幼儿保育相关法律法规知识。
2. 能运用幼儿保育相关法律法规知识分析实践问题。
3. 树立依法从业、规范从业意识，关爱儿童，保障儿童身心健康。
4. 主动关注幼儿保育相关政策法规，坚持终身学习。

内容结构

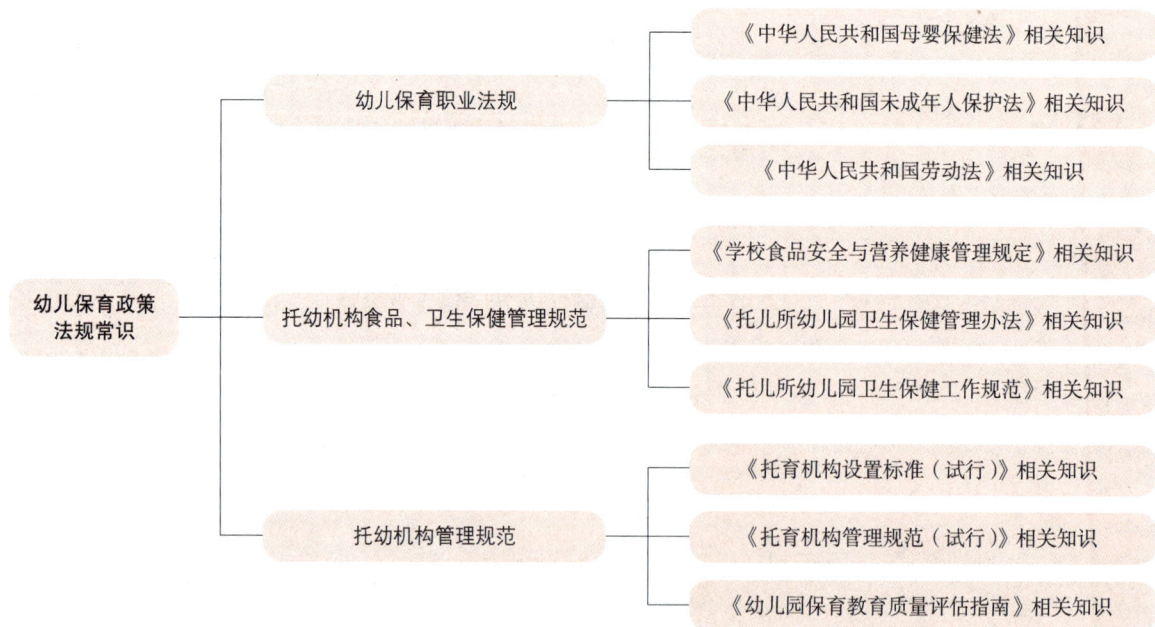

幼儿保育政策法规常识
- 幼儿保育职业法规
  - 《中华人民共和国母婴保健法》相关知识
  - 《中华人民共和国未成年人保护法》相关知识
  - 《中华人民共和国劳动法》相关知识
- 托幼机构食品、卫生保健管理规范
  - 《学校食品安全与营养健康管理规定》相关知识
  - 《托儿所幼儿园卫生保健管理办法》相关知识
  - 《托儿所幼儿园卫生保健工作规范》相关知识
- 托幼机构管理规范
  - 《托育机构设置标准（试行）》相关知识
  - 《托育机构管理规范（试行）》相关知识
  - 《幼儿园保育教育质量评估指南》相关知识

项目一 幼儿保育职业法规

任务一 《中华人民共和国母婴保健法》相关知识

案例导入

准妈妈小李，23岁，首次怀孕。她非常期待孕育一个健康的宝宝。但是她对孕产期保健知识不太了解。刚好本市妇幼保健院最近举办了免费孕妇学校。该学校旨在帮助广大孕期妇女培养良好的生育方式，解除孕妈妈们产前忧虑，安全度过孕期，生出健康的宝宝。她毫不犹豫就报名参加了，还让丈夫小张也陪同她一起参加。

为了提高人口素质，保障母亲和宝宝的健康，你知道我国《母婴保健法》在孕产期保健方面制订了哪些条规吗？

任务要求

1.熟悉《母婴保健法》主要内容。
2.能识别实际工作中违反《母婴保健法》的现象。

母婴保健法是调整因保障母亲和婴儿健康、提高卫生人口素质活动中产生的各种社会关系的法律规范的总和，是保障下一代健康，强化妇幼保健工作，维护妇女权益的重要立法。

一、婚前保健服务内容

婚前保健服务是指对准备结婚的男女双方在结婚登记前所进行的婚前医学检查、婚前卫生指导和婚前卫生咨询服务。医疗保健机构应当为公民提供婚前保健服务。婚前保健服务包括下列内容。

1.婚前卫生指导

婚前卫生指导是对准备结婚的男女双方进行的以生殖健康为核心，与结婚和生育有关的保健知识的宣传教育。婚前卫生指导主要包括：

（1）有关性卫生的保健和教育；

（2）新婚避孕知识及计划生育指导；

（3）受孕前的准备、环境和疾病对后代影响等孕前保健知识；

（4）遗传病的基本知识；

（5）影响婚育的有关疾病的基本知识；

（6）其他生殖健康知识。

2.婚前卫生咨询

婚前卫生咨询包括婚配、生育保健等问题的咨询。医师进行婚前卫生咨询时，应当为服务对象提供科学的信息，对可能产生的后果进行指导，并提出适当的建议。

3.婚前医学检查

婚前医学检查是对准备结婚的男女双方可能患影响结婚和生育的疾病进行的医学检查。婚前医学检查项目包括询问病史，体格检查，常规辅助检查和其他特殊检查。经婚前医学检查，医疗、保健机构应当向接受婚前医学检查的当事人出具婚前医学检查证明。婚前医学检查证明应当列明是否发现下列疾病：

（1）在传染期内的指定传染病；

（2）在发病期内的有关精神病；

（3）不宜生育的严重遗传性疾病；

（4）医学上认为不宜结婚的其他疾病。

发现以上第（1）项、第（2）项、第（3）项疾病的，医师应当向当事人说明情况，提出预防、治疗以及采取相应医学措施的建议。当事人依据医生的医学意见，可以暂缓结婚，也可以自愿采用长效避孕措施或者结扎手术；医疗、保健机构应当为其治疗提供医学咨询和医疗服务。经婚前医学检查，对诊断患医学上认为不宜生育的严重遗传性疾病的，医师应当向男女双方说明情况，提出医学意见；经男女双方同意，采取长效避孕措施或者施行结扎手术后不生育的，可以结婚。但《民法典》规定禁止结婚的除外。

二、孕产期保健服务内容

医疗、保健机构应当为育龄妇女提供有关避孕、节育、生育、不育和生殖健康的咨询和医疗保健服务。通过系列保健服务，为产妇提供科学育儿、合理营养和母乳喂养的指导，同时提供对婴儿进行体格检查和预防接种，逐步开展新生儿疾病筛查、婴儿多发病和常见病等医疗保健服务。

1. 母婴保健指导

母婴保健指导，是指对孕育健康后代以及严重遗传性疾病和碘缺乏病等地方病的发病原因、治疗和预防方法提供医学意见。

2. 孕产妇保健：医疗、保健机构应当为孕产妇提供下列医疗保健服务

（1）为孕产妇建立保健手册（卡），为孕妇定期进行产前检查；

（2）为孕产妇提供卫生、营养、心理等方面的医学指导与咨询；

（3）对高危孕妇进行重点监护、随访和医疗保健服务；

（4）为孕产妇提供安全分娩技术服务；

（5）定期进行产后访视，指导产妇科学喂养婴儿；

（6）提供避孕咨询指导和技术服务；

（7）对产妇及其家属进行生殖健康教育和科学育儿知识教育；

（8）其他孕产期保健服务。

3. 胎儿保健

胎儿保健是指为胎儿生长发育进行监护，提供咨询和医学指导。

4. 新生儿保健

新生儿保健是指为新生儿生长发育、哺乳和护理提供医疗保健服务。主要内容包括：

（1）医疗、保健机构应当按照国家有关规定开展新生儿先天性、遗传性代谢病筛查、诊断、治疗和监测；

（2）医疗、保健机构应当按照规定进行新生儿访视，建立儿童保健手册（卡），定期对其进行健康检查，提供有关预防疾病、合理膳食、促进智力发育等科学知识，做好婴儿多发病、常见病防治等医疗保健服务；

（3）医疗、保健机构应当按照规定的程序和项目对婴儿进行预防接种。婴儿的监护人应当保证婴儿及时接受预防接种；

（4）国家推行母乳喂养。

聚焦考证

（单项选择题）（   ）应当为育龄妇女和孕产妇提供孕产期保健服务。

A. 社区　　　　　B. 居委会　　　　　C. 医院　　　　　D. 医疗、保健机构

【破题要领】 D。医疗、保健机构应当为育龄妇女提供有关避孕、节育、生育、不育和生殖健康的咨询和医疗、保健服务。

三、法律责任

（一）无证从业行为

未取得国家颁发的有关合格证书的，有下列行为之一，县级以上地方人民政府卫生行政部门应当予以制止，并可以根据情节予以警告或者处以罚款：

1. 从事婚前医学检查、遗传病诊断、产前诊断或者医学技术鉴定的；
2. 实行终止妊娠手术的；
3. 出具本法规定的有关医学证明的。

（二）刑事责任对象

未取得国家颁发的有关合格证书，实行终止妊娠手术或者采取其他方法终止妊娠，致人死亡、残疾、丧失或者基本丧失能力的，依照刑法有关规定追究刑事责任。

（三）执业人员违法

从事母婴保健工作的人员违反本法规定，出具有关虚假医学证明或者进行胎儿性别鉴定的，由医疗保健机构或者卫生行政部门根据情节给予行政处分；情节严重的，依法取消执业资格。

任务二 《中华人民共和国未成年人保护法》相关知识

🔗 案例导入

2017年4月18日下午，河南省某县幼儿园小班教师马某（不具备教师资格）上课期间，以小班幼儿不听话、不认真读书为由，用针分别扎多名幼儿的手心、手背等部位。经鉴定，多名幼儿存在体表皮肤损伤，损伤特点符合具有尖端物体扎刺所致。被害幼儿家长报警，当晚马某被公安人员带走，第二天被刑事拘留。法院经审理认为，被告人马某身为幼儿教师，采用针刺手段对多名幼儿进行虐待，情节恶劣，其行为已构成虐待被看护人罪。

问题：该教师违反了《中华人民共和国未成年人保护法》（以下简称《未成年人保护法》）哪些规定？

未成年人是国家的未来、民族的希望，维护好未成年人的合法权益，促进未成年人健康全面成长是我们共同的责任。《未成年人保护法》是未成年人保护领域的综合性法律，着力解决社会关注的涉未成年人侵害问题，包括监护人监护不力、学生欺凌、性侵害未成年人、未成年人沉迷网络等问题。

🔗 任务要求

1. 熟悉未成年人保护法中的家庭保护、学校保护、社会保护、网络保护、政府保护、司法保护的主要内容。
2. 能识别实际工作中违反未成年人保护法的现象。

一、家庭保护

《未成年人保护法》中家庭保护的规定分为三个主要方面：一是保证未成年人接受良好的家庭教

育；二是未成年人的父母或其他监护人依法行使监护权；三是保证未成年人的安全、尊重未成年人的个人意愿，不得损害未成年人的合法权益，也不得使未成年人陷入无人看护或其他危险状态。如：

第十六条　未成年人的父母或者其他监护人应当履行下列监护职责：

（一）为未成年人提供生活、健康、安全等方面的保障；

（二）关注未成年人的生理、心理状况和情感需求；

（三）教育和引导未成年人遵纪守法、勤俭节约，养成良好的思想品德和行为习惯；

（四）对未成年人进行安全教育，提高未成年人的自我保护意识和能力；

（五）尊重未成年人受教育的权利，保障适龄未成年人依法接受并完成义务教育；

（六）保障未成年人休息、娱乐和体育锻炼的时间，引导未成年人进行有益身心健康的活动；

第十七条　未成年人的父母或者其他监护人不得实施下列行为：

（一）虐待、遗弃、非法送养未成年人或者对未成年人实施家庭暴力；

（二）放任、教唆或者利用未成年人实施违法犯罪行为；

（三）放任、唆使未成年人参与邪教、迷信活动或者接受恐怖主义、分裂主义、极端主义等侵害；

（四）放任、唆使未成年人吸烟（含电子烟，下同）、饮酒、赌博、流浪乞讨或者欺凌他人；

（五）放任或者迫使应当接受义务教育的未成年人失学、辍学；

（六）放任未成年人沉迷网络，接触危害或者可能影响其身心健康的图书、报刊、电影、广播电视节目、音像制品、电子出版物和网络信息等；

（七）放任未成年人进入营业性娱乐场所、酒吧、互联网上网服务营业场所等不适宜未成年人活动的场所；

（八）允许或者迫使未成年人从事国家规定以外的劳动；

（九）允许、迫使未成年人结婚或者为未成年人订立婚约。

针对目前存在的一些留守儿童面临监护不到位、侵权伤害、人身安全等监护缺失问题，《未成年人保护法》完善委托照护制度。如：

第二十二条　未成年人的父母或者其他监护人因外出务工等原因在一定期限内不能完全履行监护职责的，应当委托具有照护能力的完全民事行为能力人代为照护；无正当理由的，不得委托他人代为照护。

聚焦考证

（单项选择题）爸爸把自己抽的电子烟给5岁兵兵吸了一口，兵兵呛得直咳。妈妈责怪爸爸。爸爸说电子烟对身体没有危害。对此，下列说法正确的是（　　　）。

A.电子烟不是烟，未成年人吸也没有问题

B.任何人不得唆使未成年人吸烟（含电子烟）

C.未成年人偶尔吸口烟（含电子烟）没关系

D.学生上了初中以后才可以吸烟（含电子烟）

【破题要领】B。《未成年人保护法》第十七条之（四）　未成年人的父母或者其他监护人不得放任、唆使未成年人吸烟（含电子烟，下同）、饮酒、赌博、流浪乞讨或者欺凌他人。

二、学校保护

学校应当全面贯彻国家教育方针，坚持立德树人，实施素质教育，提高教育质量，促进未成年学生全面发展。学校应当建立未成年学生保护工作制度，健全学生行为规范，培养未成年学生遵纪守法的良好行为习惯。

第一，做好保育、教育工作。

第二十六条 幼儿园应当做好保育、教育工作，遵循幼儿身心发展规律，实施启蒙教育，促进幼儿在体质、智力、品德等方面和谐发展。

第二，尊重未成年人人格尊严。

第二十七条 学校、幼儿园的教职员工应当尊重未成年人人格尊严，不得对未成年人实施体罚、变相体罚或者其他侮辱人格尊严的行为。

第三，关心爱护未成年学生。

第二十九条 学校应当关心、爱护未成年学生，不得因家庭、身体、心理、学习能力等情况歧视学生。对家庭困难、身心有障碍的学生，应当提供关爱；对行为异常、学习有困难的学生，应当耐心帮助。

第四，建立健全校车安全管理制度。

第三十六条 使用校车的学校、幼儿园应当建立健全校车安全管理制度，配备安全管理人员，定期对校车进行安全检查，对校车驾驶人进行安全教育，并向未成年人讲解校车安全乘坐知识，培养未成年人校车安全事故应急处理技能。

第五，建立学生欺凌防控工作制度。

第三十九条 学校应当建立学生欺凌防控工作制度，对教职员工、学生等开展防治学生欺凌的教育和培训。对严重的欺凌行为，学校不得隐瞒，应当及时向公安机关、教育行政部门报告，并配合相关部门依法处理。

第六，建立预防性侵害、性骚扰未成年人工作制度。

第四十条 对性侵害、性骚扰未成年人等违法犯罪行为，学校、幼儿园不得隐瞒，应当及时向公安机关、教育行政部门报告，并配合相关部门依法处理。学校、幼儿园应当对未成年人开展适合其年龄的性教育，提高未成年人防范性侵害、性骚扰的自我保护意识和能力。

三、社会保护

社会保护是指作为保护责任主体的社会各部门和个人都要以适合儿童特点的形式和措施，从各个方面对未成年人进行全方位的保护。

第一，关爱帮扶留守、困境未成年人。村委会、居委会对困境、留守儿童应该给予关爱帮扶。

第二，科普场所对未成年人免费或优惠进入。

第三，宾馆经营者接待未成年人入住，应当履行强制报告义务。住宿经营者在接纳未成年人入住时应当核实并及时联系其父母，有违法犯罪嫌疑时必须报告。

第四，网吧等营业性娱乐场所不得接纳、招用未成年人。营业性娱乐场所、酒吧、互联网上网服务营业场所等不适宜未成年人活动的场所不得招用已满十六周岁的未成年人。

第五，禁止向未成年人销售烟、酒、彩票。

第六，严格履行入职查询制度。

学校作为密切接触未成年人的单位，对应聘者及在职教职员工应当严格履行入职查询制度且不得录用有违法犯罪记录人员。

四、网络保护

南方都市报一份调查显示"3～6岁幼儿手机接触率达91%"。国家、社会、学校和家庭应当加强未成年人网络素养宣传教育，培养和提高未成年人的网络素养，增强未成年人科学、文明、安全、合理使用网络的意识和能力，保障未成年人在网络空间的合法权益。预防未成年人网络沉迷、网络欺凌是未成年人网络保护的重要目标。

网络直播服务提供者不得为未满十六周岁的未成年人提供网络直播发布者账号注册服务；为年满十六周岁的未成年人提供网络直播发布者账号注册服务时，应当对其身份信息进行认证，并征得其父母或者其他监护人同意。

网络游戏、网络直播、网络音视频、网络社交等网络服务提供者应当针对未成年人使用其服务设置相应的时间管理、权限管理、消费管理等功能。网络游戏服务提供者不得在每日二十二时至次日八时向未成年人提供网络游戏服务。

国家建立统一的未成年人网络游戏电子身份认证系统。

聚焦考证

（单项选择题）良好的社会环境对未成年人的健康成长有重要作用，下列选项中属于网络保护的是（　　）。

A. 洋洋在幼儿园突发疾病，园方及时通知家长并积极救护洋洋

B. 父母以健康思想、良好品行和适当方法教育和影响未成年人

C. 国家鼓励研究、开发有利于未成年人健康成长的网络产品

D. 对违法犯罪的未成年人实行教育、感化和挽救

【破题要领】C。《未成年人保护法》第六十五条　国家鼓励和支持有利于未成年人健康成长的网络内容的创作与传播，鼓励和支持专门以未成年人为服务对象、适合未成年人身心健康特点的网络技术、产品、服务的研发、生产和使用。

五、政府保护

政府保护是未成年人保护获得实效的重要保证。《未成年人保护法》明确规定了各级人民政府及有关部门对困境未成年人实施分类保障，规定了临时监护和长期监护的适用情形，将国家亲权理念落到实处，正式确立了国家监护责任。国家兜底保障各类未成年人享有受教育权，卫生健康部门保障未成年人身体健康，教育部门保障校园安全、心理健康等，公安机关及其他有关部门承担维护治安、预防青少年违法犯罪的责任。

民政部门应当依法对未成年人进行临时监护：

（一）未成年人流浪乞讨或者身份不明，暂时查找不到父母或者其他监护人；

（二）监护人下落不明且无其他人可以担任监护人；

（三）监护人因自身客观原因或者因发生自然灾害、事故灾难、公共卫生事件等突发事件不能履行监护职责，导致未成年人监护缺失；

（四）监护人拒绝或者怠于履行监护职责，导致未成年人处于无人照料的状态；

（五）监护人教唆、利用未成年人实施违法犯罪行为，未成年人需要被带离安置；

（六）未成年人遭受监护人严重伤害或者面临人身安全威胁，需要被紧急安置；

（七）法律规定的其他情形。

民政部门应当依法对未成年人进行长期监护：

（一）查找不到未成年人的父母或者其他监护人；

（二）监护人死亡或者被宣告死亡且无其他人可以担任监护人；

（三）监护人丧失监护能力且无其他人可以担任监护人；

（四）人民法院判决撤销监护人资格并指定由民政部门担任监护人；

（五）法律规定的其他情形。

聚焦考证

（单项选择题）因为父母双亡，5岁的亮亮成了孤儿。根据《中华人民共和国未成年保护法》，应对其实行收留、抚养的责任主体是（　　　）。

A. 教育行政部门　　　　B. 幼儿教育机构　　　　C. 儿童福利机构　　　　D. 社区居民委员会

【破题要领】C. 民政部门应当依法对未成年人进行长期监护：监护人死亡或者被宣告死亡且无其他人可以担任监护人。县级以上人民政府及其民政部门应当根据需要设立未成年人救助保护机构、儿童福利机构，负责收留、抚养由民政部门监护的未成年人。

六、司法保护

司法保护是指未成年人进入司法程序后，司法机关为适应未成年人身心特点，保障未成年人权益免受损害而作出的必要保护措施。

第一，专门机构或专门人员办理未成年人案件。办理涉及未成年人案件的人员应当经过专门培训，熟悉未成年人身心特点。专门机构或者专门人员中，应当有女性工作人员。

第二，为未成年人提供法律援助或者司法救助。对需要法律援助或者司法救助的未成年人，法律援助机构或者公安机关、人民检察院、人民法院和司法行政部门应当给予帮助，依法为其提供法律援助或者司法救助。

第三，公益诉讼守护未成年人合法权益。未成年人合法权益受到侵犯，相关组织和个人未代为提起诉讼的，人民检察院可以督促、支持其提起诉讼；涉及公共利益的，人民检察院有权提起公益诉讼。

第四，依法撤销监护人资格，保护未成年人安全。被撤销监护人资格的父母或者其他监护人应当依法继续负担抚养费用。

第五，未成年人犯罪记录封存。对违法犯罪的未成年人，实行教育、感化、挽救的方针，坚持教育为主、惩罚为辅的原则。对违法犯罪的未成年人依法处罚后，在升学、就业等方面不得歧视。

任务三　《中华人民共和国劳动法》相关知识

案例导入

黄某与某幼儿园签订了为期3年的劳动合同，其中有一条款："鉴于托幼行业本身的特殊要求，凡在本单位工作的女性职工，合同期内不得怀孕。否则单位有权解除劳动合同。"合同履行约1年后，黄某与男友结婚，不久怀孕。单位得知后，以黄某违反合同条款为由做出与黄某解除劳动合同的决定。该幼儿园能否单方解除劳动合同？

🔗 任务要求

1. 了解劳动法相关知识。
2. 学会辨析违反劳动法的现象。
3. 能够维护作为劳动者的合法权益。

《中华人民共和国劳动法》（以下简称《劳动法》）是为了保护劳动者的合法权益，调整劳动关系，建立和维护适应社会主义市场经济的劳动制度，促进经济发展和社会进步，根据宪法而制定颁布的法律。

一、劳动合同

劳动合同是劳动者与用人单位确立劳动关系、明确双方权利和义务的协议。建立劳动关系应当订立劳动合同。订立和变更劳动合同，应当遵循平等自愿、协商一致的原则，不得违反法律、行政法规的规定。劳动合同依法订立即具有法律约束力，当事人必须履行劳动合同规定的义务。

1. 劳动合同无效情形
（1）违反法律、行政法规的劳动合同；
（2）采取欺诈、威胁等手段订立的劳动合同。
劳动合同的无效由劳动争议仲裁委员会或者人民法院确认。

2. 劳动合同订立
书面劳动合同具备以下条款：
（1）用人单位的名称、住所和法定代表人或者主要负责人；
（2）劳动者的姓名、住址和居民身份证或者其他有效身份证件号码；
（3）劳动合同期限；
（4）工作内容和工作地点；
（5）工作时间和休息休假；
（6）劳动报酬；
（7）社会保险；
（8）劳动保护、劳动条件和职业危害防护；
（9）法律、法规规定应当纳入劳动合同的其他事项。

3. 劳动合同的解除
用人单位有下列情形之一的，劳动者可以解除劳动合同：
（1）未按照劳动合同约定提供劳动保护或者劳动条件的；
（2）未及时足额支付劳动报酬的；
（3）未依法为劳动者缴纳社会保险费的；
（4）用人单位的规章制度违反法律、法规的规定，损害劳动者权益的；
（5）法律、行政法规规定劳动者可以解除劳动合同的其他情形。
用人单位以暴力、威胁或者非法限制人身自由的手段强迫劳动者劳动的，或者用人单位违章指挥、强令冒险作业危及劳动者人身安全的，劳动者可以立即解除劳动合同，不需事先告知用人单位。
劳动者有下列情形之一的，用人单位可以解除劳动合同：
（1）在试用期间被证明不符合录用条件的；
（2）严重违反用人单位的规章制度的；
（3）严重失职，营私舞弊，给用人单位造成重大损害的；

（4）劳动者同时与其他用人单位建立劳动关系，对完成本单位的工作任务造成严重影响，或者经用人单位提出，拒不改正的；

（5）被依法追究刑事责任的。

聚焦考证

（单项选择题）建立劳动关系，应当订立（　　　）。

A. 劳动约定　　　　　　　　　　　　B. 工作协定

C. 书面劳动合同　　　　　　　　　　D. 劳动关系约定

【破题要领】C。《劳动法》第十六条　劳动合同是劳动者与用人单位确立劳动关系、明确双方权利和义务的协议。建立劳动关系应当订立劳动合同。

二、工作时间和休息休假

1. 工作时间

工作时间是指劳动者根据国家的法律规定，在1个昼夜或1周之内从事本职工作的时间。国家实行劳动者每日工作时间不超过八小时、平均每周工作时间不超过四十四小时的工时制度。

2. 休息时间

休息时间指劳动者工作日内的休息时间、工作日间的休息时间和工作周之间的休息时间；法定节假日休息时间、探亲假休息时间和年休假休息时间则为休假。用人单位在元旦、春节、国际劳动节、国庆节，法律、法规规定的其他休假节日应当依法安排劳动者休假。用人单位应当保证劳动者每周至少休息一日。

3. 延长工作时间

用人单位由于生产经营需要，经与工会和劳动者协商后可以延长工作时间，一般每日不得超过一小时；因特殊原因需要延长工作时间的，在保障劳动者身体健康的条件下延长工作时间每日不得超过三小时，但是每月不得超过三十六小时。

三、工资

1. 工资分配原则

工资分配应当遵循按劳分配原则，实行同工同酬。

2. 最低工资

国家实行最低工资保障制度，用人单位支付劳动者的工资不得低于当地最低工资标准。

四、劳动安全卫生

用人单位必须建立、健全劳动安全卫生制度，严格执行国家劳动安全卫生规程和标准，对劳动者进行劳动安全卫生教育，防止劳动过程中的事故，减少职业危害。劳动者对用人单位管理人员违章指挥、强令冒险作业，有权拒绝执行；对危害生命安全和身体健康的行为，有权提出批评、检举和控告。

五、女职工和未成年工特殊保护

1. 女职工特殊保护

由于女性的身体结构和生理机能与男性不同，国家对女职工实行特殊劳动保护。用人单位要遵循"一禁止，三不得"的规定。同时女职工生育享受不少于九十天的产假。

（1）禁止安排女职工从事矿山井下、国家规定的第四级体力劳动强度的劳动和其他禁忌从事的劳动。

（2）不得安排女职工在经期从事高处、低温、冷水作业和国家规定的第三级体力劳动强度的劳动。

（3）不得安排女职工在怀孕期间从事国家规定的第三级体力劳动强度的劳动和孕期禁忌从事的活动。对怀孕七个月以上的女职工，不得安排其延长工作时间和夜班劳动。

（4）不得安排女职工在哺乳未满一周岁的婴儿期间从事国家规定的第三级体力劳动强度的劳动和哺乳期禁忌从事的其他劳动，不得安排其延长工作时间和夜班劳动。

2. 未成年工特殊保护

未成年工是指年满十六周岁未满十八周岁的劳动者。对于未成年工的保护，规定用人单位不得安排未成年工从事矿山井下、有毒有害、国家规定的第四级体力劳动强度的劳动和其他禁忌从事的劳动。用人单位应当对未成年工定期进行健康检查。

强化练习

在线练习 2-1

一、单项选择题

1. 《中华人民共和国母婴保健法》第7条规定：保健和医疗机构应当为公民提供婚前（　　　）。
   A. 疾病治疗　　　　　　　　　　　　B. 生育状况检查
   C. 保健服务　　　　　　　　　　　　D. 婚前心理指导

2. 对孕育健康后代以及严重遗传性疾病和碘缺乏病等地方病的发病原因、治疗和预防方法提供医学意见是（　　　）的内容。
   A. 母婴保健指导　　　　　　　　　　B. 孕妇、产妇保健
   C. 胎儿保健　　　　　　　　　　　　D. 新生儿保健

3. 《中华人民共和国母婴保健法》第36条规定：未取得国家颁发的有关合格证书，施行终止妊娠手术或者采取方法终止妊娠，致人死亡、残疾、丧失或者基本丧失劳动能力的，依法追究（　　　）。
   A. 医疗责任　　　　　　　　　　　　B. 经济责任
   C. 民事责任　　　　　　　　　　　　D. 刑事责任

4. 用人单位招用劳动者，不得扣押劳动者的（　　　）和其他证件，不得要求劳动者提供担保或者以其他名义向劳动者收取财物。
   A. 居住证　　　　　　　　　　　　　B. 职业资格证
   C. 体检证　　　　　　　　　　　　　D. 居民身份证

5. 某小学王校长发现校门口有商贩向学生兜售散装香烟。他应该采取的做法是（　　　）。
   A. 制止学生购买香烟，立即将商贩劝离　　　B. 允许学生购买香烟，禁止其校内吸烟
   C. 制止学生购买香烟，对商贩处以罚款　　　D. 允许学生购买香烟，对商贩不予干涉

6. 林某因不履行监护职责，被当地人民法院依法剥夺了其对子女家家的监护权，根据《中华人民共和国未成年人保护法》，下列说法正确的是（　　　）。
   A. 林某应继续负担抚养费　　　　　　B. 林某可不再承担抚养费
   C. 法院可委托他人代为监护　　　　　D. 林某可指定他人为其监护

二、判断题

1. 女方在怀孕期间、分娩后一年内或者终止妊娠6个月内，男方可以提出离婚。　　　　（　　　）

2. 《中华人民共和国未成年人保护法》规定，学校、幼儿园应当建立安全制度，加强对未成年人的安全教育，采取措施保障未成年人的人身安全。　　　　　　　　　　　　　　　　　　　（　　　）

3. 劳动者违反服务期约定的，应当按照约定向用人单位支付违约金。　　　　　　　　（　　　）

4. 劳动合同的订立应遵循合法、公平、平等自愿、协商一致、诚实信用的原则。　　　　（　　　）

5. 非法使用童工的单位、职业介绍所，应当承担法律责任。 （　　　）

6. 医疗保健机构无须为产妇提供科学育儿、合理营养和母乳喂养的指导。 （　　　）

7. 保护未成年人，应当坚持最有利于未成年人的原则。 （　　　）

项目二 托幼机构食品、卫生保健管理规范

任务一 《学校食品安全与营养健康管理规定》相关知识

案例导入

2018年12月，某幼儿园孩子家长反映，在幼儿园厨房发现园方给孩子吃的米长了许多小黑虫，随后又发现一瓶白醋标注生产日期为2015年8月24日，而厂家标注的保质期为两年。目前，某市场监督管理局已对当事幼儿园涉嫌食品安全违法行为进行立案查处。幼儿园应该如何让孩子们"吃得安全""吃得健康"？

任务要求

1. 掌握《学校食品安全与营养健康管理规定》主要内容。
2. 学会辨析违反《学校食品安全与营养健康管理规定》的现象。
3. 能够开展食品安全与营养健康教育活动，保障幼儿健康成长。

《学校食品安全与营养健康管理规定》（以下简称《规定》）有利于培养幼儿健康的饮食习惯，引导幼儿科学营养用餐，更好地促进幼儿健康成长。

一、强化幼儿园食品安全主体责任

幼儿园食品安全实行园长负责制，配备专（兼）职食品安全管理人员和营养健康管理人员，建立并落实集中用餐岗位责任制度，明确食品安全与营养健康管理相关责任。

二、健全幼儿园食品安全风险防控体系

幼儿园食堂应当对每餐次加工制作的每种食品成品进行留样，每个品种留样量应当满足检验需要，不得少于125克，并记录留样食品名称、留样量、留样时间、留样人员等。留样食品应当由专柜冷藏保存48小时以上。

三、加强食品安全与营养健康教育

教育部门指导和督促幼儿园推进健康教育，提升营养健康水平；卫生健康主管部门对幼儿园提供营养指导，倡导健康饮食理念，对营养健康专业人员开展适应幼儿园需求的培训，指导幼儿园开展营养健康知识教育。幼儿园在幼儿营养健康方面应当履行以下责任。

（1）幼儿园应当根据卫生健康主管部门发布的幼儿餐营养指南等标准，针对不同年龄段在园幼儿营养健康需求，因地制宜引导幼儿科学营养用餐。有条件的幼儿园应当每周公布幼儿餐带量食谱和营养素供给量。

（2）幼儿园应当加强食品安全与营养健康的宣传教育，开展相关科学知识普及和宣传教育活动。

（3）幼儿园应当将食品安全与营养健康相关知识纳入健康教育教学内容，通过多种形式开展经常

性宣传教育活动。

（4）幼儿园应当培养幼儿健康的饮食习惯，加强对幼儿营养不良与超重、肥胖的监测，评价和干预，利用家长学校等方式对幼儿家长进行食品安全与营养健康相关知识的宣传教育。

任务二 《托儿所幼儿园卫生保健管理办法》相关知识

案例导入

2021年3月30日，某市某区卫生监督执法人员对一家民办托幼机构进行日常监督检查时发现，该幼儿园不能提供3月份幼儿晨午检记录、因病缺勤追踪记录，小一班通风消毒记录最后登载时间为3月25日，经进一步调查询问证实为未严格按照《托儿所幼儿园卫生保健工作规范》开展卫生保健工作。针对该问题，执法人员曾于2020年底下达过责令其立即改正的卫生监督意见。该幼儿园未依法依规开展卫生保健工作，将承担什么后果？

任务要求

1. 了解托幼机构卫生保健人员的职责要求。
2. 掌握托幼机构卫生保健工作内容。
3. 能够贯彻《托儿所幼儿园卫生保健管理办法》，认真做好卫生保健工作。

《托儿所幼儿园卫生保健管理办法》（以下简称《管理办法》）旨在提高托儿所、幼儿园卫生保健工作水平，预防和减少疾病发生，保障幼儿身心健康。

一、政府部门对托幼机构卫生保健工作的监督和指导职责

1. 县级以上各级人民政府卫生行政部门应当将托幼机构的卫生保健工作作为公共卫生服务的重要内容，加强监督和指导。

2. 县级以上各级人民政府教育行政部门协助卫生行政部门检查指导托幼机构的卫生保健工作。

3. 县级以上妇幼保健机构负责对辖区内托幼机构卫生保健工作进行业务指导。业务指导的内容包括：膳食营养、体格锻炼、健康检查、卫生消毒、疾病预防等。

4. 疾病预防控制机构应当定期为托幼机构提供疾病预防控制咨询服务和指导。

5. 卫生监督执法机构应当依法对托幼机构的饮用水卫生、传染病预防和控制等工作进行监督检查。

二、政府部门对托幼机构卫生保健人员的要求

托幼机构应当聘用符合国家规定的卫生保健人员。卫生保健人员包括医师、护士和保健员。

1. 卫生保健人员资格要求

医师与护士持证上岗，保健员受过专业培训。医师应当取得卫生行政部门颁发的《医师执业证书》，护士应当取得《护士执业证书》。保健员应当具有高中以上学历，经过卫生保健专业知识培训，具有托幼机构卫生保健基础知识，掌握卫生消毒、传染病管理和营养膳食管理等技能。

2. 卫生保健人员配备

托幼机构应当按照收托150名儿童至少设1名专职卫生保健人员的比例配备卫生保健人员。收托150名以下儿童的，应当配备专职或者兼职卫生保健人员。

3. 卫生保健人员定期培训

托幼机构卫生保健人员应当定期接受当地妇幼保健机构组织的卫生保健专业知识培训。托幼机构

卫生保健人员应当对机构内的工作人员进行卫生知识宣传教育、疾病预防、卫生消毒、膳食营养、食品卫生、饮用水卫生等方面的具体指导。

聚焦考证

（单项选择题）托幼机构聘用卫生保健人员应当按照收托（　　　）名儿童至少设1名专职卫生保健人员的比例配备卫生保健人员。

A. 100　　　　　　　　B. 150　　　　　　　　C. 200　　　　　　　　D. 250

【破题要领】 B。托幼机构聘用卫生保健人员应当按照收托150名儿童至少设1名专职卫生保健人员的比例配备卫生保健人员。

三、托幼机构工作人员的上岗要求

托幼机构工作人员上岗前必须进行健康检查，取得《托幼机构工作人员健康合格证》后方可上岗。托幼机构应当组织在岗工作人员每年进行1次健康检查；在岗人员患有传染性疾病的，应当立即离岗治疗，治愈后方可上岗工作。精神病患者、有精神病史者不得在托幼机构工作。

四、托幼机构卫生保健工作内容

（1）根据儿童不同年龄特点，建立科学、合理的一日生活制度，培养儿童良好的卫生习惯；

（2）为儿童提供合理的营养膳食，科学制订食谱，保证膳食平衡；

（3）制订与儿童生理特点相适应的体格锻炼计划，根据儿童年龄特点开展游戏及体育活动，并保证儿童户外活动时间，增进儿童身心健康；

（4）建立健康检查制度，开展儿童定期健康检查工作，建立健康档案。坚持晨检及全日健康观察，做好常见病的预防，发现问题及时处理；

（5）严格执行卫生消毒制度，做好室内外环境及个人卫生。加强饮食卫生管理，保证食品安全；

（6）协助落实国家免疫规划，在儿童入托时应当查验其预防接种证，未按规定接种的儿童要告知其监护人，督促监护人带儿童到当地规定的接种单位补种；

（7）加强日常保育护理工作，对体弱儿进行专案管理。配合妇幼保健机构定期开展儿童眼、耳、口腔保健，开展儿童心理卫生保健；

（8）建立卫生安全管理制度，落实各项卫生安全防护工作，预防伤害事故的发生；

（9）制订健康教育计划，对儿童及其家长开展多种形式的健康教育活动；

（10）做好各项卫生保健工作信息的收集、汇总和报告工作。

任务三 《托儿所幼儿园卫生保健工作规范》相关知识

案例导入

11月28日上午，多名家长反映，孩子就读的某幼儿园因隐瞒园区发生的手足口病、疱疹性咽颊炎病情，导致园内多名幼儿被传染。家长们称，从发现有人得病，到多名幼儿被传染，园方始终对家长们只字未提。直到在微信群上互相沟通时，家长们才得知真实情况。家长们认为，正是由于园方没有及时采取隔离防范措施，也没有第一时间将幼儿患病情况告知家长，这才导致多名幼儿染病。幼儿园发生传染病后，应该采取哪些措施？

任务要求

1. 了解托幼机构卫生保健工作的主要任务和职责。
2. 掌握托幼机构卫生保健工作的主要内容和要求。
3. 能够开展托幼机构卫生保健工作。

《托儿所幼儿园卫生保健工作规范》（以下简称《规范》）旨在加强托儿所、幼儿园卫生保健工作，切实提高托幼机构卫生保健工作质量。

一、托幼机构卫生保健工作的主要任务

托幼机构卫生保健工作的主要任务是贯彻预防为主、保教结合的工作方针，为儿童创造良好的生活环境，预防控制传染病，降低常见病的发病率，培养健康的生活习惯，保障儿童的身心健康。

二、托幼机构卫生保健工作内容与要求

（一）一日生活安排

（1）托幼机构应当根据各年龄段儿童的生理、心理特点，结合本地区的季节变化和本托幼机构的实际情况，制定合理的生活制度。

（2）合理安排儿童作息时间和睡眠、进餐、大小便、活动、游戏等各个生活环节的时间、顺序和次数，注意动静结合、集体活动与自由活动结合、室内活动与室外活动结合，不同形式的活动交替进行。

（3）保证儿童每日充足的户外活动时间。全日制儿童每日不少于2小时，寄宿制儿童不少于3小时，寒冷、炎热季节可酌情调整。

（4）根据儿童年龄特点和托幼机构服务形式合理安排每日进餐和睡眠时间。制订餐、点数，儿童正餐间隔时间3.5～4小时，进餐时间20～30分钟/餐，餐后安静活动或散步时间10～15分钟。3～6岁儿童午睡时间根据季节以2～2.5小时/日为宜，3岁以下儿童日间睡眠时间可适当延长。

（5）严格执行一日生活制度，卫生保健人员应当每日巡视，观察班级执行情况，发现问题及时予以纠正，以保证儿童在托幼机构内生活的规律性和稳定性。

（二）儿童膳食

儿童膳食包括膳食管理和膳食营养两个方面。

1. 膳食管理

（1）托幼机构食堂应当取得《餐饮服务许可证》，建立健全各项食品安全管理制度。

（2）托幼机构应当保证儿童按需饮水。每日上、下午各1～2次集中饮水，1～3岁儿童饮水量50～100毫升/次，3～6岁儿童饮水量100～150毫升/次，并根据季节变化酌情调整饮水量。

（3）儿童膳食应当专人负责，儿童膳食费专款专用，账目每月公布，每学期膳食收支盈亏不超过2%。

（4）托幼机构应建立食品采购和验收记录。

（5）儿童食堂应当每日清扫、消毒，保持内外环境整洁。食品加工用具必须生熟标识明确、分开使用、定位存放。

（6）禁止加工变质、有毒、不洁、超过保质期的食物，不得制作和提供冷荤凉菜。

（7）进餐环境应当卫生、整洁、舒适。餐前做好充分准备，按时进餐，保证儿童情绪愉快，培养儿童良好的饮食行为和卫生习惯。

2. 膳食营养

（1）托幼机构应当根据儿童生理需求，制订儿童膳食计划。

（2）根据膳食计划制订带量食谱，1～2周更换1次。食物品种要多样化且合理搭配。

（3）托幼机构烹调食物要达到营养膳食的要求，注意色、香、味、形，提高儿童的进食兴趣。

（4）托幼机构至少每季度进行1次膳食调查和营养评估。

（5）有条件的托幼机构可为贫血、营养不良、食物过敏等儿童提供特殊膳食。不提供正餐的托幼机构，每日至少提供1次点心。

（三）体格锻炼

（1）托幼机构应当根据儿童的年龄及生理特点，每日有组织地开展各种形式的体格锻炼，掌握适宜的运动强度，保证运动量，提高儿童身体素质。

（2）保证儿童室内外运动场地和运动器械的清洁、卫生、安全，做好场地布置和运动器械的准备。定期进行室内外安全隐患排查。

（3）利用日光、空气、水和器械，有计划地进行儿童体格锻炼。做好运动前的准备工作。运动中注意观察儿童面色、精神状态、呼吸、出汗量和儿童对锻炼的反应，若有不良反应要及时采取措施或停止锻炼；加强运动中的保护，避免运动伤害。运动后注意观察儿童的精神、食欲、睡眠等状况。

（4）全面了解儿童健康状况，患病儿童停止锻炼；病愈恢复期的儿童运动量要根据身体状况予以调整；体弱儿童的体格锻炼进程应当较健康儿童缓慢，时间缩短，并要对儿童运动反应进行仔细观察。

（四）儿童健康检查

儿童健康检查包括入园（所）健康检查、定期健康检查、晨午检及全日健康观察三个方面。

1. 儿童入园（所）前健康检查

儿童入托幼机构前应当经医疗卫生机构进行健康检查，合格后方可入园（所）。儿童离开园（所）3个月以上需重新按照入园（所）检查项目进行健康检查。

2. 儿童定期健康检查

儿童定期健康检查项目包括：测量身长（身高）、体重，检查口腔、皮肤、心肺、肝脾、脊柱、四肢等，测查视力、听力，检测血红蛋白或血常规。1～3岁儿童每年健康检查2次，每次间隔6个月；3岁以上儿童每年健康检查1次。所有儿童每年进行1次血红蛋白或血常规检测。1～3岁儿童每年进行1次听力筛查；4岁以上儿童每年检查1次视力。儿童体检后，托幼机构应当及时向家长反馈儿童健康检查结果。

3. 晨午检及全日健康观察

做好每日晨间或午间入园（所）检查。检查内容包括：询问儿童在家有无异常情况，观察精神状况、有无发热和皮肤异常，检查有无携带不安全物品等，发现问题及时处理。应当对儿童进行全日健康观察，内容包括饮食、睡眠、大小便、精神状况、情绪、行为等，并作好观察及处理记录。

（五）卫生与消毒

1. 环境卫生

（1）托幼机构应当建立室内外环境卫生清扫和检查制度，每周全面检查1次并记录，为儿童提供整洁、安全、舒适的环境。

（2）室内应当有防蚊、蝇、鼠、虫及防暑和防寒设备，并放置在儿童接触不到的地方。集中消毒应在儿童离园（所）后进行。

（3）保持室内空气清新、阳光充足。采取湿式清扫方式清洁地面。厕所做到清洁通风、无异味，每日定时打扫，保持地面干燥。便器每次用后及时清洗干净。

（4）卫生洁具各班专用专放并有标记。抹布用后及时清洗干净，晾晒、干燥后存放；拖布清洗后应当晾晒或控干后存放。

（5）枕席、凉席每日用温水擦拭，被褥每月暴晒1～2次，床上用品每月清洗1～2次。

（6）保持玩具、图书表面的清洁卫生，每周至少进行1次玩具清洗，每2周图书翻晒1次。

2. 个人卫生

（1）儿童日常生活用品专人专用，保持清洁。要求每人每日1巾1杯专用，每人1床位1被。

（2）培养儿童良好卫生习惯。饭前便后应当用肥皂、流动水洗手，早晚洗脸、刷牙，饭后漱口，做到勤洗头洗澡换衣、勤剪指（趾）甲，保持服装整洁。

（3）工作人员应当保持仪表整洁，注意个人卫生。饭前便后和护理儿童前应用肥皂、流动水洗手；上班时不戴戒指，不留长指甲；不在园（所）内吸烟。

3. 预防性消毒

（1）儿童活动室、卧室应当经常开窗通风，保持室内空气清新。每日至少开窗通风2次，每次至少10～15分钟。无法开窗通风时，每日对室内空气消毒2次。

（2）餐桌每餐使用前消毒。水杯、餐巾每次使用后消毒。擦手毛巾每日消毒1次。

（3）门把手、水龙头、床围栏等儿童易触摸的物体表面每日消毒1次。坐便器每次使用后及时冲洗和消毒。

（4）使用符合国家标准或规定的消毒器械和消毒剂。

（六）传染病预防和控制

（1）督促家长按免疫程序和要求完成儿童预防接种。配合疾病预防控制机构做好托幼机构儿童常规接种、群体性接种或应急接种工作。

（2）托幼机构应当建立传染病管理制度。托幼机构内发现传染病疫情或疑似病例后，应当立即向属地疾病预防控制机构（农村乡镇卫生院防保组）报告。

（3）班级老师每日登记本班儿童的出勤情况。对因病缺勤的儿童，应当了解儿童的患病情况和可能的原因，对疑似患传染病的，要及时报告给园（所）疫情报告人。园（所）疫情报告人接到报告后应当及时追查儿童的患病情况和可能的病因，以做到对传染病人的早发现。

（4）托幼机构内发现疑似传染病例时，应当及时设立临时隔离室，对患儿采取有效的隔离控制措施。

（5）托幼机构应当配合当地疾病预防控制机构对被传染病病原体污染（或可疑污染）的物品和环境实施随时性消毒与终末消毒。

（6）发生传染病期间，托幼机构应当加强晨午检和全日健康观察，并采取必要的预防措施，保护易感儿童。对发生传染病的班级按要求进行医学观察，医学观察期间该班与其他班相对隔离，不办理入托和转园（所）手续。

（7）卫生保健人员应当定期对儿童及其家长开展预防接种和传染病防治知识的健康教育，提高其防护能力和意识。

（8）患传染病的儿童隔离期满后，凭医疗卫生机构出具的痊愈证明方可返回园（所）。

（七）常见病预防与管理

（1）托幼机构应当通过健康教育普及卫生知识，培养儿童良好的卫生习惯；提供合理平衡膳食；加强体格锻炼，增强儿童体质，提高对疾病的抵抗能力。

（2）定期开展儿童眼、耳、口腔保健，发现视力低常、听力异常、龋齿等问题进行登记管理，督促家长及时带患病儿童到医疗卫生机构进行诊断及矫治。

（3）对贫血、营养不良、肥胖等营养性疾病儿童进行登记管理，对中重度贫血和营养不良儿童进行专案管理，督促家长及时带患病儿童进行治疗和复诊。

（4）对先心病、哮喘、癫痫等疾病儿童，及对有药物过敏史或食物过敏史的儿童进行登记，加强日常健康观察和保育护理工作。

（5）重视儿童心理行为保健，开展儿童心理卫生知识的宣传教育，发现心理行为问题的儿童及时告知家长到医疗保健机构进行诊疗。

（八）伤害预防

（1）托幼机构的各项活动应当以儿童安全为前提，建立定期全园（所）安全排查制度，落实预防儿童伤害的各项措施。

（2）托幼机构的房屋、场地、家具、玩教具、生活设施等应当符合国家相关安全标准和规定。

（3）托幼机构应当建立重大自然灾害、食物中毒、踩踏、火灾、暴力等突发事件的应急预案，如果发生重大伤害时应当立即采取有效措施，并及时向上级有关部门报告。

（4）托幼机构应当加强对工作人员、儿童及监护人的安全教育和突发事件应急处理能力的培训，定期进行安全演练，普及安全知识，提高自我保护和自救的能力。

（5）保教人员应当定期接受预防儿童伤害相关知识和急救技能的培训，做好儿童安全工作，消除安全隐患，预防跌落、溺水、交通事故、烧（烫）伤、中毒、动物致伤等伤害的发生。

（九）健康教育

（1）托幼机构应当根据不同季节、疾病流行等情况制订全年健康教育工作计划，并组织实施。

（2）健康教育的内容包括膳食营养、心理卫生、疾病预防、儿童安全以及良好行为习惯的培养等。健康教育的形式包括举办健康教育课堂、发放健康教育资料、宣传专栏、咨询指导、家长开放日等。

（3）采取多种途径开展健康教育宣传。每季度对保教人员开展1次健康讲座，每学期至少举办1次家长讲座。每班有健康教育图书，并组织儿童开展健康教育活动。

（4）做好健康教育记录，定期评估相关知识知晓率、良好生活卫生习惯养成、儿童健康状况等健康教育效果。

（十）信息收集

（1）托幼机构应当建立健康档案，包括：托幼机构工作人员健康合格证、儿童入园（所）健康检查表、儿童健康检查表或手册、儿童转园（所）健康证明。

（2）托幼机构应当对卫生保健工作进行记录，内容包括：出勤、晨午检及全日健康观察、膳食管理、卫生消毒、营养性疾病、常见病、传染病、伤害和健康教育等记录。

（3）工作记录和健康档案应当真实、完整、字迹清晰。工作记录应当及时归档，至少保存3年。

（4）定期对儿童出勤、健康检查、膳食营养、常见病和传染病等进行统计分析，掌握儿童健康及营养状况。

（5）有条件的托幼机构可应用计算机软件对儿童体格发育评价、膳食营养评估等卫生保健工作进行管理。

聚焦考证

（单项选择题）儿童离开托幼机构（　　　　）个月应当进行健康检查后方可再次入托幼机构。

A. 1　　　　　　　　B. 2　　　　　　　　C. 3　　　　　　　　D. 4

【破题要领】C。儿童离开托幼机构3个月以上应当进行健康检查后方可再次入托幼机构。

在线练习2-2

强化练习

一、单项选择题

1. 托幼机构应当贯彻保教结合、（　　）为主的方针，认真做好卫生保健工作。
   A. 治疗　　　　　　　　B. 预防　　　　　　　　C. 康复　　　　　　　　D. 营养

2. （　　）机构应当定期为托幼机构提供疾病预防控制咨询服务和指导。
   A. 卫生监督执法　　　　　　　　　　　　B. 食品药品卫生监督
   C. 疾病预防控制　　　　　　　　　　　　D. 妇幼保健机构

3. （　　）是托幼机构卫生保健工作的第一责任人。
   A. 托幼机构的法定代表人　　　　　　　　B. 托幼机构负责人
   C. 卫生保健医生　　　　　　　　　　　　D. 托幼机构的法定代表人或负责人

二、判断题

1. 托幼机构儿童日常用品专人专用，保持清洁。要求每人每日1巾1杯专用，每日清洗消毒；每人1床位1被，每月清洗消毒。　　　　　　　　　　　　　　　　　　　　　　　（　　）

2. 工作人员健康检查，上岗前经县级以上人民政府卫生行政部门指定的医疗卫生机构进行健康检查，取得《托幼机构工作人员健康合格证》。　　　　　　　　　　　　　　　（　　）

3. 儿童入园（所）时，托幼机构不需要查验"入园健康检查表""儿童保健手册""预防接种证"。　　　　　　　　　　　　　　　　　　　　　　　　　　　　　　　　　　　（　　）

4. 托幼机构可以擅自设立卫生室开展卫生保健工作。　　　　　　　　　　　　（　　）

项目三　托幼机构管理规范

任务一　《托育机构设置标准（试行）》相关知识

案例导入

某托育中心存在班级规模超额现象，一位托大班的宝宝家长表示："刚开始报读时，托育机构许诺托大班幼儿人数会控制在20人，2个月后班级又陆续增加了10名幼儿，最近班级幼儿日常伤害事件不停发生，家长们颇为担忧。"托育中心是否违背了《托育机构设置标准（试行）》的有关规定？

任务要求

1. 了解托育机构设置要求和场地实施条件。
2. 了解托育机构的人员规模。

为加强托育机构专业化、规范化建设，国家卫生健康委组织制定了《托育机构设置标准（试行）》和《托育机构管理规范（试行）》，自2019年10月8日起施行。

托育机构是须经有关部门登记、卫生健康部门备案，为3岁以下幼儿提供全日托、半日托、计时托、临时托等托育服务的机构。坚持政策引导、普惠优先、安全健康、科学规范、属地管理、分类指导的原则，充分调动社会力量积极性，大力发展托育服务。

一、设置要求

1. 综合考虑城乡区域发展特点

（1）新建居住区应当规划建设与常住人口规模相适应的托育机构。老城区和已建成居住区应当采取多种方式完善托育机构，满足居民需求。

（2）城镇托育机构建设要充分考虑进城务工人员随迁婴幼儿的照护服务需求。

（3）在农村社区综合服务设施建设中，应当统筹考虑托育机构建设。

2. 支持用人单位举办托育机构

鼓励和支持具备条件的用人单位规范开展托育服务，解决职工群众生育、养育后顾之忧。

3. 市场化方式建设托育机构

鼓励通过市场化方式，采取公办民营、民办公助等多种形式，在就业人群密集的产业聚集区域和用人单位建设完善托育机构。

4. 加强社区托育衔接

发挥城乡社区公共服务设施的婴幼儿照护服务功能，加强社区托育机构与社区服务中心（站）及社区卫生、文化、体育等设施的功能衔接。

二、场地设施

1. 托育机构的选址

托育机构应当选择自然条件良好、交通便利、符合卫生和环保要求的建设用地，远离对婴幼儿成长有危害的建筑、设施及污染源，满足抗震、防火、疏散等要求。

2. 室内外设施设备要求

（1）托育机构的房屋装修、设施设备、装饰材料等，应当符合国家相关安全质量标准和环保标准，并定期进行检查维护。

（2）托育机构应当配备符合婴幼儿月龄特点的家具、用具、玩具、图书和游戏材料等，并符合国家相关安全质量标准和环保标准。

（3）托育机构应当设有室外活动场地，配备适宜的游戏设施，且有相应的安全防护设施。在保障安全的前提下，可利用附近的公共场地和设施。

三、人员规模

托育机构应当根据场地条件，合理确定收托婴幼儿规模，合理配置工作人员。托育机构工作人员主要有托育机构负责人、保育人员、保健人员、炊事人员、保安人员。

1. 托育机构负责人

负责全面工作，应当具有大专以上学历、有从事儿童保育教育、卫生健康等相关管理工作3年以上的经历，且经托育机构负责人岗位培训合格。

2. 保育人员

主要负责婴幼儿日常生活照料，安排游戏活动，促进婴幼儿身心健康，养成良好行为习惯。保育人员应当具有婴幼儿照护经验或相关专业背景，受过婴幼儿保育相关培训和心理健康知识培训。合理配备保育人员，与婴幼儿的比例应当不低于以下标准：乳儿班1∶3，托小班1∶5，托大班1∶7。

3. 保健人员

应当经过妇幼保健机构组织的卫生保健专业知识培训合格。

4. 保安人员

独立设置的托育机构应当至少有1名保安人员在岗。保安人员由保安公司派驻，持证上岗。

5.编班要求

托育机构一般设置乳儿班（6～12个月，10人以下）、托小班（12～24个月，15人以下）、托大班（24～36个月，20人以下）三种班型。18个月以上的婴幼儿可混合编班，每个班不超过18人。

聚焦考证

（单项选择题）托育机构负责人负责全面工作，应当具有（　　　）以上学历，有从事儿童保育教育、卫生健康等相关管理工作3年以上的经历，且经托育机构负责人岗位培训合格。

A.大专 　　　　　　　　B.本科 　　　　　　　　C.中专 　　　　　　　　D.研究生

【破题要领】 A。托育机构负责人负责全面工作，应当具有大专以上学历、有从事儿童保育教育、卫生健康等相关管理工作3年以上的经历，且经托育机构负责人岗位培训合格。

任务二 《托育机构管理规范（试行）》相关知识

案例导入

离园时间到了，2岁半的明明在班级门口等妈妈，趁老师正在与其他家长谈话之际，明明悄悄地溜出了班级。明明先在托育园里玩了一会儿，然后，随着人群一起走出了托育园的大门。直到妈妈来接他，老师才发现明明不见了。幸亏发现得及时，并发动了全园教师和一些家长出去寻找。最后，终于在托育园附近的一个小超市里找到了他。该托育园是否违背了《托育机构管理规范（施行）》相关规定？

任务要求

1.了解托育机构备案管理、收托管理、保育管理等具体要求。

2.了解托育机构健康管理、安全管理、人员管理、监督管理等具体要求。

为加强托育机构管理，国家卫生健康委制定《托育机构管理规范（试行）》（以下简称《规范》）。《规范》坚持儿童优先的原则，尊重婴幼儿成长特点和规律，最大限度地保护婴幼儿，确保婴幼儿的安全和健康。

一、收托管理

（一）入托申请准备

1.入托申请

婴幼儿父母或监护人（以下统称婴幼儿监护人）应当主动向托育机构提出入托申请，并提交真实的婴幼儿及其监护人的身份证明材料。

2.预防接种和健康检查

婴幼儿进入托育机构前，应当完成适龄的预防接种，经医疗卫生机构健康检查合格后方可入托；离开机构3个月以上的，返回时应当重新进行健康检查。

（二）签订托育服务协议

1.签订协议

托育机构应当与婴幼儿监护人签订托育服务协议，明确双方的责任、权利义务、服务项目、收费标准以及争议纠纷处理办法等内容。

2.定期备案

托育机构应当建立收托婴幼儿信息管理制度，及时采集、更新，定期向备案部门报送。

（三）加强家园、社区联系

1.家园联系

托育机构应当建立与家长联系的制度，定期召开家长会议，接待来访和咨询，帮助家长了解保育照护内容和方法。托育机构应当成立家长委员会，事关婴幼儿的重要事项，应当听取家长委员会的意见和建议。托育机构应当建立家长开放日制度。

2.社区联系

托育机构应当加强与社区的联系与合作，面向社区宣传科学育儿知识，开展多种形式的服务活动，促进婴幼儿早期发展。

（四）建立信息公示制度

托育机构应当建立信息公示制度，定期公示收费项目和标准、保育照护、膳食营养、卫生保健、安全保卫等情况，接受监督。

聚焦考证

（单项选择题）托育机构应当与婴幼儿监护人签订（　　　）协议，明确双方的责任、权利义务、服务项目、收费标准以及争议纠纷处理办法等内容。

A.看护服务　　　　B.托育服务　　　　C.照看　　　　D.生活服务

【破题要领】B。《托育机构管理规范（试行）》第十条 托育机构应当与婴幼儿监护人签订托育服务协议，明确双方的责任、权利义务、服务项目、收费标准以及争议纠纷处理办法等内容。

二、保育管理

1.生活保育管理

（1）托育机构应当科学合理安排婴幼儿的生活，做好饮食、饮水、喂奶、如厕、盥洗、清洁、睡眠、穿脱衣服、游戏活动等服务。

（2）托育机构应当顺应喂养，科学制订食谱，保证婴幼儿膳食平衡。有特殊喂养需求的，婴幼儿监护人应当提供书面说明。

2.活动保育管理

（1）托育机构应当保证婴幼儿每日户外活动不少于2小时，寒冷、炎热季节或特殊天气情况下可酌情调整。

（2）托育机构应当以游戏为主要活动形式，促进婴幼儿在身体发育、动作、语言、认知、情感与社会性等方面的全面发展。游戏活动应当重视婴幼儿的情感变化，注重与婴幼儿面对面、一对一地交流互动，动静交替，合理搭配多种游戏类型。

（3）托育机构应当提供适宜刺激，丰富婴幼儿的直接经验，支持婴幼儿主动探索、操作体验、互动交流和表达表现，发挥婴幼儿的自主性，保护婴幼儿的好奇心。

3.建立照护服务日常记录和反馈制度

托育机构应当建立照护服务日常记录和反馈制度，定期与婴幼儿监护人沟通婴幼儿发展情况。

三、健康管理

1. 婴幼儿健康管理

（1）托育机构应当坚持晨午检和全日健康观察，发现婴幼儿身体、精神、行为异常时，应当及时通知婴幼儿监护人。

（2）托育机构发现婴幼儿遭受或疑似遭受家庭暴力的，应当依法及时向公安机关报案。

（3）婴幼儿患病期间应当在医院接受治疗或在家护理。

（4）托育机构应当建立卫生消毒和病儿隔离制度、传染病预防和管理制度，做好疾病预防控制和婴幼儿健康管理工作。

2. 工作人员健康管理

（1）托育机构工作人员上岗前，应当经医疗卫生机构进行健康检查，合格后方可上岗。

（2）托育机构应当组织在岗工作人员每年进行1次健康检查。

（3）在岗工作人员患有传染性疾病的，应当立即离岗治疗；治愈后，须持病历和医疗卫生机构出具的健康合格证明，方可返岗工作。

四、安全管理

1. 落实安全管理主体责任

托育机构应当落实安全管理主体责任，建立健全安全防护措施和检查制度，配备必要的安保人员和物防、技防设施。

2. 建立婴幼儿接送制度

托育机构应当建立完善的婴幼儿接送制度，婴幼儿应当由婴幼儿监护人或其委托的成年人接送。

3. 建立突发事件应急预案

（1）托育机构应当制订重大自然灾害、传染病、食物中毒、踩踏、火灾、暴力等突发事件的应急预案，定期对工作人员进行安全教育和突发事件应急处理能力培训。

（2）托育机构应当明确专兼职消防安全管理人员及管理职责，加强消防设施维护管理，确保用火用电用气安全。

（3）托育机构工作人员应当掌握急救的基本技能和防范、避险、逃生、自救的基本方法，在紧急情况下必须优先保障婴幼儿的安全。

4. 建立监控体系

托育机构应当建立照护服务、安全保卫等监控体系。监控报警系统确保24小时设防，婴幼儿生活和活动区域应当全覆盖。监控录像资料保存期不少于90日。

五、人员管理

1. 人员资格条件

托育机构工作人员应当具有完全民事行为能力和良好的职业道德，热爱婴幼儿，身心健康，无虐待儿童记录，无犯罪记录，并符合国家和地方相关规定要求的资格条件。

2. 建立人员培训制度

托育机构应当建立工作人员岗前培训和定期培训制度，通过集中培训、在线学习等方式，不断提高工作人员的专业能力、职业道德和心理健康水平。

3. 依法从业

托育机构应当加强工作人员法治教育，增强法治意识。对虐童等行为实行零容忍，一经发现，严格按照有关法律法规和规定，追究有关负责人和责任人的责任。

4. 权益保障

托育机构应当依法与工作人员签订劳动合同，保障工作人员的合法权益。

任务三 《幼儿园保育教育质量评估指南》相关知识

案例导入

某幼儿园临近学期末开展幼儿能力测查，对小班幼儿开展读唐诗测查，对中班幼儿开展算术考试，对大班幼儿开展英语单词测查。为了取得好成绩，家长们绞尽脑汁帮孩子们复习。这种以直接测查幼儿能力的方式评估幼儿园保育教育质量，可行吗?

任务要求

1. 理解《幼儿园保育教育质量评估指南》的理念和内容。
2. 掌握《幼儿园保育教育质量评估指南》的评估方式，尝试用观察法评价儿童。

2022年2月教育部颁布了《幼儿园保育教育质量评估指南》(以下简称《评估指南》),《评估指南》用5个维度、15项关键指标和48个考查要点将新时代学前教育深化改革规范发展的要求具体化，为幼儿园践行为党育人、为国育才使命，培养德智体美劳全面发展的社会主义建设者和接班人提供了科学的实施指南和明确的行动依据。

一、评估理念

《评估指南》以科学质量观为指导，聚焦保育教育过程，坚持"立德树人，儿童为本，过程导向，持续改进"，推动科学保育教育。

一是坚持立德树人。《评估指南》要求坚持社会主义办园方向，全面贯彻党的教育方针，落实立德树人根本任务。《评估指南》将培育和践行社会主义核心价值观融入保育教育全过程，注重从小做起、从点滴做起，为培养德智体美劳全面发展的社会主义建设者和接班人奠基。

二是坚持儿童为本。《评估指南》明确指出要"遵循幼儿发展规律和教育规律，完善以促进幼儿身心健康发展为导向的学前教育质量评估体系"。学前教育必须始终坚持尊重幼儿年龄特点和成长规律，关注幼儿发展的整体性和连续性，在保育教育实践过程中通过观察理解幼儿的学习方式、特点和规律，以游戏为基本活动，有效促进幼儿身心健康发展。

二、评估内容

《评估指南》以促进幼儿身心健康发展为导向，聚焦幼儿园保育教育过程质量，围绕办园方向、保育与安全、教育过程、环境创设、教师队伍等5个方面构建了幼儿园保教质量评估指标体系。

（一）办园方向

包括党建工作、品德启蒙和科学理念等3项关键指标，旨在强化党组织战斗堡垒作用，树立科学保育教育理念，确保正确办园方向。

（二）保育与安全

包括卫生保健、生活照料、安全防护等3项关键指标，旨在促进幼儿园加强膳食营养、疾病预防、健康检查等工作，建立合理的生活常规，强化医护保健人员配备、安全保障和制度落实，确保幼儿生命安全和身心健康。

（三）教育过程

包括活动组织、师幼互动和家园共育等3项关键指标，旨在促进幼儿园坚持以游戏为基本活动，理解尊重幼儿并支持其有意义的学习，强化家园协同育人，不断提高保育教育质量。

（四）环境创设

包括空间设施、玩具材料等2项关键指标，旨在促进幼儿园创设丰富适宜、富有童趣、有利于支持幼儿学习探索的教育环境，配备数量充足、种类多样的玩教具和图画书，有效支持保育教育工作科学实施。特别强调幼儿园不得使用幼儿教材和境外课程，防止存在意识形态和宗教等渗透的图画书进入幼儿园。

（五）教师队伍

包括师德师风、人员配备、专业发展和激励机制等4项关键指标，旨在促进幼儿园加强教师师德工作，注重教师专业能力建设，提高园长专业领导力，采取有效措施激励教师爱岗敬业、潜心育人。教职工要有坚定的政治信仰，按照有理想信念、有道德情操、有扎实学识、有仁爱之心的"四有"好老师标准履行幼儿园教师职业道德规范，做到爱岗敬业，关爱幼儿，严格自律，没有歧视、侮辱、体罚或变相体罚等有损幼儿身心健康的行为。

三、评估方式

（一）注重过程评估

《评估指南》重点关注保育教育过程质量，关注幼儿园提升保教水平的努力程度和改进过程，严禁用直接测查幼儿能力和发展水平的方式评估幼儿园保育教育质量。在质量评估工作中，不仅要关注幼儿园保教质量是否达到基本要求，更要重视幼儿园和教职工改进提升保教质量的过程和努力程度，促进每一所幼儿园在原有水平上持续发展。

（二）强化自我评估

《评估指南》明确指出"幼儿园应建立常态化的自我评估机制，促进教职工主动参与，通过集体诊断，反思自身教育行为，提出改进措施"。

（三）聚焦班级观察

《评估指南》提出了"聚焦班级观察"的方法，"通过不少于半日的连续自然观察，全面、客观、真实地了解幼儿园保育教育过程和质量。外部评估的班级观察采取随机抽取的方式，覆盖面不少于各年龄班级总数的三分之一。"对保教过程的评估，需要在幼儿园一日活动中，去实地观察师生真实的互动状态，去听他们之间的对话，去看他们的行为，这样才能够看到全面的师幼互动情况，有利于全面评估幼儿园教育的过程性质量。

强化练习

在线练习2-3

一、单项选择题

1. 为3岁以下婴幼儿提供托育服务的机构形式主要有（　　　　）、半日托、计时托、临时托。

　　A. 全日托　　　　　　　B. 免费托　　　　　　　C. 半免费托　　　　　　　D. 全年托

2. 托育机构应当有自有场地或租赁期不少于（　　　）年的场地。

    A. 1　　　　　　　　B. 2　　　　　　　　C. 3　　　　　　　　D. 4

3. 托育机构应当保证婴幼儿每日户外活动时间不少于（　　　）小时，寒冷、炎热季节或特殊天气情况下可酌情调整。

    A. 1　　　　　　　　B. 2　　　　　　　　C. 3　　　　　　　　D. 4

4. 托育机构应当以（　　　）为主要活动形式，促进婴幼儿在身体发育、动作、语言、认知、情感与社会性等方面的全面发展。

    A. 教学　　　　　　　B. 体育　　　　　　　C. 艺术　　　　　　　D. 游戏

5. 幼儿园保育教育质量评估要尊重幼儿年龄特点和成长规律，注重幼儿发展的整体性和连续性，这体现的是（　　　）理念。

    A. 儿童为本　　　　　B. 教师为本　　　　　C. 德育为先　　　　　D. 课程为本

二、判断题

1. 保健人员无须经过妇幼保健机构组织的卫生保健专业知识培训合格。（　　　）

2. 托育机构应当与婴幼儿监护人签订托育服务协议，明确双方的责任、权利义务、服务项目、收费标准以及争议纠纷处理办法等内容。（　　　）

3. 托育机构一般设置乳儿班（6～12个月，20人以下）、托小班（12～24个月，15人以下）、托大班（24～36个月，10人以下）三种班型。（　　　）

4. 婴幼儿患病期间应当在医院接受治疗或在家护理。（　　　）

5. 托育机构工作人员上岗前，应当经医疗卫生机构进行健康检查，合格后方可上岗。（　　　）

6. 保育人员与婴幼儿的比例应当不低于以下标准：乳儿班1：5，托小班1：7，托大班1：3。（　　　）

7. 幼儿园不得使用幼儿教材和境外课程，防止存在意识形态和宗教等渗透的图画书进入幼儿园。（　　　）

模块小结

    本模块主要阐述了托幼园所保育工作相关的法律法规和政策文本知识，帮助学生理解并掌握幼儿保育相关法律法规知识，能够运用法规知识分析解决保教实践中存在的问题。树立依法从业、规范从业意识，提高职业认同，保护自身合法权益；做到关爱幼儿、促进幼儿身心健康发展。

模块 三

幼儿生理发展与保育

模块导读

　　幼儿虽然具备人体的基本结构和生理功能，由于其身体发育还不成熟，需要保育师根据幼儿生理发育特点采取相应的保育措施，促进幼儿健康成长。本模块主要阐述幼儿运动系统、呼吸系统、循环系统、消化系统、泌尿系统、皮肤、内分泌系统及神经系统的发育特点和相关的保育要求，帮助学生掌握幼儿生理发展的特点及规律，能够熟练运用这些理论知识正确开展幼儿园教育教学和日常生活中的保育工作。

学习目标

　　1. 掌握幼儿生理发展特点及保育要点。
　　2. 掌握幼儿生长发育的一般规律。
　　3. 能够对幼儿生长发育过程进行科学评价。

内容结构

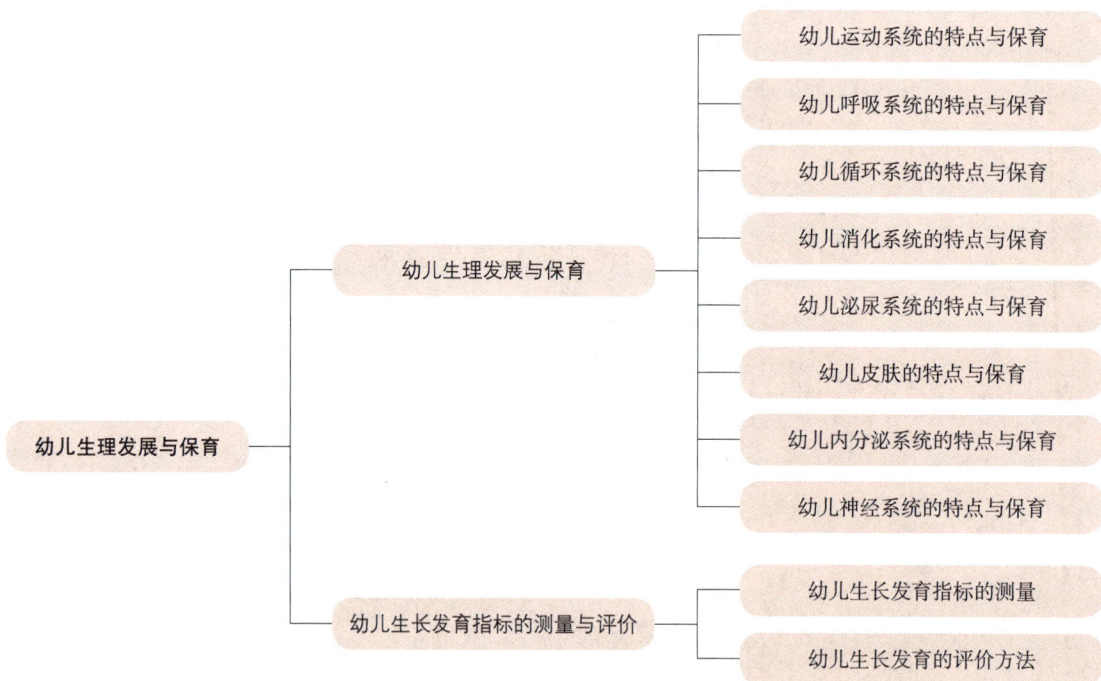

项目一 幼儿生理发展与保育

任务一 幼儿运动系统的特点与保育

案例导入

天天3岁了，虽然走路挺稳，但是上楼梯有些吃力。有一次，爸爸为避免他跌倒，便提着他的左手上楼，可是刚走了一步，天天就突然大哭起来，说胳膊疼。后经医生诊断，天天的手臂出现了"牵拉肘"。请思考，出现"牵拉肘"时，保育师应该怎样做？

任务要求

1. 了解人体运动系统的解剖学知识及相关的生理知识。
2. 掌握幼儿运动系统各器官的生理特点、保育要点以及保育要求。

一、骨骼

人体有206块骨。骨骼以脊柱为中心，支撑着身体。

骨的基本构造包括骨膜、骨质和骨髓三部分。骨膜是骨表面的一层薄膜，含有丰富的血管和神经；骨膜还有大量成骨细胞，可使骨长长粗。骨膜内坚韧的结构就是骨质。骨髓填充于骨髓腔内，能制造血细胞。

骨的成分主要包括无机盐和有机物。无机盐主要是钙、磷化合物，使骨坚硬；有机物主要是骨胶原蛋白质，使骨有韧性和弹性。

聚焦考证

（单项选择题）人体由（　　　）块骨骼组成。

A. 106　　　　　　　　B. 206　　　　　　　　C. 306　　　　　　　　D. 192

【破题要领】 B。人体有206块骨。

二、肌肉

肌肉可分为骨骼肌、平滑肌和心肌。骨骼肌能接受大脑的指令而收缩、舒张，使人体产生各种运动，因此又称随意肌。面部的表情肌附着于皮肤，能自如活动，也属骨骼肌。平滑肌分布于内脏器官，不受意识支配，又称不随意肌。心肌只存在于心脏，能自动、有节律地收缩、舒张，产生有节律的搏动。

肌肉的主要成分包括水和蛋白质等物质。成年人肌肉约占体重的40%；年龄越小，肌肉所占体重比例越低，肌肉中水分越多。

肌肉呈红色，是因为伴随有大量血管。人称骨骼肌为人体的"第二心脏"，就是因为肌肉收缩时能挤压血管、促进血液循环。

肌肉收缩产生力量，力量来源于肌肉中储备的能量。经常锻炼，可使肌肉丰满，能源储备充足，力量增强。

（单项选择题）骨骼肌被称为人体的第几心脏？（   ）

A. 第一心脏　　　　　　　B. 第二心脏　　　　　　C. 第三心脏　　　　　　D. 第四心脏

【破题要领】B。人称骨骼肌为人体的"第二心脏"，就是因为肌肉收缩时能挤压血管、促进血液循环。

三、关节

骨连接主要有三种形式。

1. 直接连接

如颅骨，骨与骨之间有骨缝，随年龄增长，骨缝逐渐骨化。

2. 半直接连接

如椎骨、骨与骨之间的连接物是橡胶样的软骨，使脊柱既能支撑身体，又有弹性，能在一定范围内活动。

3. 关节

这是四肢骨之间及躯干骨之间连接的主要形式。（图3-1-1）关节包括关节面、关节囊和关节腔。关节面包括关节头和关节窝，二者相互嵌合，表面有软骨，可减少活动时产生的摩擦和震动。包围着关节面的纤维组织，叫关节囊，能保护关节，关节囊外有韧带，起固定关节的作用。关节囊与关节面之间的间隙，称关节腔，充满滑液，能润滑关节。

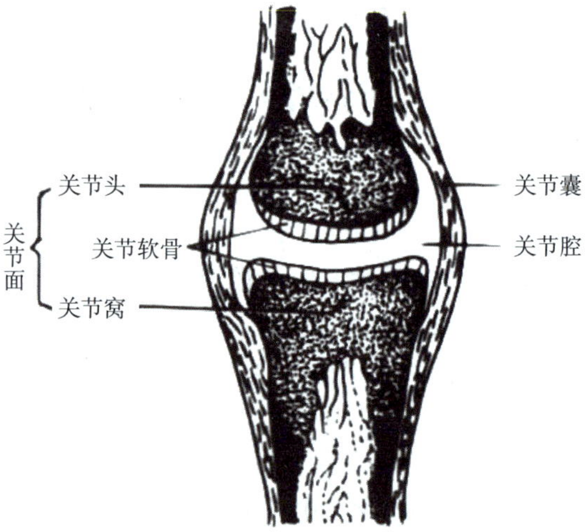

机体不同部位的关节，结构不尽相同，所以活动范围及牢固程度也不同。

图3-1-1　关节结构图

牵拉肘（也称为"网球肘"）是一种常见的运动损伤，主要发生在打网球、打羽毛球、打乒乓球等需要频繁挥拍或使用手腕发力的运动中。牵拉肘的发生是由于长期过度使用手腕或前臂的肌肉和韧带，导致这些组织疲劳、发炎和疼痛。其主要症状是肘关节外侧疼痛，尤其是在前臂用力或手腕活动时疼痛加剧。患儿可能无法完成日常活动，如握手、拿杯子等。治疗牵拉肘的方法包括休息、冷热敷、药物、物理治疗和自我调整运动方式等。预防牵拉肘的方法包括正确使用手腕和前臂肌肉、逐渐增加运动强度和频率、佩戴护具等。

（单项选择题）关节的基本结构不包括（   ）。

A. 关节囊　　　　　　　B. 关节唇　　　　　　C. 关节面　　　　　　D. 关节腔

【破题要领】B。关节包括关节面、关节囊和关节腔。

四、幼儿骨发育的特点

1. 骨柔软且易变形

幼儿的骨中有机物含量较多，骨的弹性大，可塑性强，容易变形。若发生骨折，会出现与植物青枝一样折而不断的情况，因此被称为"青枝骨折"（图3-1-2）。"青枝骨折"的伤肢还可以活动，疼痛感不强烈，但若不及时医治，可能会出现畸形。

2. 颅骨的囟门逐渐闭合

颅骨的囟门是指人出生时颅骨之间的间隙。随着生长发育，幼儿的颅骨逐渐骨化，囟门于2岁前完全闭合。

3. 脊柱的生理弯曲已形成但未完全定型

成人的脊柱从背后看是直的，从侧面看则有4个明显的生理弯曲。婴儿出生时，脊柱只有骶曲，随着动作的发展，才逐渐形成其他生理弯曲。一般来说，婴儿在出生2～3个月能抬头时，形成颈曲；6～7个月能直坐时，形成胸曲；1岁左右能站立行走时，形成腰曲。但幼儿时期，脊柱的生理弯曲未完全固定，若姿势不良则可能导致脊柱变形，如驼背、脊柱侧弯等。因此，培养幼儿正确的坐、立、行走姿势对其良好体态的形成具有重要意义。

4. 骨盆尚未定型

幼儿的骨盆尚未定型，构成骨盆的髋骨还不是一块整体的骨。若受到长时间的外力作用或猛力撞击，容易使幼儿的髋骨发生移位。因此，幼儿从高处往坚硬的地面上跳、穿高跟鞋等都不利于其骨盆的发育。

5. 腕骨未完全骨化

新生儿的腕骨全都是软骨，儿童6个月左右才逐渐出现骨化中心，10～13岁时整个腕骨骨化才能完成。因此，幼儿腕骨负重能力差，应避免让其提重物，为其准备的玩具也不应过重。

6. 足弓易塌陷

幼儿学会站立行走后，才开始逐渐形成足弓（即足底向上方凸起的弓形）。但是，幼儿足骨骨化不完全，足部肌肉和韧带尚未发育成熟。若幼儿的运动量过大，易导致足弓塌陷，形成扁平足（图3-1-3）。扁平足弹性差，当人长时间站立或行走时，容易感到疲劳或足底疼痛，从而影响运动能力。

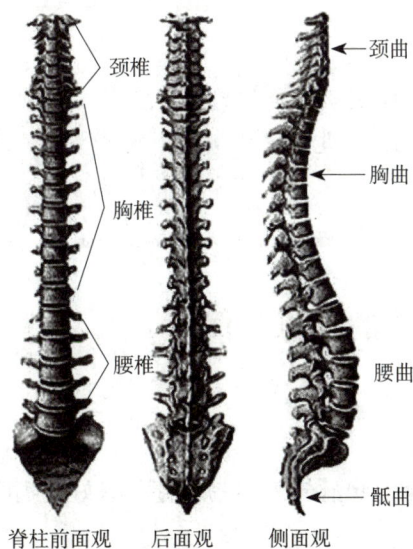

图 3-1-2　青枝骨折　　　　　　　　图 3-1-3　扁平足

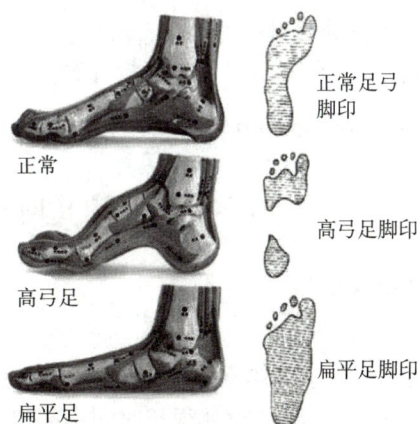

聚焦考证

（单项选择题）幼儿在（　　　）岁前囟门完全闭合？

A. 六月前　　　　　　B. 一岁以前　　　　　　C. 两岁之前　　　　　　D. 三岁之前

【破题要领】C。囟门于2岁前完全闭合。

五、幼儿运动系统的保育

1. 保持正确坐、立、行姿势

保持正确姿势，形成良好体态，保证幼儿身心健康发育。不良体态如驼背、严重脊柱侧弯等，使胸廓畸形，可严重影响幼儿的心肺发育，易患呼吸系统疾病。体态不良的幼儿也容易产生自卑感，影响健全性格的形成。

为防止骨骼变形，需注意以下几点。幼儿不宜过早坐、站，不宜睡软床和久坐沙发。负重不要超过自身体重的八分之一，更不能长时间单侧负重。托幼园所应配备与幼儿身材合适的桌椅。教师要随时纠正幼儿坐、立、行中的不正确姿势，并为幼儿做出榜样。

2. 组织适当的体育锻炼和户外活动

体育锻炼和户外活动，可使肌肉更健壮有力；可刺激骨的生长，使身体长高，并促进骨中无机盐的积淀，使骨更坚硬。户外活动时适量接受阳光照射，可使身体产生维生素D以预防佝偻病。锻炼时血液循环加快，可为骨骼、肌肉提供更多的营养。

要根据幼儿的年龄特点，选择运动方式、运动量和运动强度，使幼儿全身得到充分锻炼。

3. 衣服要宽松适度

幼儿不宜穿过于紧身的衣服，以免影响血液循环，鞋过小会影响足弓的正常发育。衣服、鞋宽松应适度，过于肥大会影响运动，易造成意外伤害。

4. 保证充足的营养和睡眠

骨的生长需要大量蛋白质、钙和磷等，还需要维生素D促进钙、磷的吸收；肌肉生长及"能量"的贮存，需要大量蛋白质和葡萄糖。合理膳食以及充足的睡眠是保证骨骼、肌肉发育的重要条件。

聚焦考证

（单项选择题）关于幼儿骨骼特点及保育的说法，不正确的是（　　　　）。

A. 幼儿的骨骼生长较慢　　　　　　　　　B. 幼儿的骨骼较软

C. 不良姿势易导致脊柱变形　　　　　　　D. 幼儿皮肤娇嫩，不宜多做户外运动

【破题要领】 D。组织适当的体育锻炼和户外活动。

任务二　幼儿呼吸系统的特点与保育

案例导入

小班的晨晨，从小身体素质比较差，容易感冒咳嗽。患感冒就容易鼻塞，只好用嘴呼吸，有时候还会引起眼睛发炎，出现咳嗽就很长时间不能治愈。

问题：保育师在日常工作中应该怎样预防幼儿呼吸道感染？

任务要求

1. 了解人体呼吸系统的特点。

2. 理解幼儿呼吸系统的特点。

3. 掌握幼儿呼吸系统的保育要点。

人体不断地吸取外界的氧气和呼出体内的二氧化碳的过程，称为呼吸。呼吸系统由呼吸道及肺组

成。呼吸道是气体进出肺的通道，由鼻、咽、喉、气管和支气管组成；肺是气体交换的场所。

一、呼吸道

呼吸道由鼻、咽、喉、气管和支气管组成，通常将鼻、咽、喉称为上呼吸道，将气管和支气管称为下呼吸道。

1. 上呼吸道

鼻是呼吸道的起始部分，是保护肺的第一道防线。鼻腔对吸入的空气起着清洁、湿润和加温的作用。鼻腔表面的黏膜能分泌黏液，鼻腔发生炎症时，分泌的黏液增多，鼻涕就是由黏液和它所粘连的灰尘、细菌组成的。

咽是呼吸和消化系统的共同通道，分别与鼻腔、口腔和喉腔相通。

喉是呼吸道最狭窄的部位，空气经咽、喉进入气管。喉也是发音器官，幼儿声带短而薄，不够坚韧，所以幼儿的声调比成人高，但由于幼儿的声门肌肉容易疲劳，故幼儿的发音时间不宜过长，并且要注意发音方法。男孩子在十二三岁以后，颈部会出现喉结，喉腔内的声带增宽、变厚，说话的声音变得粗而低沉。

2. 下呼吸道

气管位于食管前方，为后壁略扁平的圆筒状管道。上与喉相连，向下进入胸腔。气管向下分成左、右两侧支气管，分别进入两肺，支气管在肺内形成树枝样的分支。右侧支气管短而粗，比较直，就像是气管的直接延伸，左侧支气管细而长，因此，有异物误入气管时，最易坠入右支气管内。气管、支气管的黏膜也能分泌黏液，具有进一步清洁空气的作用。人们咳出的痰就是这些黏液和它所粘连的灰尘和细菌。

聚焦考证

（单项选择题）发声是（   ）器官的功能？

A. 咽   B. 喉   C. 气管   D. 肺

【破题要领】 B。喉也是发音器官。

二、呼吸器官

肺和气体交换

肺（图3-1-4）是呼吸系统的主要器官，位于胸腔内，左右各一，由胸膜包裹着。肺组织呈海绵状，质软而轻，富有弹性。左右肺均近似圆锥形，上端为肺尖，下端为肺底。肺的颜色随年龄和职业而不同，初生儿为淡红色，成人因不断吸入尘埃，沉积于肺泡壁内变为深灰色，老年人则呈蓝黑色，而吸烟的人的肺呈棕黑色。组成肺的最小单位叫肺泡，肺泡是半球形的囊泡。成人肺泡有3亿～4亿个，总面积约100平方米。肺泡是进行气体交换的场所。肺泡壁由一层上皮细胞构成，外面缠绕着毛细血管和弹性纤维。经呼吸而吸入的氧气，通过肺泡膜和毛细血管壁，由肺泡弥散到血液内；体内的二氧化碳则通过毛细血管壁和肺泡膜，由血液弥散到肺泡内，再经过呼气而排出体外，这就是肺泡内

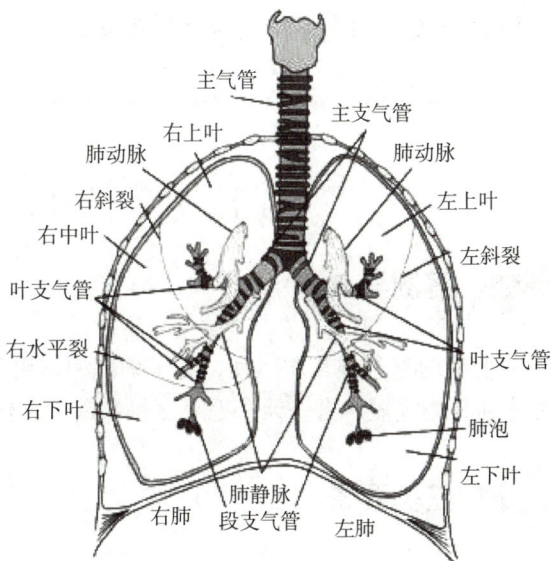

图3-1-4　肺结构图

的气体交换。

三、幼儿呼吸系统的特点及保育

1.幼儿呼吸器官的特点及保育

幼儿由于面部和颅骨发育未完全，鼻和鼻腔相对较小，鼻黏膜柔软，富有血管，鼻腔较狭窄，因此易受感染，引起充血、流涕，造成鼻腔闭塞、呼吸困难，甚至患鼻炎。

日常生活中保育师要注意培养幼儿良好的卫生习惯，让幼儿学会用鼻子呼吸，教育幼儿不要用手挖鼻孔，不要蒙头睡觉。

幼儿的耳咽管较宽、短，而且平直，上呼吸道感染时易并发中耳炎。幼儿鼻腔狭窄，伤风感冒会使鼻子不通气，以致影响睡眠和进食，可按医嘱给病儿用滴鼻药。

保育师教会幼儿正确擤鼻涕的方法：轻轻捂住一侧鼻孔，擤完再擤另一侧；擤时不要太用力，不要把鼻孔全捂上使劲地擤，否则容易引发中耳炎等疾病。

幼儿的声带还不够坚韧，如果经常喊叫或扯着嗓子唱歌，金嗓子将变成"哑嗓子"。幼儿的音域窄，不宜唱大人的歌。唱歌的场所要空气新鲜，进行湿性扫除，避免尘土飞扬。冬天，不要顶着寒风喊叫、唱歌。得了伤风感冒要多喝水、少说话，因为这时最易哑嗓子。

2.幼儿呼吸功能的特点及保育

幼儿的生长发育旺盛，在新陈代谢的过程中，需要不断地摄入氧气，并排出二氧化碳。为适应代谢的需要，只能以加快呼吸频率来补偿。因此，年龄越小，呼吸频率越快。幼儿期呼吸肌发育不完全，胸廓活动范围小，呼吸以"腹式呼吸"为主。

幼儿肺的弹力组织发育较差，血管丰富。幼儿的胸廓短小呈桶状，其前后径与左右径基本相等，因此胸腔狭小，但肺相对较大，几乎完全充满胸廓，加上呼吸肌不发达，肌张力差，呼吸时胸廓的活动范围小，特别是肺的下部受到限制，故吸气时肺扩张有限，换气不够充分。随着幼儿开始行走，膈肌逐渐下降，胸廓形状逐渐接近成人，呈扁圆形；由于膈肌下降，增加了吸入气体的容积。

聚焦考证

（单项选择题）关于保护幼儿嗓子的正确做法是（　　　　）。

A.教幼儿唱大人的歌　　　　　　　　　　B.顶着寒风唱歌

C.夏天玩得大汗淋漓马上吃冷饮　　　　　D.得了伤风感冒要多喝水、少说话

【破题要领】 D。得了伤风感冒要多喝水、少说话，因为这时最易哑嗓子。

任务三　幼儿循环系统的特点与保育

案例导入

毛毛的爸爸很喜欢运动，为了训练中班毛毛的运动能力，他经常让毛毛长时间剧烈运动，毛毛经常感到心慌气短，有一天，毛毛疼得晕倒了。作为保育师，你知道毛毛为什么会晕倒吗？

任务要求

1.了解人体循环系统的特点。

2.掌握幼儿循环系统的特点及保育要点。

循环系统包括血液循环系统和淋巴循环系统。

一、血液循环系统

1. 血液

血液存在于心脏和血管中，由血浆和血细胞组成。

血浆为淡黄色、透明的液体，它是血细胞生存的环境，并起着运送血细胞、养料、细胞和代谢废物等作用。血浆中的纤维蛋白酶原和钙有帮助伤口止血的作用。

血细胞分为红细胞、白细胞和血小板。

成熟的红细胞没有细胞核，呈双面凹陷的圆盘状，体积较小，数目很多，每立方毫米血液中有红细胞350万～500万个。红细胞能把氧气输送到身体各部位，并把二氧化碳运送到肺。上述功能与细胞内的血红蛋白有关。血红蛋白又叫血色素，是一种含铁的蛋白质，使血液呈红色。血红蛋白能与氧结合，把氧输送到组织中去，再与二氧化碳结合，把它输送到肺，以完成吐故纳新。

白细胞体积较大，数目较少，每立方毫米血液中有5 000～10 000个。白细胞能吞噬病菌，当白细胞数量小于正常值时，机体抵抗力降低，容易感染疾病。白细胞数目明显增多，则反映机体已有病菌感染。

血小板很小，能止血和凝血，皮肤上伤口出血时，血小板与血浆中的纤维蛋白和钙共同作用，凝成血块堵住伤口。伤口较大时，血小板可使血管收缩，减少出血。每立方毫米血液中有血小板10万～30万个。

2. 心脏

心脏（图3-1-5）位于胸腔内，形状像个桃子，心底部连接着主动脉，心尖游离向左下方。心脏内部有四个腔。上面两个叫心房，下面两个叫心室。房室之间有瓣膜，为单向的阀门，保证血液从心房流向心室，而不会倒流。心脏左右两半互不相通。

心脏每分钟跳动的次数称心率，测心率应在受试者处于安静状态时测。

3. 血管

血管是血液循环的通道，分为动脉、静脉和毛细血管。

动脉是血液从心脏流向全身的管道，连接左心室的是主动脉，管壁很厚、富有弹性，管径较粗大。由于心室收缩的推动力及血管壁的弹性，主动脉内的血流速度很快。主动脉分出颈动脉、腹主动脉、冠状动脉等，再逐级分支，越分越细，管壁也越来越薄，血液流速逐渐减慢。

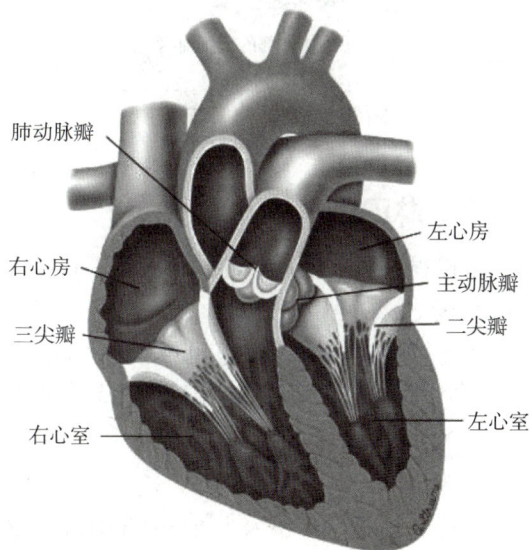

图3-1-5　心脏结构图

毛细血管由动脉逐级分支后形成。管径极小，管壁极薄。血液流经毛细血管时，速度极慢，使血液中的氧及养料能透出毛细血管壁输送给细胞；同时，细胞代谢的废物又透过管壁进入毛细血管再进入静脉。

静脉是血液流回心脏的管道，由毛细血管静脉端逐渐汇集而成。与动脉相反，它是越来越粗，最粗大的是连接右心房的上、下腔静脉。经过物质交换后的血液由静脉进入右心房，再入肺进行气体交换。

血液流动时，对血管壁产生的侧压力，称血压，一般指动脉压。心室收缩时产生的压力称收缩压，心室舒张时产生的压力称舒张压。

心脏有节律地收缩舒张时，会引起主动脉的搏动，并沿着动脉管壁传播，使身体其他部位的动脉管壁也跟着搏动，称为脉搏。脉搏可反映心脏和动脉的机能状况。

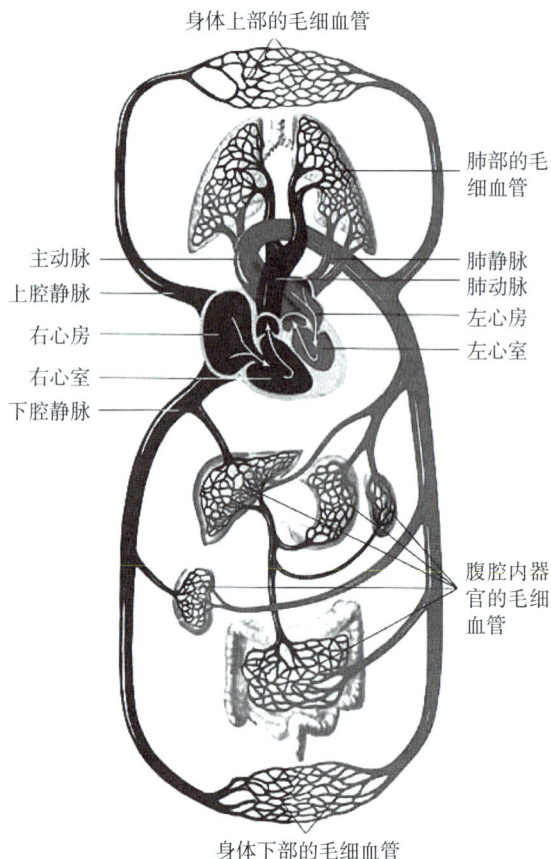

身体上部的毛细血管

肺部的毛细血管

主动脉
上腔静脉
右心房
右心室
下腔静脉

肺静脉
肺动脉
左心房
左心室

腹腔内器官的毛细血管

身体下部的毛细血管

图3-1-6　血液循环图

4. 血液循环

血液循环（图3-1-6）可分为体循环和肺循环。

体循环：由于左心室收缩血液进入主动脉、各级动脉、全身毛细血管网（进行物质和气体交换），再进入各级静脉、上下腔静脉，流回右心房。主动脉及各级动脉中的血液富含氧气，颜色鲜红，是动脉血；静脉血颜色发暗，含较多废物和二氧化碳。

肺循环：由于右心室收缩血液进入肺动脉，到肺泡壁毛细血管（进行气体交换），再经肺静脉流回右心房。

5. 心血管活动的调节

心脏和血管的活动，受植物性神经支配。当交感神经兴奋时，心跳加快、血压上升；副交感神经兴奋时，心跳减慢，血压降低。

聚焦考证

（单项选择题）幼儿的（　　　）含血红蛋白较多，且具有强烈的吸氧性。

A. 红细胞　　　　　　　　B. 白细胞

C. 中性粒细胞　　　　　　D. 淋巴细胞

【破题要领】 A。红细胞能把氧气输送到身体各部位，并把二氧化碳运送到肺。

二、淋巴系统

淋巴循环是血液循环的辅助装置，包括淋巴液、淋巴管、淋巴结、扁桃体等。

1. 淋巴液和淋巴管

细胞代谢的废物及细胞间的水分，渗透进淋巴管，形成淋巴液。毛细淋巴管分布于全身，逐渐汇合成较大的淋巴管，最后汇集到两根较粗的淋巴干。淋巴干与上、下腔静脉相通，淋巴液由此进入静脉，加入血液循环。

2. 淋巴结

淋巴管道上有许多大小不一的扁圆形小体，叫淋巴结。淋巴结大多成群存在，身体浅表部位的淋巴结群主要在颈部、腋窝、腹股沟等处。淋巴细胞随淋巴液进入血液循环，参与机体的免疫功能。不同部位的淋巴结能过滤一定范围的淋巴液，扣留并消灭其中的异常细胞和病菌。同时，淋巴结会肿大、疼痛，所以，淋巴结的状况，可作为诊断疾病的参考。

3. 扁桃体

扁桃体位于咽部后壁两侧，与机体免疫有密切关系。

三、幼儿循环系统的特点

1. 血液

幼儿的血液总量相对比成人多，约占体重的8%～10%。但幼儿的造血器官易受伤害，某些药物及放射性污染对造血器官危害极大。

幼儿生长发育迅速，血液循环量增加很快，喂养不当或幼儿严重挑食、偏食，容易发生贫血。

幼儿血液中血小板数目与成人相近，但血浆中的凝血物质（纤维蛋白、钙等）较少，因此一旦出血，凝血较慢。

幼儿白细胞吞噬病菌能力较差，发生感染容易扩散。

2.心脏

由于幼儿心脏排血量少，而新陈代谢旺盛，为满足需要，只有加快心率来补偿。年龄越小，心率越快。

常以测量脉搏来表示心率。儿童的脉搏很容易受内外各种因素的影响而不稳定，如哭闹、进餐、发热、运动等都会影响脉搏。因此，测量脉搏应在儿童安静时进行。

3.淋巴器官

幼儿时期淋巴系统发育较快，淋巴结的保护和防御机能显著。扁桃体在4～10岁发育达到高峰，此年龄阶段儿童易患扁桃体炎。

四、幼儿循环系统的保育

（1）合理组织体育锻炼，增强体质。组织幼儿进行适合其年龄特点的体育锻炼，可以促进血液循环，增强造血机能；能提高心脏的工作能力，增加每搏输出量。

保育师组织幼儿锻炼应注意：不同年龄、不同体质的幼儿应安排不同时间、不同强度的体育活动；避免长时间的剧烈活动以及要求憋气的活动（如拔河比赛等）；运动前做好准备活动，结束时做整理活动，尤其在比较剧烈的运动后不宜立即停止。

（2）预防动脉硬化应始于儿童。预防动脉硬化应从幼年开始，使幼儿形成有利于健康的饮食习惯。儿童膳食应控制胆固醇和饱和脂肪酸的摄入量，同时，宜少盐，口味"淡"。

（3）纠正幼儿挑食、偏食的毛病，预防缺铁性贫血。

（4）发热时卧床休息，减轻心脏负担。

任务四　幼儿消化系统的特点与保育

案例导入

兰兰很喜欢吃甜食，也不注意刷牙，还不到5岁，牙齿就蛀了好几颗，妈妈让兰兰少吃甜食，奶奶说小孩子的牙齿反正要掉的，不用担心。

问题：作为保育师，你知道儿童牙齿有哪些特点，奶奶这样说对吗？该怎样去保护吗？

任务要求

1.了解人体消化系统的结构。
2.掌握幼儿消化系统的特点及保育要点。

人体的消化系统由消化道和消化腺两部分构成。

一、消化道

人体的消化道包括口腔、食管、胃、肠等。

口腔是消化道的起始部分，内有牙、舌等器官。牙是人体最坚硬的器官，具有咬切、撕裂、研磨食物等功能。舌位于口腔底，具有感受味觉，协助咀嚼、吞咽食物等功能。

食管的主要功能是将食物运送至胃。

胃是囊性器官，是消化道中最宽大的部分，主要功能是暂时贮存并初步消化食物。

人体的肠分为小肠、大肠两部分。小肠的主要功能是消化、吸收营养物质，大肠的主要功能是吸收残余水分、无机盐和暂时贮存粪便。

二、消化腺

人体的消化腺包括唾液腺、肝和胰等。

唾液腺位于口腔，能分泌唾液。唾液中含有淀粉酶和溶菌酶，能水解淀粉、杀灭细菌、清洁口腔。

肝是人体内最大的消化器官，有促进脂肪消化、贮存养分和解毒等功能。

胰具有外分泌和内分泌双重功能。外分泌的功能是分泌胰液，消化食物；内分泌的功能是分泌胰岛素，调节人体内的血糖浓度。

聚焦考证

（单项选择题）消化系统的组成部分包括消化道和（　　　）。

A. 消化液　　　　　　B. 消化腺　　　　　　C. 消化酶　　　　　　D. 消化管

【破题要领】B。人体的消化系统由消化道和消化腺两部分构成。

三、幼儿消化系统的特点

1. 口腔

人类牙齿的发育始于胚胎第六周，到出生时已有20个乳牙牙胚，出生后6～8个月时，下中切牙萌出，2～2.5岁时出齐20颗乳牙。乳牙萌出过程中，恒牙已开始发育。一般于6岁左右，首先萌出的恒牙叫第一恒磨牙，又叫六龄齿。

乳牙因牙釉质薄，牙本质较松脆，易生龋齿。

新生儿及小婴儿由于唾液腺未发育成熟，分泌唾液较少，因此口腔较干燥。出生后三四个月，唾液腺逐渐发育，分泌增多，唾液常流出口外，称为"生理性流涎"，随着生长可逐渐消失。

2. 胃

幼儿胃壁肌肉薄，伸展性较差，胃的容量小，且消化能力较弱。给幼儿提供的食物以及每餐的间隔时间，应考虑到年龄特点。

3. 肠

幼儿肠管相对较长；小肠黏膜有丰富的毛细血管和淋巴管，吸收能力较强，但自主神经的调节能力差，容易发生肠道功能紊乱，引起腹泻或便秘。

4. 肝脏

幼儿肝脏相对较大，在肋缘下摸到肝脏下缘，一般为生理现象。

因肝脏分泌胆汁较少，对脂肪的消化能力较差；肝脏贮存糖原较少，容易因饥饿发生低血糖。

肝脏解毒能力较差。

5. 胰腺

幼儿时期胰腺对淀粉类和脂肪类的消化能力较弱，主要依靠小肠液的消化。随着年龄增长，胰腺功能日趋完善。

聚焦考证

（单项选择题）6岁左右最先萌出的恒牙是"第一恒磨牙"，也是（　　　）。

A. 第一乳磨牙　　　　B. 第一磨牙　　　　　C. 六龄齿　　　　　　D. 智齿

【破题要领】C。一般于6岁左右，首先萌出的恒牙叫第一恒磨牙，又叫六龄齿。

四、幼儿消化系统的保育

1. 保护牙齿

定期检查牙齿。至少每半年检查一次，以便及时发现问题，及时矫治。

培养幼儿早晚刷牙、饭后漱口的习惯。从两岁半开始即应养成早晚刷牙的习惯。指导幼儿学会正确的刷牙方法：顺着牙缝竖刷，刷上牙自上而下，刷下牙自下而上；磨牙的里外要竖刷，咬合面横刷；刷牙时间不要太短，要使牙齿里外及牙缝都刷到。为幼儿选择头小、刷毛较软、较稀的儿童牙刷，每3个月左右更换一次。每次刷牙后将牙刷清洗干净、甩干，刷头向上放在干燥的地方。

教育幼儿不要咬坚硬的东西。

幼儿饮食中供应充足的钙。常吃含纤维素较多的食物，如蔬菜、水果、粗粮等，可以清洁牙齿。

纠正幼儿某些不良习惯。如托腮、咬舌、咬唇、咬指甲、咬手指等，以预防牙列不齐。若乳牙该掉不掉影响恒牙萌出，应及时拔除滞留的乳牙，以保证恒牙正常萌出。

2. 培养幼儿良好的进餐习惯

饭后擦嘴、漱口，吃完零食也应及时漱口。

养成细嚼慢咽的习惯。细嚼慢咽有利于食物与消化液充分混合，能减轻肠胃负担，促进人体对营养素的吸收。细嚼慢咽还可使食欲中枢及时得到饱的信号，避免过量饮食。

饮食定时定量，不暴饮暴食。少吃零食，不挑食。

不要边吃边说笑，更不要边玩耍边吃零食。

3. 饭前饭后不要组织幼儿进行剧烈运动

饭前应安排幼儿进行室内较安静的活动。饭后宜轻微活动，如散步，1～2小时后方可进行体育活动。

4. 培养幼儿定时排便的习惯，预防便秘

让幼儿养成定时排便的习惯。不要让幼儿憋着大便，以防形成习惯性便秘。适当运动，多吃蔬菜水果等含粗纤维较多的食物，多喝开水，都可促进肠道蠕动，预防便秘。

聚焦考证

（单项选择题）幼儿消化系统保育要点，不正确的是（　　　　）。

A. 保护乳牙和六龄齿　　　　　　　　　　B. 减少婴儿漾奶

C. 培养定时排尿的习惯　　　　　　　　　D. 预防脱肛

【破题要领】C。培养幼儿定时排便的习惯，预防便秘。

任务五　幼儿泌尿系统的特点与保育

案例导入

大班的姗姗，平时不太注意个人卫生。有一天，她突然得了急性肾炎，医生说可能是姗姗不经常洗屁股造成的，姗姗妈妈很纳闷，不洗屁股怎么会得急性肾炎？作为保育师，你知道怎样预防幼儿的尿道感染吗？

任务要求

1. 了解人体泌尿系统的特点。

2.掌握幼儿泌尿系统的特点及保育要点。

人体的泌尿系统包括肾、输尿管、膀胱和尿道，它们的主要作用分别是泌尿、输尿、贮尿和排尿。

一、肾

肾是人体的主要排泄器官，其泌尿功能对保持人体内环境的相对稳定性起着重要作用。幼儿出生时，肾已经能发挥一定的生理功能，但发育不成熟，排泄及再吸收的能力较差，对尿的浓缩和排泄功能都比成人弱。

二、输尿管

输尿管是一对肌性管道，主要功能是将尿液由肾向下输送至膀胱。幼儿输尿管细且弯曲，容易受压扭转，而发生尿路梗阻，从而导致幼儿排尿困难或诱发感染。

三、膀胱

膀胱是暂时贮存尿液的囊性器官，伸缩性很强。当尿液在膀胱内贮存达到一定量时，人体会产生排尿活动。新生儿膀胱较高，位于腹部，随着年龄的增长逐渐降至骨盆内。幼儿膀胱容量小，肌肉层和弹性组织不发达，储存尿液的能力较差，但其新陈代谢旺盛，且食物以液体为主，所以幼儿年龄越小，排尿次数越多。

聚焦考证

（单项选择题）下列器官具有贮尿功能的是（　　　　）。

A.肾脏　　　　　　　　B.输尿管　　　　　　　　C.膀胱　　　　　　　　D.尿道

【破题要领】C。膀胱是暂时贮存尿液的囊性器官，伸缩性很强。

四、尿道

尿道是从膀胱通向体外的管道。幼儿尿道较短，且生长速度较慢；尿道黏膜柔嫩，容易受伤。女孩尿道口接近肛门，易引起上行性尿道感染（即细菌经尿道进入体内，引起膀胱、输尿管和肾感染）。

五、幼儿泌尿系统的特点

1.肾功能较成人差。幼儿时期肾发育不完善，浓缩尿及排泄毒物的功能较差。

2.膀胱贮尿机能差，排尿次数多。

3.尿道短，易发生上行性泌尿道感染。

六、幼儿泌尿系统的保育

1.养成及时排尿习惯

保育师应注意培养幼儿及时排尿的习惯，不要让幼儿长时间憋尿。如果经常憋尿，容易发生泌尿道感染，可在活动前及睡眠之前提醒幼儿排尿，养成习惯。但不要频繁地提醒幼儿排尿，以免形成尿频，影响膀胱正常贮尿机能。6个月左右的婴儿，可在成人帮助下训练坐便盆，1岁时即可主动坐便盆排尿。不要让幼儿长时间坐便盆，以免影响正常的排尿反射。

2.保持会阴部卫生，预防泌尿道感染

幼儿养成每晚睡前清洗外阴的习惯。要有专用毛巾、洗屁股盆，毛巾要经常消毒。

1岁以后活动自如的幼儿就可穿封裆裤。教育幼儿不要坐地。

每天适量喝水，既可满足机体新陈代谢的需要，及时排泄废物，又可通过排尿起到清洁尿道的作用。

教会幼儿大便后擦屁股要从前往后擦，以免粪便中的细菌污染尿道。

托幼园所的厕所、便盆应每天消毒。

任务六　幼儿皮肤的特点与保育

案例导入

晶晶是一个中班女孩，妈妈喜欢给她穿鲜艳的漂亮衣服，还给她戴项链和手镯，总是把她打扮得像一个美丽的小公主。有一天，晶晶的皮肤过敏了，起了很多的小疹子，奇痒难忍。

问题：作为保育师，你知道幼儿的皮肤都有哪些特点，该怎样护理吗？

任务要求

1. 了解皮肤的结构。
2. 掌握皮肤的特点以及保育要点。

皮肤覆盖在人体的表面，保护机体免受外界环境的直接刺激。身体各部位皮肤的厚度不同，手掌心和足底处的皮肤最厚，约有4毫米，眼皮等处的皮肤很薄，只有0.5毫米。

一、皮肤的构造

皮肤由表皮、真皮和皮下组织构成，皮肤内有毛发、汗腺、皮脂腺、指（趾）甲等附属物。

1. 表皮

表皮是皮肤的最表层。表皮的最外层是角质层，表皮细胞不断地衰亡、角化和脱落成为皮屑。表皮的最内层是生发层，生发层的细胞具有很强的增殖能力，形成表皮的各层细胞，生发层内还有能产生黑色素的细胞，决定皮肤颜色的深浅，日光照射有助于黑色素的增加。

2. 真皮

真皮位于表皮的下面，由致密结维组织构成，含有大量弹性纤维和胶原纤维。所以弹性和韧性都比较强，真皮中含有丰富的血管和神经末梢。

3. 皮下组织

皮下组织在真皮的下面，主要由疏松结缔组织构成，并含有大量的脂肪组织。人体的胖瘦决定于皮下组织的厚薄。

二、皮肤的主要生理功能

1. 保护功能

皮肤的结构坚韧、柔软、富于弹性，能防御和缓冲外力打击、摩擦和挤压等机械性损伤，皮肤可以形成某些具有抗菌作用的物质，抑制和杀死细菌，同时。皮肤中的色素可吸收阳光中的紫外线，可以避免紫外线穿透皮肤而损伤内部组织。

2. 体温调节功能

体温的相对恒定是维持生命活动的重要条件，皮肤在体温调节方面起着重要的作用。皮肤受到冷刺激，血管收缩，减少热量的散失；皮肤受到热刺激，血管舒张，汗液分泌增多，促进体内热量的散发。

3. 分泌与排泄功能

皮脂腺分泌皮脂，能滋润皮肤和毛皮。汗腺分泌汗液，其中大部分是水分，还有少量的无机盐、尿素等废物，有些药物也经过汗液排泄。

4. 感觉功能

真皮中有丰富的感觉神经末梢，能感受冷、痛、热、痒等各种刺激。幼儿由于表皮、真皮肌的发育均不够完善，对刺激的反应不够敏感，容易造成皮肤损伤。皮肤还有吸收、分泌、排泄和代谢等功能。

三、幼儿皮肤的特点

1. 皮肤保护机能差，容易感染和受损伤

幼儿表皮较薄，很多部位角质层尚未形成，皮肤抵抗病菌感染能力较差，容易发生皮肤感染，如脓疱疮、甲沟炎等。幼儿皮下脂肪1岁前发育很快，以后逐渐减少，3岁后明显减少，到8岁时又开始增多，因幼儿皮下脂肪较少，皮肤抗击外力作用较差，磕碰时容易受伤。幼儿皮脂分泌较少，秋季皮肤易发生皲裂。

2. 皮肤保温作用差，散热多

幼儿皮肤里的毛细血管网密集，流经皮肤的血液量相对比成人多，因此，幼儿皮肤散热多而快。同时，幼儿汗腺发育较好，代谢旺盛，出汗多，也促进了散热。由于皮下脂肪少，皮肤保温差，幼儿神经系统对体温的调节作用不稳定，使幼儿往往不能适应外界温度的变化，气温骤变时容易患病。

四、幼儿皮肤的保育

1. 养成良好卫生习惯，保持皮肤清洁

应教育幼儿养成爱清洁的习惯。给幼儿洗头时，要避免皂沫进入幼儿眼睛。幼儿以留短发为宜。给幼儿修剪指甲时，手指甲应剪成圆弧形，脚指甲则应剪平，边缘稍修剪即可。

2. 加强锻炼

经常组织幼儿进行户外活动，坚持冷水洗脸，可提高皮肤调节体温的能力，增强对冷热变化的适应性。

3. 注意幼儿衣着卫生

当季节、气候变化时，应提醒幼儿及时增减衣服。平日着装不宜过多，以提高机体的适应能力。

4. 不用刺激性强的洗涤、护肤品

幼儿皮肤嫩、皮脂分泌少，不宜用刺激性强的洗涤用品，洗脸洗手后应使用儿童护肤品，不宜用成人用的护肤品或化妆品，幼儿不要烫发和佩戴首饰。

任务七　幼儿内分泌系统的特点与保育

案例导入

培培的父母都是高个子，可是培培的个子不高，到了幼儿园大班还是不见长，妈妈很着急，到医院检查得知，培培长不高是因为其体内生长激素分泌不足所致。作为保育师，你知道什么原因会导致生长激素分泌不足吗？

任务要求

1. 了解人体内分泌系统的特点。
2. 掌握幼儿内分泌系统的特点及保育要点。

内分泌系统由内分泌腺组成。内分泌腺可分泌激素，激素以"渗透"的方式进入腺体周围的血管和淋巴管内，经血液循环到达身体的各个部位，控制和调节机体的新陈代谢、生长发育及生殖等生理过程。

人体内的主要内分泌腺有：脑垂体、松果体、甲状腺、甲状旁腺、肾上腺、胰腺、胸腺及性腺等。对幼儿生长发育影响较大的内分泌腺主要有脑垂体和甲状腺。

一、脑垂体

脑垂体位于大脑底部，重量不足1克，受下丘脑的控制。脑垂体能分泌多种激素，对儿童的生长、发育及成熟起着重要作用，并能调节其他内分泌腺的活动。

脑垂体分泌生长激素、促甲状腺素和促性腺激素。生长激素可促进组织器官生长，特别是骨骼的生长。儿童时期若生长激素分泌不足，可使幼儿生长发育减慢，成人身体矮小，性器官发育不全，但智力正常，叫垂体性侏儒症。

促甲状腺素可促进甲状腺的发育及甲状腺素的合成与分泌。

促性腺激素可促进性腺的发育和分泌，性器官的发育成熟及生殖细胞的成熟。

聚焦考证

（单项选择题）下列哪个不是脑垂体分泌的激素（　　　）。

A. 促甲状腺激素　　　　B. 甲状腺激素　　　　C. 生长激素　　　　D. 促性激素

【破题要领】B。脑垂体分泌生长激素、促甲状腺素和促性腺激素。

二、甲状腺

甲状腺位于颈前部，喉与气管的两侧，重20～40克，是人体最大的内分泌腺。甲状腺能分泌甲状腺素，碘是合成甲状腺素的主要成分。

甲状腺素可调节机体的新陈代谢，促进儿童的生长发育；可调节营养物质与氧气在体内的代谢速度，并调节体温；能促进脑细胞的生成与成熟，促进骨骼与生殖器官的发育。孕期若缺碘，可致使甲状腺机能不足，婴儿出生后易患克汀病，又称呆小症，表现为智力低下、身材矮小、耳聋。

聚焦考证

（单项选择题）关系到儿童生长发育和智力发展的内分泌腺是（　　　）。

A. 脑下垂体　　　　B. 肾上腺　　　　C. 甲状旁腺　　　　D. 甲状腺

【破题要领】D。甲状腺素可调节机体的新陈代谢，促进儿童的生长发育。

三、幼儿内分泌系统的特点

生长素是由脑垂体分泌的，在一昼夜中生长素的分泌量并不均匀，夜间入睡后才大量分泌。如果幼儿睡眠时间不够或睡眠不安，生长素的分泌将减少，就会影响身高的增长。

碘是合成甲状腺素的原料，缺碘的最大威胁是影响幼儿的智力发育、使生长受阻等。碘缺乏时，应在医疗部门的指导下合理补碘。在幼年时期，如果胸腺发育不全，会影响机体的免疫功能，以致反复出现呼吸道感染或腹泻等疾病。

四、幼儿内分泌系统的保育

（1）保证幼儿有足够的睡眠，以促进其正常生长发育。
（2）为幼儿提供科学合理的膳食，常食含碘丰富的食物，防治碘缺乏症。
（3）不盲目服用营养品，防止幼儿性早熟。

任务八　幼儿神经系统的特点与保育

案例导入

在现代社会中，很多父母面对家里闹腾的孩子、随时都有无数问题的孩子，都有一招"必杀技"，那就是让孩子看电视，让孩子在各种各样的动画片中安静下来，父母可以腾出空闲做自己的事情。

问题：作为保育师，你认为父母该如何合理安排3岁以下的孩子看电视的时长？为什么？

任务要求

1. 了解人体神经系统的特点。
2. 掌握幼儿神经系统的特点及保育要点。

人的意识产生于脑。人体的各种生理活动均受神经系统的调节。

神经系统分为中枢神经系统和周围神经系统两部分。中枢神经系统包括脑和脊髓；周围神经系统包括脑神经、脊神经和植物性神经。

一、神经元

神经元即神经细胞，是神经系统的基本结构和功能单位。神经元的结构可分为细胞体和突起两部分。细胞体是神经元营养和代谢的中心，并能整合信息。突起分为轴突和树突。每个神经元有众多短小的分支，就是树突。树突能接受刺激并将刺激传向细胞体。神经上有一条细长的分支，是轴突。它能将神经冲动从细胞体传出。有的轴突外包有髓鞘，起保护和绝缘的作用。

二、脊髓和反射

脊髓位于脊柱的椎管内，上与脑干相连，下达腰椎。

脊髓是中枢神经系统的低级部分。从脊髓发出许多神经，通过椎间孔，分布于躯干、四肢和内脏，称为脊神经。来自躯干、四肢及内脏器官的刺激先传到脊髓，再传入脑。

反射是人体对内外环境中各种刺激发出的反应，是神经系统调节机体活动的基本方式。按照巴甫洛夫的观点，反射可分为无条件反射和条件反射两种。无条件反射是指先天具备的、不学而会的反射活动，如将乳头放到新生儿嘴里，他就能吮吸并吞咽乳汁；膀胱贮满尿液，新生儿就要排尿，等等。无条件反射在脊髓及脑干参与下即可完成。在无条件反射的基础上，经过后天学习训练而形成的反射叫条件反射。比如，妈妈每次给新生儿喂奶时，都抱成一定的姿势，到新生儿出生后的第11天左右，当妈妈把新生儿抱成喂奶的"一定姿势"，乳头还没放到新生儿的嘴里时，新生儿便做出吸吮的动作。这就是新生儿对哺乳姿势的条件反射。

三、脑

脑位于颅腔内，分为大脑、小脑、间脑和脑干四部分。

脑干将脑与脊髓连接起来，它自下而上可分为延髓、脑桥和中脑。脑干中有调节呼吸、循环、吞咽等基本生理活动的神经中枢，脑干受损伤，可危及生命。间脑在脑干上方，大部分被大脑覆盖，包括丘脑和下丘脑。

丘脑能将全身各部位传入的神经冲动进行简单的分析，更换神经元后，传递到大脑皮层的相应区域。全身传入神经冲动在到达丘脑前交叉到对侧，因此，一侧丘脑受伤时，对侧肢体的感觉将会丧失。

下丘脑位于丘脑前下方，体积很小，作用却很大。它有控制体温、食欲及干渴感觉的中枢，还有调节人体对环境刺激发生情绪性反应的中枢。下丘脑前部的脑垂体，是影响儿童生长发育的重要内分泌腺，它分泌的生长激素能调节儿童生长发育的速度。

小脑位于大脑后下方，脑干背侧。小脑通过神经纤维与脑干、大脑、脊髓发生联系。小脑能处理大脑发向肌肉的信号，维持肌肉的紧张度，控制人体的活动，并保持人体随意运动的平衡与协调。

大脑是中枢神经系统的最高级部分，也是人类进行思维和意识活动的器官。

大脑分左、右两半球，表面凹凸不平，凹陷处称为"沟"（深的叫裂），隆起处称为"回"，"沟"与"回"大大增加了大脑的表面积。较大的沟裂有：中央沟、大脑外侧裂和顶枕裂，这些沟裂将大脑表面分成额叶、顶叶、颞叶和枕叶四部分。

大脑的表面集中了大量神经元细胞体，两到三毫米区，称为大脑皮层。大脑皮层的神经元能接受刺激，整合、处理信息，并以记忆的形式贮存各种信息。大脑皮层以内是众多的神经纤维，使大脑两半球之间及大脑与脑的其他部分之间发生广泛联系。

根据大脑皮层各部位主要机能的不同，可划分为许多机能区，也叫某种活动的中枢。如额叶有记忆、思维中枢；枕叶有视觉中枢；颞叶有听觉中枢；顶叶有躯体感觉中枢。脑神经从脑发出，主要分布于头、面部的器官。

四、植物性神经

植物性神经从脑和脊髓发出，分布于内脏器官。在中枢神经系统的控制下，植物性神经通过支配内脏器官的活动，调节机体的营养、呼吸、循环、内分泌、排泄、生长及生殖等生理活动，并影响机体的新陈代谢。

植物性神经可分为交感神经和副交感神经两类，它们分布于同一器官，作用相反，相互制约，使内脏器官的活动协调、准确。

五、幼儿脑的特点

幼儿大脑发育十分迅速，脑重量增长很快。通常，新生儿出生时，脑的重量大概是0.35 kg，1岁时增长至0.95 kg，6岁时达1.2 kg（为成人脑重量的85%～90%），同时脑的机能也逐步变得复杂，为幼儿智力的发展提供生理基础。

幼儿的大脑发育尚未完善，兴奋占优势，但兴奋持续时间较短，容易泛化，主要表现为对事物保持注意的时间不长，常因外界刺激而转移注意等。同时，当高度兴奋或精力高度集中时，幼儿很快会产生疲劳。

幼儿的小脑发育时间较晚，一般3岁左右，其小脑功能才逐渐完善。因此，1～3岁的幼儿平衡能力较差，走路不稳，容易摔跤。

聚焦考证

（单项选择题）新生儿的脑重为（　　）。

A. 350 g　　　　B. 950 g　　　　C. 120 g　　　　D. 150 g

【破题要领】A。新生儿出生时，脑的重量大概是0.35 kg。

六、幼儿神经系统的保育

1. 保证合理的营养

幼儿正值脑细胞发育的高峰期，如果缺乏必需的营养物质，如优质蛋白质、脂类、无机盐等，将影响神经细胞的数量及质量。

2. 保证空气新鲜

成人脑的耗氧量约占全身耗氧量的1/4；幼儿脑耗氧几乎占全身耗氧量的1/2。因此，幼儿生活的环境应空气新鲜。新鲜空气含氧多，可以确保幼儿发育对氧气的需求。

3. 保证充足的睡眠

睡眠可使全身各系统、器官，特别是神经系统得到充分休息，消除疲劳，积蓄养料和能量。睡眠时脑垂体分泌的生长激素多于清醒时的分泌量。长时间睡眠不足，会影响幼儿身体和智力的发育。年龄越小，睡眠时间越长；体弱儿睡眠多一些。

4. 制订和执行合理的生活制度

保育师应根据幼儿的年龄特点，合理制订生活制度，安排好不同年龄班一日活动的时间和内容。生活有规律，养成良好习惯，可以更好地发挥神经系统的功能。

5. 创设良好的生活环境，使幼儿保持愉快的情绪

保育师要热爱、关心幼儿，为幼儿创设良好的生活环境与社会环境；与幼儿建立良好的师生关系，帮助和引导幼儿与同伴友好相处；坚持正面教育，不伤害幼儿的自尊心；不歧视有缺陷的幼儿，以保证幼儿在托幼园所中生活愉快。

6. 安排丰富的活动及适当的体育锻炼

丰富的体育锻炼，能促进幼儿脑的发育，能提高神经系统反应的灵敏性和准确性。为使大脑两半球均衡发展，应使幼儿的动作多样化，如两手同时做手指操、攀爬及各种幼儿基本体操等。日常活动中注意让幼儿多动手，尽早用筷子进餐，学会使用剪刀，玩串珠子游戏等。让幼儿在活动中"左右开弓"，能更好地促进大脑两半球的发育。

强化练习

在线练习3-1

单项选择题

1. 关于幼儿关节和韧带的特点及保育的说法不正确的是（　　　）。
   A. 幼儿肘关节较松
   B. 勿用力牵拉孩子的手臂，以防伤着肘关节
   C. 脚底的肌肉、韧带较结实
   D. 为促进脚弓的形成应进行适度的运动

2. 人体腕骨全部钙化要到（　　　）。
   A. 10岁至13岁　　　B. 13岁至16岁　　　C. 16岁至19岁　　　D. 19岁至20岁

3. 幼儿易得中耳炎的原因及保育措施正确的是（　　　）。
   A. 声带不够坚韧　　　B. 多组织户外活动　　　C. 教会幼儿擤鼻涕　　　D. 保护嗓子

4. 下列说法错误的是（　　　）。
   A. 多组织幼儿户外运动，每天的户外运动是必须的
   B. 幼儿流鼻涕时可用力将鼻涕擤出
   C. 教育幼儿用鼻子呼吸，减少感冒
   D. 进餐时，幼儿尽量不要高声谈笑

5. 针对幼儿消化系统的特点采取的保育措施正确的是（　　）。
　　A.乳牙要掉，不需保护，但六龄齿需保护　　B.减少幼儿喝奶量，以防止漾奶
　　C.排便根据生理需要，无须定时　　D.预防脱肛
6. 下列与预防龋齿无直接关系的是（　　）。
　　A.注意口腔卫生　　B.母乳喂养
　　C.多晒太阳，注意营养　　D.用含氟牙膏
7. 幼儿易发生肠道功能紊乱的原因是（　　）。
　　A.肠管相对较长　　B.肠壁绒毛数量多
　　C.肠蠕动能力弱　　D.肠黏膜血管丰富
8. 针对幼儿泌尿系统的特点采取的保育措施不正确的是（　　）。
　　A.训练幼儿控制排尿能力　　B.注意幼儿外阴部的清洁护理
　　C.一般一岁半左右就应该穿封裆裤　　D.饮水量要充足
9. 根据幼儿泌尿系统的特点，保育员要让幼儿喝足够的水，其目的是（　　）。
　　A.培养定时排尿习惯　　B.减少上行性感染
　　C.防止憋尿　　D.补充水
10. 针对幼儿皮肤采取的保育措施有（　　）。
　　A.养成良好的卫生习惯，经常给新生儿剃头发
　　B.注意衣着卫生，不穿吸水强的衣服
　　C.加强锻炼，尤其是寒冷冬天，增强幼儿的抗寒能力
　　D.预防中毒
11. 对于幼儿的衣着，下列做法正确的是（　　）。
　　A.穿质地柔软的衣服　　B.穿吸水性弱的衣服
　　C.给幼儿多化妆，保护皮肤　　D.戴金属饰物
12. 下列激素不是由垂体分泌的是（　　）。
　　A.甲状腺素　　B.促甲状腺素　　C.生长素　　D.催产素
13. 幼年时期，脑垂体分泌的生长激素过多，会得（　　）。
　　A.巨人症　　B.侏儒症　　C.肢端肥大症　　D.呆小症
14. 与机体的免疫机能有密切关系的内分泌腺是（　　）。
　　A.甲状腺　　B.胸腺　　C.肾上腺　　D.性腺
15. 幼儿好动，易激动，自控力较差，注意力不容易集中且很难持久的原因是（　　）。
　　A.神经系统抑制过程形成慢　　B.神经系统抑制过程形成快
　　C.神经系统兴奋过程形成快　　D.神经系统兴奋过程形成慢
16. 儿童在六岁时，脑量相当于成人脑量的（　　）。
　　A.25%　　B.50%　　C.80%　　D.90%

项目二　幼儿生长发育指标的测量与评价

任务一　幼儿生长发育指标的测量

案例导入

　　某早教中心开展幼儿定期体检，保育师对幼儿体格生长常用指标进行测量。经测量，2岁的乐乐

体重为12 kg。乐乐体重正常吗？乐乐的身高、头围、胸围正常值应为多少？

🔗 任务要求

1. 掌握体格生长的常用指标的内容。
2. 熟悉并掌握正确测量体格生长常用指标的方法。
3. 了解正确记录体格生长发育数据。

体重、身高（长）、头围、胸围和上臂围是判断幼儿体格生长发育的常用指标。

一、体重

体重最能反映幼儿的营养状况，是衡量幼儿体格生长最重要的指标。幼儿体重的增长不是等速的，幼儿出生后第1年是体重增长最快速的时期，为第一个生长高峰。出生后前3个月每月平均增长600～1 000 g；4～6个月时每月平均增长500～600 g；7～12个月时每月平均增长300～400 g。一般3个月时婴儿体重约为出生时的2倍（6 kg），1岁时婴儿体重约为出生时的3倍（9 kg），即第1年内幼儿体重在前3个月的增加量相当于后9个月的增加量。2岁时体重约为出生时的4倍（12 kg）。2岁到青春期前体重每年增长约2 kg。测量体重时，可按以下公式粗略计算：

1～6个月：体重（kg）=出生时体重（kg）×月龄 ×0.7（kg）

7～12个月：体重（kg）=6（kg）+月龄 ×0.25（kg）

2岁到青春期前：体重（kg）=年龄 ×2+8（kg）

进入青春期后，儿童体重增长再次加快，迎来生长发育的第二个高峰，每年增长4～5 kg。正常同年龄、同性别儿童的体重存在个体差异，一般在10%上下。评价儿童的生长发育状况时，应连续、定期监测其体重，若出现体重增长过多或不足的情况，应寻找原因，给予相应的干预。

体重测量方法为：空腹、排便后脱去衣裤、鞋袜进行称量。1～3岁幼儿用坐式杠杆秤测量，读数精确到50 g。3岁以上幼儿用站式杠杆秤测量，读数精确到50 g。称量时幼儿不可摇晃或接触其他物体，计算时应准确减除衣物的重量。

聚焦考证

（单项选择题）为幼儿测体重时，错误的方法是（   ）。

A. 晨起空腹时排尿后进行　　　　　　　　B. 进食后立即进行

C. 每次测量应在同一磅秤上　　　　　　　D. 测量时应先校正磅秤为零点

E. 脱去上衣后进行

【破题要领】B。体重测量方法为：空腹、排便后脱去衣裤、鞋袜进行称量。

二、身高（长）

身高是指头顶到足底的垂直长度，是反映骨骼发育的重要指标。3岁以下幼儿采用仰卧位测量身长，3岁以后采用立位测量身高。身高（长）的增长规律与体重相似，也存在婴儿期和青春期2个生长高峰期。正常新生儿出生时平均身高为50 cm，出生后第一年身长平均增长25 cm，上半年增长比下半年快，1岁时身长约75 cm。第2年增速减慢，平均增长10 cm，到2岁时身长约85 cm。2岁以后身高（长）稳步增长，平均每年增长5～7 cm。2～12岁儿童身高（长）可按下列公式粗略计算：

$$身高（长）（cm）=年龄 \times 7+75（cm）$$

身高（长）包括头、脊柱和下肢的长度。这三部分的发育速度并不一致，头部生长较早。临床上通过测量上部量和下部量，以判断头、脊柱、下肢所占身长的比例。上部量为头顶至耻骨联合上缘的距离，反映头和脊柱的长度；下部量为耻骨联合上缘至足底距离，反映下肢的长度。新生儿上部量大于下部量，中点在脐上；2岁时中点在脐下；6岁时中点移至脐与耻骨联合上缘之间；12岁时上、下部量相等，中点在耻骨联合上缘（图3-2-1）。

身高（长）的增长与遗传、内分泌营养等因素有关。某些疾病如甲状腺功能减低、生长激素缺乏、营养不良等可影响身高（长）的发育；短期的疾病与营养波动不会明显影响身高（长）。

身高测量方法：3岁以下幼儿用量板于卧位测身长，幼儿脱帽、鞋袜及外衣，仰卧于量板中线上。将头扶正，头顶接触头板，测量者一手按直儿童双膝，使双下肢伸直并拢紧贴底板，一手移动足板使之紧贴足底，读数精确至0.1 cm。3岁以上幼儿用身高计测量，幼儿脱帽、鞋，直立，双眼平视正前方，足跟靠拢，足尖分开约呈60°，足跟、臀部、两肩胛均同时紧贴测量杆。测量者移动身高计头顶板与幼儿头顶接触，板呈水平位时，读数精确至0.1 cm。

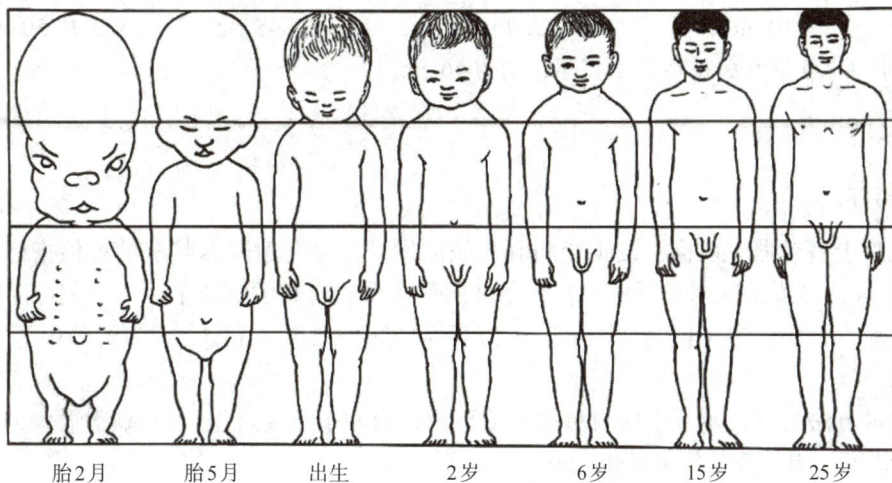

图3-2-1　胎儿时期至成人时期身体各部分比例

聚焦考证

（单项选择题）某男孩5岁，为了了解其身体发育情况对其进行相关指标测量，按生长发育公式估算，此年龄儿童的身高约为（　　　）。

A. 95 cm　　　　　B. 105 cm　　　　　C. 110 cm　　　　　D. 125 cm　　　　　E. 130 cm

【破题要领】C。2～12岁儿童身高（长）可按下列公式粗略计算：身高（长）（cm）=年龄×7＋75（cm）。

三、头围

头围指自眉弓上缘经枕后结节绕头一周的长度，是反映脑和颅骨生长的重要指标。正常新生儿头围平均为32～34 cm，在第1年的前3个月和后9个月头围均增长6 cm。1岁时头围约为46 cm，2岁时约为48 cm，5岁时约为50 cm，15岁时头围接近成人，为54～58 cm。头围的监测在出生后头两年最有价值，头过小常提示脑发育不良等，头围增长过快则提示脑积水等。

头围测量方法为：将软尺0点固定于头部一侧眉弓上缘，再将软尺紧贴头皮绕枕骨结节最高点及另一侧眉弓上缘回到0点，软尺在头两侧的水平应一致，读数精确至0.1 cm。

四、胸围

胸围是指沿乳头下缘经肩胛角下缘绕胸一周的长度，胸围的大小反映肺和胸廓的发育。出生时胸围比头围小1～2 cm，约32 cm，1岁时头围和胸围相等，均为46 cm，1岁以后至青春期前胸围应大于头围，约等于头围加年龄减1 cm。胸廓的发育与营养和上肢及胸廓锻炼有关。胸廓畸形见于佝偻病和先天性心脏病等。

胸围测量方法为：测量胸围时儿童取卧位或立位，儿童两手自然平放或下垂，测量者一手将软尺0点固定于一侧乳头下缘（乳腺已发育的女孩，固定于胸骨中线第4肋间），一手将软尺紧贴皮肤，经两侧肩胛角下缘回到0点，取平静呼气和吸气时的平均值。读数精确至0.1 cm。

聚焦考证

（单项选择题）在儿保门诊为1岁婴儿体检时测得头围46 cm，估计其胸围是（　　　）。

A. 34 cm　　　　　B. 40 cm　　　　　C. 46 cm　　　　　D. 48 cm　　　　　E. 50 cm

【破题要领】C。1岁时头围和胸围相等，均为46 cm。

五、上臂围

上臂围反映上臂骨骼、肌肉、皮下脂肪和皮肤的发育，是儿童营养状况的评估指标。出生后第1年内增长迅速，1～5岁期间增长缓慢。在无条件测量体重和身高的情况下，上臂围可用于5岁以下儿童营养状况的筛查，评估参考值为：>13.5 cm为营养良好，12.5～13.5 cm为营养中等，<12.5 cm为营养不良。

上臂围测量方法为：儿童双上肢自然平放或下垂，取左上臂肩峰至尺骨鹰嘴连线中点处，用软尺固定紧贴皮肤绕臂一周，读数精确至0.1 cm。

聚焦考证

（判断题）上臂围可用于4岁以下儿童营养状况的筛查。（　　　）

【破题要领】×。上臂围可用于5岁以下儿童营养状况的筛查，评估参考值为：>13.5 cm为营养良好，12.5～13.5 cm为营养中等，<12.5 cm为营养不良。

任务二　幼儿生长发育的评价方法

案例导入

佳佳，3岁男孩，体重17 kg，身高102 cm，头围48 cm，胸围50.8 cm，上臂围15 cm。佳佳生长发育正常吗？根据佳佳的生长发育情况，作为保育师，你能给家长什么建议？

1. 掌握幼儿生长发育评价方法。
2. 能够对幼儿生长发育过程进行正确评价。
3. 能根据幼儿生长发育情况给予家长健康的育儿指导。

生长发育评价是以生长发育标准为参照，是对幼儿个体或群体的生长发育水平、生长发育的速度等进行的比较和评判。幼儿处于快速生长发育阶段，充分了解幼儿生长发育水平、生长发育的速度的评价方法，对促进幼儿的健康成长十分重要。

一、百分位数评价法

百分位数评价法用于评价幼儿生长发育水平。生长发育水平评价是对幼儿个体或群体的发育水平在参照值中所处的位置做出判断的过程。常用指标有不同年龄的体重、不同年龄的身高、不同年龄的胸围、不同年龄的头围等。此方法可以制成评价表和曲线图两种形式。曲线图直观显示动态发育趋势如图3-2-2所示。

生长发育曲线图不仅可以评价幼儿的生长发育水平，也可以评价幼儿的动态发育趋势。以图3-2-2中0-5岁女孩身高生长曲线图为例，整个曲线图由若干条连续曲线组成，中间一条为50 th，代表平均值，与平均值相近的是85 th和15 th，这两条曲线之间的部分代表了70%身高发育水平中等的幼儿，高于97 th和低于3 rd曲线的幼儿占3%，可能存在生长发育过速或迟缓的问题。

评价幼儿时，在横坐标上找年龄，在纵坐标上找身高和体重值，将幼儿个体身高和体重测量值标记于所在年龄组中；观察个体测量值在曲线中所处位置，可以判断发育等级。如果有定期连续的身高和体重测量值，连接各标记点即成为该幼儿的身高和体重生长曲线图。可以据此观察该幼儿在不同年龄时身高和体重的等级变动趋势，并可做出发育趋势平稳、加速或下降的评价。

二、指数法

指数法用于评价幼儿生长发育速度。生长发育速度评价是通过对幼儿个体进行定期、连续生长发育测量，计算身高、体重、头围等指标的年（月）增长值，与参照值相比较，给出生长速度属于正常、下降和增长不足的评价结果。

指数法是根据人体各部分的比例关系，利用数学公式将两项指标联合起来判断营养状况、体型变化，是综合评估体格生长的方法。用两项指标间相互关系作比较。Kaup指数又称身体质量指数，其计算公式为 $[\text{体重（kg）}/\text{身高（cm）}]^2\times10^4$，其含义为单位面积的体重值，主要反映体格发育水平及营养状况，尤其适用于幼儿。15～19为正常，13～15为消瘦，19～22为优良，>22表示肥胖。也可以根据标准体重来估算：①超过标准体重20%～30%为轻度肥胖；②超过标准体重30%～50%为中度肥胖；③超过标准体重50%以上为重度肥胖。我国目前已制订了0～7岁儿童年龄别BMI参考值，世界卫生组织（WHO）也制定了0～5岁儿童年龄别BMI变化曲线图。

三、生长发育图法

幼儿生长发育存在较大的个体差异，如同为5岁的幼儿，有的已经开始换牙，有的则没有。将儿童的各项指标按不同性别、年龄绘成正常曲线图，将定期连续测量的数据每月或每年标记于图上作比较，能快速、直观地了解儿童生长情况和发展趋势，及时发现偏差，分析原因，采取适当措施给予干预。我国现有的儿童体格生长标准是依据2005年中国九大城市儿童的体格生长发育调查的数据为参考值，以此制定了我国儿童生长发育曲线图，评估儿童的营养生长状况。（图3-2-3、图3-2-4）

身长/身高曲线图（0~5岁）

女孩

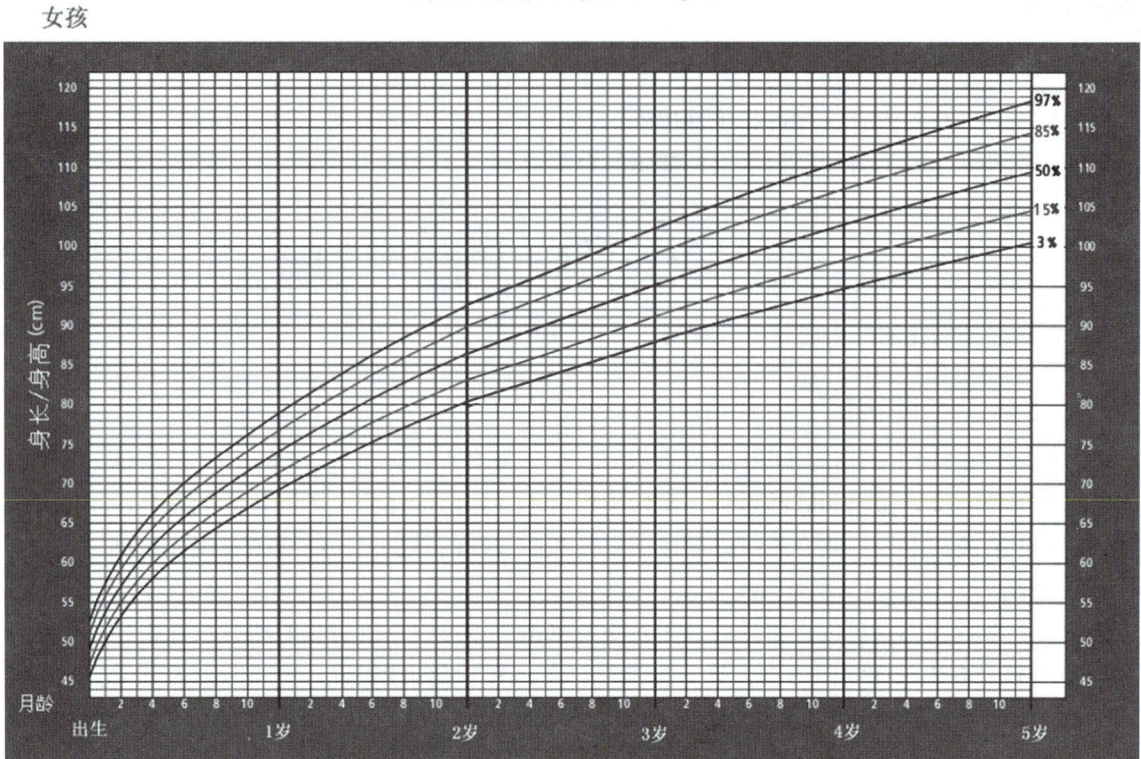

体重曲线图（0~5岁）

女孩

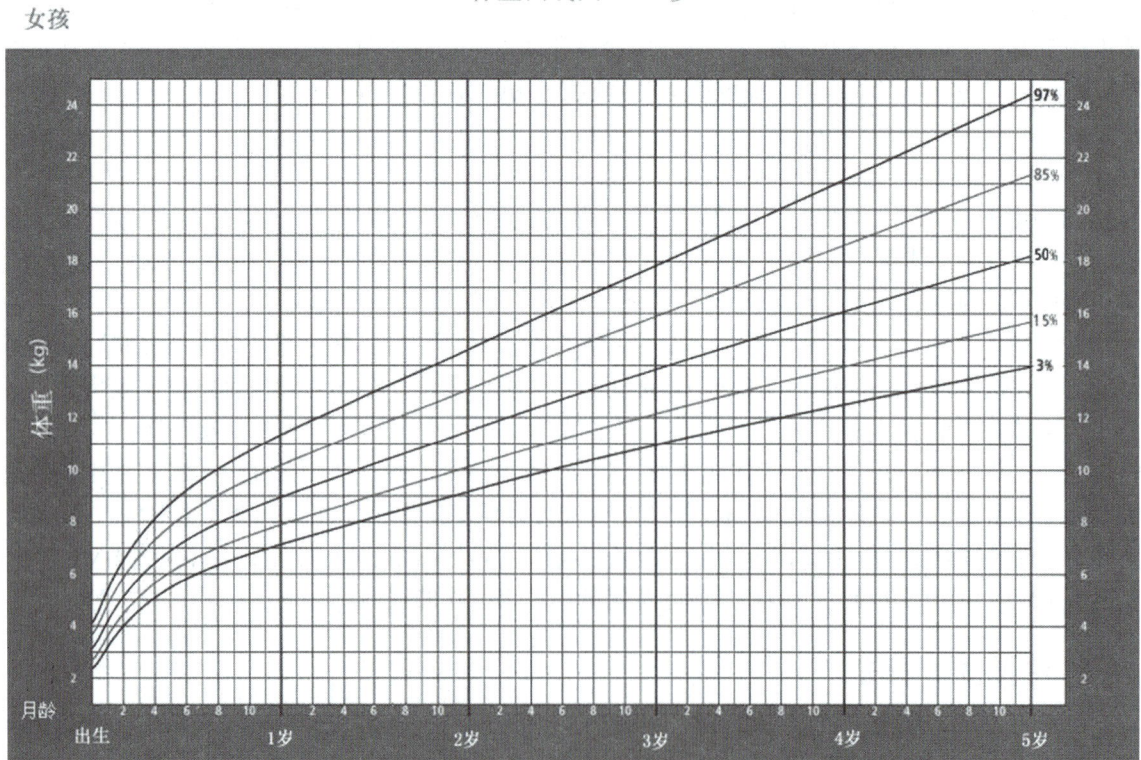

图3-2-2　0～5岁女孩身高/体重生长曲线图（百分位数法）[1]

[1]　数据来源：http：//www.who.int/childgrowth/en

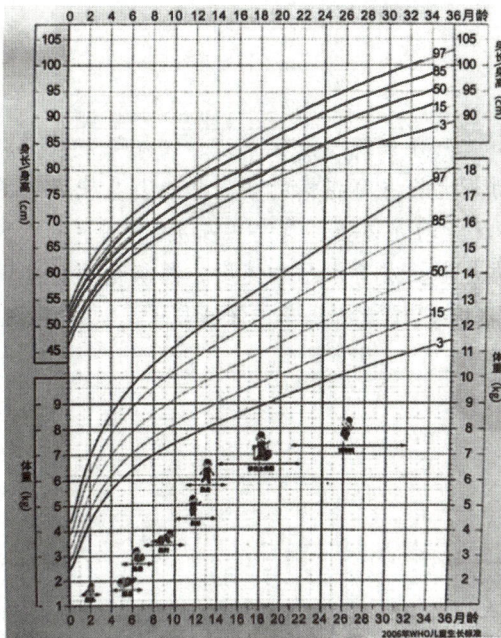
图3-2-3 0～3岁男童生长发育曲线图

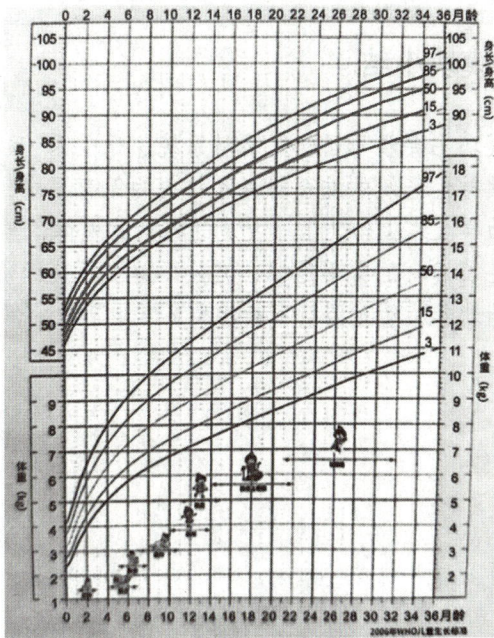
图3-2-4 0～3岁女童生长发育曲线图

强化练习

在线练习3-2

一、单项选择题

1. 婴儿期的正常心率范围为（　　　）。

A. 70～90次/分　　　　　　　　B. 80～100次/分　　　　　　C. 100～120次/分

D. 120～140次/分　　　　　　　E. 110～130次/分

2. 清算出5岁幼儿的正常血压值（　　　）。

A. 100/99 mmHg　　　　　　　　B. 130/79 mmHg　　　　　　　C. 129/60 mmHg

D. 140/59 mmHg　　　　　　　　E. 90/60 mmHg

3. 异常脉搏应测量（　　　）。

A. 30秒　　　　　　　　　　　　B. 15秒　　　　　　　　　　　C. 1分钟

D. 2分钟　　　　　　　　　　　　E. 40秒

4. 在儿保门诊为1岁婴儿体检时测得头围46 cm，估计其胸围是（　　　）。

A. 34 cm　　　　　　　　　　　　B. 40 cm　　　　　　　　　　　C. 46 cm

D. 48 cm　　　　　　　　　　　　E. 50 cm

5. 一家长带儿童到医院进行体格检查，该儿童体格检查结果：体重10.5 kg，身长80 cm，前囟已闭合，出牙12颗，胸围大于头围。衡量该儿童营养状况的最佳指标是（　　　）。

A. 体重　　　　　　　　　　　　B. 身长　　　　　　　　　　　C. 出牙

D. 胸围　　　　　　　　　　　　E. 头围

二、判断题

1. 测得一患儿体温38℃是在正常范围内。　　　　　　　　　　　　　　　　　　（　　　）

2. 可以在患儿活动后测量生命体征。　　　　　　　　　　　　　　　　　　　　（　　　）

模块小结

本模块主要学习了幼儿运动系统、呼吸系统、血液循环系统、消化系统、泌尿系统、皮肤、内分泌系统及神经系统的发育特点和相关的保育要求，幼儿生长发育指标的测量和幼儿生长发育的评价方法。帮助学生掌握幼儿生理发展的特点及规律，学会测量幼儿体重、身高（长）、头围、胸围和上臂围等体格生长发育的常用指标，充分了解和正确评价幼儿生长发育水平和速度，熟练运用这些理论知识科学规范地开展幼儿园教育教学和日常生活中的保育工作，促进幼儿身体健康成长。

模块 ④

幼儿早期发展

模块导读

　　幼儿期是儿童生长发育的初始阶段，也是个体身心发展的第一个加速时期，在这个阶段，幼儿的身体快速生长发育，幼儿的动作、语言、认知、情感、社会性等很多方面也在发展。保育师不仅要为幼儿提供生活照顾、安全看护、平衡膳食，还要为幼儿早期学习与发展提供机会和支持，通过多种途径促进幼儿身体发育和心理发展。

　　本模块主要阐述幼儿动作、语言、认知、情感等方面的发展特点与规律，通过案例呈现、理论分析帮助学生掌握幼儿早期发展的理论与实操技巧，能独立且熟练地应对幼儿早期发展问题，有效地开展早期发展支持活动，并能为家长提供有价值的指导意见和建议。

学习目标

　　1. 了解幼儿动作、语言、认知、情感和社会性的概念与主要内容。
　　2. 理解并掌握幼儿动作、语言、认知、情感和社会性的发展特点与规律。
　　3. 能够依据幼儿早期发展特点独立设计与组织早期发展支持活动。
　　4. 树立爱护幼儿、按照幼儿发展特点实施保育的意识。

内容结构

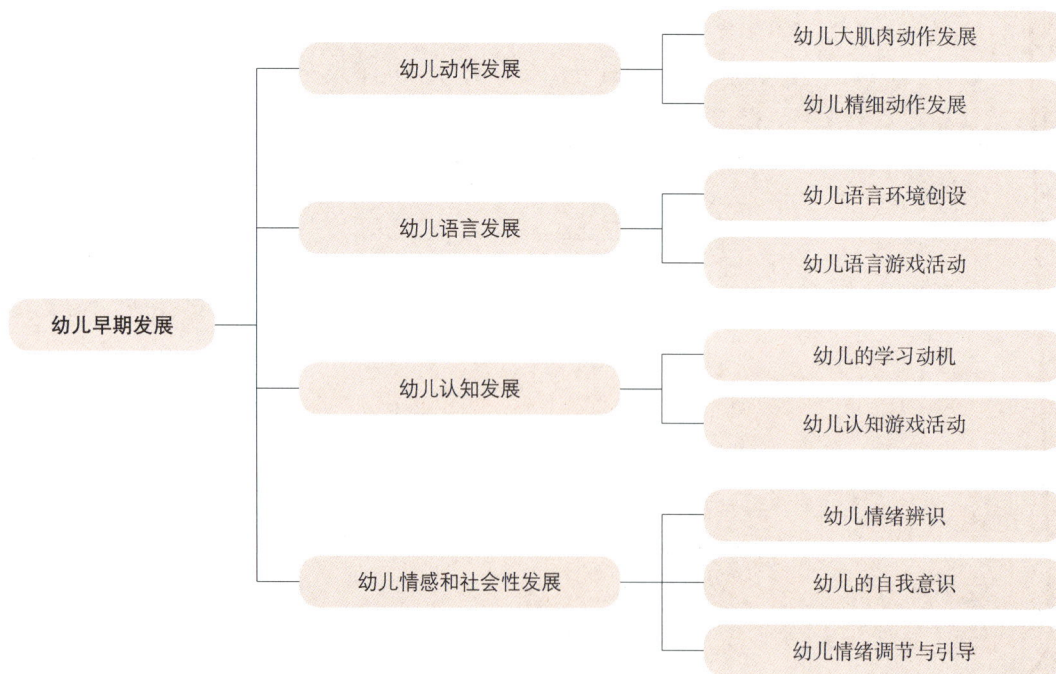

幼儿早期发展
- 幼儿动作发展
  - 幼儿大肌肉动作发展
  - 幼儿精细动作发展
- 幼儿语言发展
  - 幼儿语言环境创设
  - 幼儿语言游戏活动
- 幼儿认知发展
  - 幼儿的学习动机
  - 幼儿认知游戏活动
- 幼儿情感和社会性发展
  - 幼儿情绪辨识
  - 幼儿的自我意识
  - 幼儿情绪调节与引导

项目一　幼儿动作发展

任务一　幼儿大肌肉动作发展

案例导入

琪琪在一家幼儿园担任的是大班教师，这一周的主题是劳动节，她需要依此主题，围绕跳的动作设计一个锻炼幼儿大肌肉动作游戏活动。作为保育师，你会设计大班幼儿大肌肉动作游戏活动吗？

任务要求

1. 熟悉幼儿大肌肉动作发展的规律、特点，学会为幼儿大肌肉动作发展创造机会。
2. 能够观察和评价幼儿的大肌肉动作发展水平，独立开展有助于幼儿大肌肉动作发展的游戏活动。

幼儿动作发展包括大肌肉控制的动作发展及小肌肉控制的精细动作发展，首先出现的是大肌肉动作。大肌肉动作是指运用身体躯干、四肢做移动或姿势改变的动作，包括移动性活动、稳定性活动和操作性活动三种。

一、幼儿动作发展的规律

1. 整体到局部规律

该规律是指幼儿先发展全身性、笼统、弥散的动作，以后逐步分化为局部的、精确的、专门化的动作。例如婴儿早期看到胸前的玩具，会手舞足蹈，全身肌肉在活动，可还是取不到玩具；随着年龄增长，能够弯腰，身体向前，轻而易举地拿到东西。

2. 首尾规律

即从上到下的发展规律，该规律是指幼儿动作的发展遵循头部—躯干—下肢及全身的顺序，先从身体上部（首）开始，然后发展到下部（尾）动作。例如婴儿学习爬行，先是依靠手臂匍匐爬行，然后才逐渐运用大腿、膝盖和脚来爬行。

3. 近远规律

即由近及远的发展规律，该规律是指幼儿动作的发展遵循头部—躯干—双臂—腿部—手部的动作发展顺序，先中央再边缘，离中央部位（躯干与头部）越近的动作发展越早，离中央部位越远的动作发展越晚。例如婴儿看见玩具时，先能够抬手用整个手臂触碰玩具，随着年龄发展，才能用手腕和手指去接触和抓握玩具。

4. 无有规律

即由无意识到有意识的发展规律，该规律是指幼儿动作发展遵循先出现无意动作再出现有意动作的顺序，动作发展越来越多受到个人意志支配。例如婴儿在兴奋的时候经常双手乱舞，然后经过一段时间，看到新奇的物品，会有意识伸手臂去触碰物品。

5. 大小规律

即由大到小的发展规律，该规律是指幼儿动作发展是先有躯体大肌肉、大幅度的粗动作，然后才逐步发展到小肌肉的精细动作。如婴儿先会伸手臂、抬手等躯体动作，然后逐渐发展到能够抓握、拿捏等手部小肌肉动作。

聚焦考证

（单项选择题）幼儿的走、跑、跳等大肌肉动作发育比较早，（　　）发育则较晚。

A. 小肌肉动作　　　　　　B. 大肌肉动作　　　　　　C. 上肢动作　　　　　　D. 腿部动作

【破题要领】A。幼儿动作发展遵循从大到小的发展规律，大肌肉动作发育比小肌肉动作早。

（单项选择题）下列哪一条，符合儿童动作发展的规律（　　）。

A. 从分化动作发展到整体动作　　　　　　B. 从有意动作到无意动作

C. 从大肌肉动作发展到小肌肉动作　　　　D. 从下部动作发展到上部动作

【破题要领】C。除了C之外，其他几项都说反了，应该是先整体动作到分化动作（整体到局部规律），先无意动作到有意动作（无有规律），先上部动作到下部动作（首尾规律）。

（单项选择题）幼儿大肌肉动觉准确性的发展比小肌肉动觉准确性的发展（　　）。

A. 要晚些　　　　　　B. 要早些　　　　　　C. 要不明显些　　　　　　D. 时间差不多

【破题要领】B。幼儿动作发展遵循从大到小的发展规律，大肌肉动作发展早于小肌肉动作发展。

（判断题）幼儿经历着各阶段的动作发育过程，其动作发展遵循头尾发展规律即自下而上发展。（　　）

【破题要领】×。幼儿动作发展的头尾发展规律也叫首尾规律，是指从上到下的规律，而不是从下到上。

二、幼儿大肌肉动作发展的特点

幼儿大肌肉动作的发展在不同年龄段有不同表现，如表4-1-1所示。

表4-1-1　幼儿大肌肉动作发展过程[1]

年　龄	行　走	跑　步	跳　跃	攀　爬
8个月～1岁	摇摇摆摆地走			开始爬行，逐渐能爬到家具上，爬楼梯
1～2岁	能蹒跚行走，用手臂保持平衡（手臂不晃动）	急促踏着地面向前挪动	单脚从楼梯最下阶跳下	尝试爬上任何可攀爬的物体
2～3岁	前后脚同一台阶地上楼梯	跑步时身体僵直，不易拐弯或马上停下来	双脚从楼梯最下阶跳下	尝试爬到攀爬架顶部但还不能往下爬
3～4岁	走路时双手摆动；前后脚交替，每阶一脚地上楼梯	跑步时较顺畅，能较好地控制起步和停下	双脚原地弹跳，单脚跳过物体	能爬上、爬下梯子、攀爬架、滑梯和小树
4～5岁	前后脚交替，每阶一脚上下楼梯，可走弧线；单脚跳绳	跑步有力，速度加快；能很好地控制拐弯、起跑和停下	往上跳、往下跳、往前跳	能爬上、爬下梯子、攀爬架、滑梯和小树

---

[1]［美］贝蒂·J. J.幼儿发展的观察与评价（第7版）［M］.郑福明，费广洪，译.北京：高等教育出版社，2011：223.

年　龄	行　走	跑　步	跳　跃	攀　爬
5～6岁	如成人般走路；可双脚交替跳绳	跑步技能娴熟化，很少摔倒，表现出较好的速度和动作控制能力	能跳得较远、较高，能跳绳	表现出与成人一样的攀爬技能

三、幼儿大肌肉动作发展的教育

（一）幼儿大肌肉动作教育目标

（1）能进行抬头、翻身、坐、爬、站、走、跑、跳、攀爬等大肌肉动作。

（2）初步掌握日常生活、学习和游戏中所需要的简单动作技能，如穿脱衣服、滚球、骑童车、上下楼梯、跑步、跳远等。

（3）具有一定的平衡能力，动作协调、灵敏。

（4）具有一定的力量和耐力。

（二）幼儿大肌肉动作教育内容

1.0～3岁婴幼儿大肌肉动作的教育内容

依据《托育机构保育指导纲要》，3岁以下婴幼儿的大肌肉动作教育包括以下内容：

6～12个月，大肌肉动作教育内容主要是鼓励婴儿进行身体活动，尤其是地板上的游戏活动；鼓励婴儿自主探索从躺位变成坐位，从坐位转为爬行，逐渐到扶站、扶走。

12～24个月，大肌肉动作教育内容主要是鼓励幼儿进行形式多样的身体活动，为幼儿提供参加爬、走、跑、钻、踢、跳等活动的机会。

24～36个月，大肌肉动作教育内容主要是为幼儿提供参加走直线、跑、跳、单足站立、原地单脚跳、双脚跳、跨越低矮障碍物、上下楼梯等活动的机会。

2.3～6岁幼儿大肌肉动作的教育内容

依据《3～6岁儿童学习与发展指南》，3～6岁儿童大肌肉动作教育主要聚焦平衡能力、动作协调性与灵敏性及力量和耐力的提升。具体包括：

（1）利用多种活动发展身体平衡和协调能力。

（2）发展幼儿动作的协调性和灵活性。如鼓励幼儿进行跑跳、钻爬、攀登、投掷、拍球等活动，玩跳竹竿、滚铁环等传统体育游戏。

（3）趣味性开展拍球、跳绳等技能性活动。

（4）结合活动内容对幼儿进行安全教育，培养幼儿的自我保护能力。

（5）开展丰富多样、适合幼儿年龄特点的走、跑、跳、爬等各种身体活动，鼓励幼儿坚持下来，不怕累。

（6）日常生活中鼓励幼儿多走路、少坐车，自己上下楼梯、自己背包。

（三）大肌肉动作游戏

保育师可以根据幼儿的年龄阶段组织开展可以促进其大肌肉动作发展的感觉运动游戏、象征性游戏、规则游戏。

1.感觉运动游戏

感觉运动游戏是0～2岁婴幼儿利用感觉器官和身体动作与外界发生关联和互动，由简单的动作或运动组成，游戏的主要表现形式为徒手游戏或重复操作物体的游戏。例如"空中脚踏车"游戏中，可以让婴儿躺着玩在空中双脚蹬脚踏车的游戏，锻炼婴儿腿部大肌肉动作。

2. 象征性游戏

象征性游戏是2～7岁幼儿典型的游戏形式，它是幼儿以经验为基础，以模仿和想象扮演角色为手段，以物代物，以人代人为表现形式，反映周围现实生活的游戏形式。主要形式包括角色游戏、表演游戏和部分结构游戏。例如在《小兔子采蘑菇》游戏中，保育师为2岁的幼儿创设兔子采蘑菇的情境，引导幼儿扮演小兔子角色，像小兔子一样双脚向前跳以及停止、蹲下来捡代替"蘑菇"的玩具。

3. 规则游戏

规则游戏是指两人以上参加，按游戏规则判胜负的竞赛性游戏，包括智力性质的游戏、运动技巧性质的游戏，通常发生于5岁以后，适合幼儿园中班及以上的幼儿。例如在"老狼老狼几点了"游戏中，保育师可以锻炼幼儿走、跑等大肌肉动作及动作的灵敏性。

聚焦考证

（单项选择题）能双手抓杠悬空吊起20秒左右是（　　　）岁孩子需要达到的力量和耐力标准？

A. 1～2　　　　　　　B. 3～4　　　　　　　C. 4～5　　　　　　　D. 5～6

【破题要领】 D。依据《3～6岁儿童学习与发展指南》，5～6岁儿童大肌肉动作发展水平能达到这个目标。

（四）大肌肉动作游戏活动的设计

1. 活动准备

（1）活动环境。干净、卫生、安全、安静、温湿度适宜的场地。

（2）设施设备。适量的幼儿桌椅，多媒体，Wi-Fi，地垫。

（3）活动物品。运动器材、教具等活动材料。

2. 经验准备

保育师具备幼儿动作发展的相关知识和幼儿动作指导活动设计与组织的技能。

3. 活动评估

（1）幼儿年龄和动作发展水平，精神状态是否良好，情绪是否稳定；

（2）环境是否干净、卫生，温湿度是否适宜，玩（教）具及材料是否准备齐全，是否干净、无毒、无害。

（3）本次活动需要幼儿哪些经验准备。

4. 活动计划

（1）从知识技能、过程方法和情感态度三个维度设定目标，重点关注幼儿大肌肉动作技能发展。

（2）完成动作指导活动的设计与组织。

5. 活动实施

（1）导入活动。通过提问、出示直观教具、讲述故事、猜谜语等方式提升幼儿参与活动的兴趣、吸引幼儿的注意力。

（2）组织活动。以各种形式的活动和游戏为载体，通过演示、提问、幼儿体验等引导幼儿逐步深入活动过程，积极主动获得大肌肉动作活动经验，发展相应的大肌肉动作能力。

（3）结束活动。当活动目标基本实现时，适时结束活动。家长引导幼儿向保育师和其他家长、幼儿说再见，保育师可以和幼儿拥抱一下，以愉快的情绪结束整个活动。

（4）延伸活动。继续组织一些与此活动内容相关的辅助性活动，例如建议在家中可以进行的活动形式，以及在家中可利用的材料和能够创设的环境，帮助家长在家庭中继续发展幼儿的大肌肉动作能力。

6.活动评价

（1）是否达成活动的知识技能目标、过程方法目标和情感态度目标。

（2）是否有效完成动作指导活动的流程。

任务二　幼儿精细动作发展

案例导入

青青在一家幼儿园上班，她所教的是小班孩子，这一周的主题是"我的家"，她打算依此主题，为班上的孩子设计一次发展精细动作的游戏活动。她需要考虑哪些因素？如何设计和实施精细动作发展活动？

任务要求

1.熟悉幼儿精细动作发展的规律、特点，能为幼儿提供机会促进精细动作发展。

2.能够观察和评价幼儿的精细动作发展水平，独立设计和组织能促进幼儿精细动作发展的游戏活动。

精细动作，也叫小肌肉动作，是指幼儿凭借手、手指、脚趾、面部等部位的小肌肉或小肌肉群完成的动作，是在注意力、感知觉等功能活动配合下完成的动作。保育师应格外关注幼儿手和手指的控制性、协调性、灵活性。

一、幼儿精细动作发展的特点

婴儿生来就处于精细动作发展的最初阶段，这是一种先天的反射，在出生后几周就会逐渐消失。只有当幼儿三个月学会有目的地抓握物品，才构成精细动作技巧赖以发展的基础。幼儿精细动作发展呈阶段性特点，0～1岁时发展较快，由反射性抓握发展到有目的地伸够；1～2岁时，精细动作的发展速度减缓；在2～3岁时，精细动作的发展继续回到快速增长的阶段。如表4-1-2所示，幼儿精细动作的发展在不同年龄段有不同表现。

表4-1-2　关键性精细动作技能获得的大概年龄[1]

月　份	精细动作技能	月　份	精细动作技能
2个月	能够认识到自己手指的存在	12个月	开始使用准确的钳式抓握方法 一只手可抓住两个物品 把物品放进容器 能更好地使用汤匙 拿起训练用的杯子，并用它喝水 扔物品，但是缺乏控制或方向性 物品掉落或被扔到地面上时，会看着物品
3个月	当大人把拨浪鼓放在宝宝的手里时，宝宝能够轻而易举地抓住		
4个月	能够摇动拨浪鼓发出声音		
5个月	用整个手掌抓住东西。抓住自己的脚趾，把它们放进嘴里		

[1]［英］马丁·沃德·普拉特.奇迹般的童年——0～5岁儿童发展与教育指南［M］.张文新，译.济南：山东科学技术出版社，2007：37.

75

月　份	精细动作技能	月　份	精细动作技能
6个月	用一只手或者双手抓住玩具 能将东西从一只手递到另一只手中 不论什么东西都会往嘴里塞	15个月	用任何一只手捡起小物品 把汤匙送到嘴里，但是，当转过汤匙时会撒掉一些食物
7个月	开始抓住汤匙 能够抓住有两个把的茶杯喝水	16～18个月	有目的地扔物品。推动玩具
8个月	开始早期的钳式抓握东西 可以握住一件东西不会将东西放下	18个月	可以搭建有三块积木的塔。开始表现出用手的偏好
9个月	用拇指与四指抓住绳子，拖玩具 拿起给他的玩具。开始自主地松开玩具 指物、拍手与挥手再见	2岁	使用优势手进行多数活动建造有六块或七块积木的塔
9～10个月	两只手各拿一个物品，并将他们互相撞击 钳式抓握（用拇指和食指抓住物品）更加熟练、更加准确	3岁	能抓住餐叉 能将大珠子串起来 会建造9～10块积木的塔
10个月	模仿成人梳头	4岁	会使用缝合卡片 会用积木搭桥 会以成人的方式握住铅笔
11个月	故意松开物品 喜欢来回传递物品	5岁	学会用铅笔及颜料画画 会倒牛奶，而且不会洒出

二、幼儿精细动作发展的教育

（一）精细动作教育目标

1.0～3岁婴幼儿精细动作教育目标

依据《托育机构保育指导大纲（试行）》，3岁以下婴幼儿的精细动作教育目标是要求婴幼儿"达到良好的精细动作发育水平"。

具体如下：[1]

（1）6月龄幼儿精细动作教育目标：① 喜欢抓握、摇晃、敲击物体，将玩具从一只手换到另一只手；② 喜欢把自己的手、脚或手里能拿到的东西往嘴里塞。

（2）12月龄幼儿精细动作教育目标：① 能用拇指和食指捡起小物体；② 能拨弄桌上的小东西；③ 会用手从容器中拿出、放进小物体；④ 能拿饼干、水果等食物并进行啃咬。

（3）18月龄幼儿精细动作教育目标：能垒高3块左右的积木。

（4）24月龄幼儿精细动作教育目标：① 能用带子或绳子串起珠子；② 能垒高5块左右的积木；③ 能用笔进行随意的涂鸦。

2.3～6岁幼儿精细动作教育目标

依据《3～6岁儿童学习与发展指南》，3～6岁幼儿的精细动作教育目标是要求幼儿"手的动作灵活协调"，具体如下：

（1）3～4岁幼儿精细动作教育目标：① 能用笔涂涂画画。② 能熟练地用勺子吃饭。③ 能用剪刀沿直线剪，边线基本吻合。

---

[1]《托育机构保育指导大纲（试行）》内关于3岁以下儿童的精细动作目标没有进一步细化展开说明，这里的具体目标参考的是《浙江省托育机构3岁以下婴幼儿照护指南》。

（2）4～5岁幼儿的精细动作教育目标：① 能沿边线较直地画出简单图形，或能边线基本对齐地折纸。② 会用筷子吃饭。③ 能沿轮廓线剪出由直线构成的简单图形，边线吻合。

（3）5～6岁幼儿的精细动作教育目标：① 能根据需要画出图形，线条基本平滑。② 能熟练使用筷子。③ 能沿轮廓线剪出由曲线构成的简单图形，边线吻合且平滑。④ 能使用简单的劳动工具或用具。

（二）精细动作教育内容

1.0～3岁婴幼儿精细动作教育内容

0～3岁婴幼儿精细动作教育的基本内容包括：抓、拿、摸、捏、拼、敲、撕、握、插等。依据《托育机构保育指导纲要》，3岁以下婴幼儿的精细动作教育包括以下内容：

（1）7～12个月婴儿精细动作教育内容：提供适宜的玩具，促进抓、捏、握等精细动作发育。

（2）13～24个月幼儿精细动作教育内容：① 提供多种类活动材料，促进涂画、拼搭、叠套等精细动作发育。② 鼓励幼儿自己喝水、用小勺吃饭、自己翻书等。

（3）25～36个月幼儿精细动作教育内容：① 提供多种类活动材料，促进幼儿搭建、绘画、简单手工制作等精细动作发育。② 鼓励幼儿自己用水杯喝水、用勺吃饭、协助收纳等。

2.3～6岁婴幼儿精细动作教育内容

依据《3～6岁儿童学习与发展指南》，3～6岁儿童精细动作教育聚焦于"创造条件和机会，促进幼儿手的动作灵活协调"，具体包括以下内容：

（1）提供画笔、剪刀、纸张、泥团等工具和材料，或充分利用各种自然、废旧材料和常见物品，让幼儿进行画、剪、折、粘等美工活动。

（2）引导幼儿生活自理或参与家务劳动，发展其手的动作。如练习自己用筷子吃饭、扣扣子，帮助家人择菜叶、做面食等。

（3）幼儿园在布置娃娃家、商店等活动区时，多提供原材料和半成品，让幼儿有更多机会参与制作活动。

（三）精细动作游戏

幼儿精细动作教育有很多方式，包括但不限于日常生活练习法、手指操、环境影响法、精细动作游戏等，其中精细动作游戏是幼儿最喜欢的活动之一。

1.触摸抓握类游戏

摇彩带游戏。适合0～3个月婴儿，用于锻炼手眼协调和抓握能力。保育师将彩带或彩色布条绑在一个棍子上，让婴儿躺在床上、尿布台、婴儿推车等上，然后在婴儿面前和手边轻轻摇动彩带。类似的游戏还有适合3～6个月婴儿的抓玩具游戏，即绳子或彩带绑着一个玩具，保育师手提或者用棍子挑着在婴儿面前来回晃动，让其拨弄、抓握。

魔术袋游戏。适合6个月以上的婴儿，用于锻炼抓握、撕扯等动作。保育师将一些玩具用彩色包装纸简单包起来，然后将它们放进一个代表魔术袋的购物袋或者一个盒子，让婴儿伸手到"魔术袋"翻找出玩具，并打开包装纸。

2.撕扯搓揉类游戏

撕纸游戏。适合9个月以上的婴幼儿，用于锻炼撕扯动作。保育师可以准备一些纸巾、旧报纸，让婴幼儿尽情地享受撕纸的乐趣，并告诉幼儿什么东西是可以撕的，什么东西不能撕。尽量给幼儿准备不同材质的纸，丰富他们的触觉体验。1岁半以上的幼儿，可用缝纫机在纸张上面扎出各种形状来，要求幼儿根据扎出的边缘线撕出完整的形状。3岁以上的幼儿可以在纸上印一些图案，然后要求幼儿沿着图案外周把图案完整地撕下来。

橡皮泥游戏。适合2岁以上的幼儿，用于锻炼搓揉、压挤等动作和手腕灵活性。保育师准备无毒橡皮泥或者自制面粉橡皮泥，提供擀面杖、饼干模具、塑料玩具小刀等工具。可以教幼儿把橡皮泥搓成球后再压扁，也可以搓成长条，再揪成小段，然后揉团。在此基础上，可以示范如何制作简单的形状（正方形、三角形、五角星）等，还可以制作各种造型，例如胡萝卜、帽子、凳子等物体。随着幼儿年龄增长，可以让幼儿制作更加复杂的造型。

3. 投掷类训练

纸团游戏。适合1岁以上的幼儿，用于锻炼抓握、投掷动作和手眼协调能力。保育师把废弃纸张揉成团，让幼儿瞄准垃圾桶或篮子尽情扔。当然也可以扔其他没有危险的毛绒玩具。

4. 拼搭穿插类游戏

穿纽扣游戏。适合2岁以上幼儿，保育师选用尼龙绳或纸绳穿纽扣，选择大号纽扣，纽扣孔口较大，以便穿入，要防止幼儿吞咽纽扣；或选用粗塑料导管，剪成2厘米大小，让幼儿穿珠子。

颜色笔套对对碰游戏。适合3～4岁幼儿，主要锻炼穿插动作和手眼协调能力。保育师先把笔套拔出，并插在不同的颜色笔上。指导幼儿把笔套插回正确的颜色笔上。可与其他幼儿比赛，看谁更快完成，提升活动的挑战性。

5. 拼图和翻书游戏

适合9个月以上的婴幼儿。保育师为幼儿准备简单的、上有把手、下有对应图片的大块木质拼图，可以让幼儿自己抓起和嵌入拼图，保育师也可以与幼儿一起玩拼图。

翻书游戏。适合4个月以上的婴幼儿，主要锻炼翻书动作。保育师准备一本色彩丰富、简单易懂的插图纸板书，并和婴幼儿一起阅读，每讲完一页就指导婴幼儿去翻页，经过多次练习后让他学会一次只翻一页。

6. 手指游戏

虫虫、虫虫飞。适合4个月以上的婴幼儿，主要锻炼触摸动作和手眼协调能力。幼儿会坐以后，保育师用自己的双手分别握着婴幼儿的双手，用食指和拇指抓住幼儿的食指，教他食指尖对拢又分开，一边做动作一边说："虫虫、虫虫飞。"

手偶故事。适合3岁以上的幼儿，保育师根据幼儿喜欢的绘本或故事，用手偶改编演出来，以动物为例，可以讲绘本里动物园的故事，也可以自己编故事演出来。经过示范后，可以让幼儿用指偶讲故事，或引导幼儿改编故事，借助小道具演出"绘本故事小剧场"。

7. 其他类型的精细动作游戏

罐中取宝（拧旋类）。适合1岁以上的幼儿，主要锻炼拧的动作和抓握动作。保育师收集一些透明、易于打开的塑料罐，在罐子里放一些幼儿喜欢的玩具，然后轻轻拧上盖子，再让幼儿拧盖子、取玩具。保育师可以根据幼儿需要，决定是否示范。

小鼓手游戏（敲击类）。适合6个月以上的婴幼儿。保育师将不同材质、不同大小的锅、碗、盆等放在婴幼儿周围，再给他一个木勺子或者筷子。保育师示范如何敲鼓，然后鼓励幼儿尝试。9个月以上的婴幼儿还可以玩敲击小木琴的游戏。

强化练习

在线练习4-1

一、单项选择题

1. 幼儿动作发展的规律是（　　　　）。
　　A. 从上到下、由近及远、由大到小　　　　B. 从下到上、由近及远、由大到小
　　C. 从上到下、由远及近、由大到小　　　　D. 从上到下、由近及远、由小到大
　　E. 从下到上、由远及近、由大到小

2. 下列哪一种属于幼儿精细动作发展（　　　　）。
　　A. 爬行　　　　　　　　　　B. 站立　　　　　　　　　　C. 行走

D. 翻身　　　　　　　　　　E. 伸手取物

3. 下列不属于6-12个月幼儿大肌肉动作教育内容主要是（　　）。

A. 提供参加直线走的机会　　　B. 鼓励地板上游戏　　　　　C. 鼓励从躺位变成坐位

D. 学习扶着站　　　　　　　　E. 学习扶着走

4. 为了锻炼幼儿手部精细动作，保育师应组织幼儿（　　）的活动。

A. 攀爬　　　　　　　　　　　B. 乒乓球　　　　　　　　　C. 掰腕子

D. 用筷子夹豆子　　　　　　　E. 投掷

5. 婴儿精细动作技能训练的基本内容包括（　　）。

A. 抓、拿、摸、捏、拼、投掷、跑、跳、插等

B. 抓、拿、摸、捏、拼、敲、撕、握、插等

C. 抓、拿、摸、捏、拼、投掷、听、说、看等

D. 抓、拿、摸、捏、拼、投掷、坐、爬、走等

E. 抓、拿、摸、捏、拼、投掷、啃、爬、走等

二、判断题

1. 幼儿动作发展包括全身的大肌肉动作发展和手的精细动作发展。　　　　　　　　（　　　）

2. 精细动作的发展中，最重要的是手的抓取和抓握。　　　　　　　　　　　　　　（　　　）

3. 0～6个月的婴儿抬头、吸吮等练习是该年龄婴儿精细动作的训练重点。　　　　（　　　）

4. 幼儿运动主要通过武术、体育器械活动、基本动作活动等加以实施。　　　　　　（　　　）

5. 婴儿出生后出现有目的抓握，这是幼儿最早出现的精细动作。　　　　　　　　　（　　　）

项目二　幼儿语言发展

任务一　幼儿语言环境创设

案例导入

　　西西在一家幼儿园中班工作，开学初，班上一个孩子的家长向她咨询如何让自己孩子的语言发展得更好，家庭环境方面需要做哪些准备。为了给家长科学、有效的策略建议，西西开始查询资料，请教有经验的老师。

任务要求

　　1. 掌握幼儿语言发展的特点与规律，熟悉语言环境创设知识要点。

　　2. 能创设回应性的语言交流环境和早期阅读环境。

　　3. 能通过童谣、儿歌、故事、绘本等为幼儿提供丰富的语言经验。

一、幼儿语言的发生和发展

　　儿童语言的发展是指儿童对母语的产生和理解能力的获得，涉及语音、语法、语义、语用等四方面的一些基本规则。幼儿语言发展以健全的听觉、正常的口腔结构和发声器官、正常的脑部发育和智力发展，以及良好的沟通欲望为先决条件。幼儿期是人的一生中掌握语言最迅速的时期，也是最关键的时期。一般我们将幼儿期语言发展分为三个阶段：前言语阶段、言语发生阶段、基本掌握口语阶段。

（一）前言语阶段

幼儿说出第一个真正意义的词之前的时间（1岁以前）被称为前言语阶段，也就是语言的准备期。

0～4个月属于反射性发声阶段，幼儿能够单音节发音，听觉较敏锐，对语音较敏感，能分辨语音和其他声音的区别，能用不同的哭声表达他们的需要，并对成人的逗弄和语言刺激作出相应动作反应，产生交际倾向。

4～9个月的牙牙语阶段，幼儿能够多音节发音，经常发出连续的音节，6个月后，开始出现近似词的发音，能辨别一些语调、语气和音色的变化，感知说话者的表情、态度，表明语言理解能力有所提高，懂得简单的词、手势和命令，能辨别家人的称呼，会指认一些日常物体，会用语音吸引成人的注意。

10～12个月的学话萌芽期，幼儿开始真正理解成人的语言，能对语言刺激作出恰当的反应，语言交际功能开始扩展，即能通过语音、动作、表情的结合进行交流，约12个月时，幼儿说出第一个有意义的单词，这是语言发生的标志。

（二）言语发生阶段

第二阶段是1～3岁的言语发生阶段，言语发生的标志是说出最初的词和掌握其意义。经历了近一年的言语准备，幼儿开始进入学习口语的全盛时期，又称为正式学说话阶段。

1.1～1.5岁单词句阶段

这时期的语言特色是说单字句，以词代句，语言的情境性强，能用手势、表情、体态辅助语言来表达需要；语言理解能力胜于语言表达能力，出现短暂沉默期，甚至只用手势和行动示意；会给常见物体命名，但常出现以声代物、词义泛化、词义窄化、词义缩小、词义特化、重叠音较多等用词不准现象。

2.1.5～2岁的双词句阶段

这段时期幼儿似乎突然开口，说话的积极性很高，语词大量增加，主要是表达具体物品名称的词汇，以名词、动词、代词居多。以双词句为主，会说3～5个字的简单句，最多不超过5～6个字的句子。喜欢提问，开始学会使用疑问句和否定句，开始出现"语言反抗"行为。

3.2～3岁的短句阶段

这段时期的前半期幼儿能说短句，会用代词你、我、他，开始接受"母语"所表现的独特语法习惯，如用感叹句来表示情感，用疑问句来表示询问等。后半期，幼儿会使用复杂句，喜欢提问，故又称"好问期"。

（三）基本掌握口语阶段

第三阶段是3～6岁的基本掌握口语阶段。幼儿在掌握语音、词语、语言、口语表达能力方面迅速发展。

1.3～4岁的简单句阶段

接受性语言方面，幼儿的听觉更敏锐，能够准确地指明声音的方向，分清声音的变化；能理解一整天顺序性时刻的大致概念。表达性语言方面，幼儿日益能发较复杂的音，理解并说出更复杂的指示；常使用联合复句进行表达；已能和人随意交谈。

2.4～5岁的复杂句阶段

接受性语言方面，幼儿喜欢听故事，可以回答简单的问题；能理解几乎所有在家里或在幼儿园听到的话。表达性语言方面，幼儿使用词语的种类增加，5岁时，幼儿能掌握2 500～3 000个词，并逐渐能理解他所掌握的每一个词的确切含义；语言清晰、有逻辑，能流利地讲述故事。

3.5～6岁的成人语言期

接受性语言方面，幼儿能够发清全部语音，听懂一些较为复杂的句子，理解一段话的意思；能专注地倾听别人讲话，迅速掌握对方谈话的主要内容。表达性语言方面，幼儿的语句中词汇种类增多；从陈述句到多种形式的句子，掌握的疑问句、祈使句、感叹句等逐渐增加；语言的连贯性增强，情境性减少；语言的逻辑性增强。

二、幼儿语言的发展规律

第一，语音的发展，从模糊到清晰，发音逐渐标准。幼儿发音器官逐渐完善，逐步从发唇音过渡到能清楚地发出全部语音。学前期是幼儿学习语音的最佳时期，随着年龄增长，幼儿声母、韵母的发音准确率逐步提高，3岁时只有大约10%的幼儿能正确发出所有的声母、韵母，到了6岁则上升到70%。

第二，词汇的发展，量由少到多，词类不断增多。词的数量增加，从1岁半时能说出20～30个单词，到5岁时能掌握2 500～3 000个单词；词的种类逐渐丰富，从掌握名词、动词，向掌握形容词、副词、介词、连词、助词过渡，使用的词的概括性也逐渐提高。

第三，语句的发展，从不完整到完整，从简单句到复杂句。从单词句向双词句以及多词句、联合复句、偏正复句过渡，从陈述句向疑问句、感叹句、祈使句等多种形式的句子过渡，从无修饰句向有修饰句过渡。

第四，理解与表达能力的发展，不断提高、完善，与生活经验、思维发展等密切联系。理解方面，从理解简单的含有一个步骤的指示向理解含有两个步骤的指示过渡，直至理解较复杂的句子或一段话，并迅速提取一段话的主要意思。口语表达方面，从表达物体可视的、外在的特征向表达物体内在特征过渡；从言语表达的情境性特点向连贯性、逻辑性过渡；从咿呀学语向完整讲述故事过渡；从对话言语向独白言语过渡；从模仿成人到独立自主表达、自由交流过渡。

聚焦考证

（单项选择题）保育师应该认识到（　　）是儿童学习语音的最佳时期。

A. 婴儿期　　　　　　B. 新生儿期　　　　　　C. 小学期　　　　　　D. 学前期

【破题要领】D。学前期是儿童学习语音的最佳时期，随着年龄增长，学前期儿童声母、韵母的发音准确率逐步提高。

三、幼儿语言教育

（一）幼儿语言教育的目标

1. 0～3岁婴幼儿语言教育目标

依据《托育机构保育指导大纲（试行）》，3岁以下幼儿的语言教育目标是：

（1）对声音和语言感兴趣，学会正确发音。

（2）学会倾听和理解语言，逐步掌握词汇和简单的句子。

（3）学会运用语言进行交流，表达自己的需求。

（4）愿意听故事、看图书，初步发展早期阅读的兴趣和习惯。

2. 3～6岁幼儿语言教育目标

依据《3～6岁儿童学习与发展指南》，3～6岁幼儿的语言教育目标是：

（1）认真听并能听懂常用语言。

（2）愿意讲话并能清楚地表达。

（3）具有文明的语言习惯。

（4）喜欢听故事，看图书。

（5）具有初步的阅读理解能力。

（6）具有书面表达的愿望和初步技能。

（二）幼儿语言教育的内容

1.0～3岁婴幼儿语言教育内容

根据《托育机构保育指导大纲（试行）》，3岁以下幼儿语言教育包括以下内容：

（1）创设丰富和应答的语言环境，提供正确的语言示范，保持与婴幼儿的交流与沟通，引导其倾听、理解和模仿语言。

（2）为不同月龄幼儿提供和阅读适合的儿歌、故事和图画书，培养早期阅读兴趣和习惯。（图4-2-1）

（3）关注语言发展迟缓的幼儿，并给予个别指导。

2.3～6岁幼儿语言教育内容

根据《幼儿园教育指导纲要》，3～6岁幼儿语言教育包括内容和要求：

（1）创造一个自由、宽松的语言交往环境，支持、鼓励、吸引幼儿与教师、同伴或其他人交谈，体验语言交流的乐趣，学习使用适当的、礼貌的语言交往。

图4-2-1　幼儿阅读图书

（2）养成幼儿注意倾听的习惯，发展语言理解能力。

（3）鼓励幼儿大胆、清楚地表达自己的想法和感受，尝试说明、描述简单的事物或过程，发展语言表达能力和思维能力。

（4）引导幼儿接触优秀的儿童文学作品，使之感受语言的丰富和优美，并通过多种活动帮助幼儿加深对作品的体验和理解。

（5）培养幼儿对生活中常见的简单标记和文字符号的兴趣。

（6）利用图书、绘画和其他多种方式，引发幼儿对书籍、阅读和书写的兴趣，培养前阅读和前书写技能。

（7）提供普通话的语言环境，帮助幼儿熟悉、听懂并学说普通话。少数民族地区还应帮助幼儿学习本民族语言。

四、幼儿语言环境

（一）幼儿听说环境的创设

1.创设良好的语言交往环境

（1）成人经常与幼儿交流。争取每天能与每个幼儿自然交流，并为幼儿语言交流提供支持策略。例如可以通过以下策略延伸成人与幼儿谈话：重复幼儿最后使用的词语，增加自己的评论；提供过去经历过的一些信息；给出自己所说事情的理由；比较自己正在谈论的两个事物；谈谈保育师的感觉；对幼儿的感觉表示奇怪；提供假想的转折话题；问问题。

（2）支持幼儿之间的交流。尊重幼儿之间的交流，不打断幼儿之间的谈话，同时尽量为幼儿提供自由与同龄人交谈的机会，例如允许幼儿饭前交谈，允许幼儿自由游戏时间交流，重视和要求幼儿在交往中用词的准确性和表达的完整性。

（3）以活动创设交流情境。通过各种各样的活动，为幼儿的语言表达提供"想说"的情境。例如，让幼儿参与班级活动室环境布置，对环境有切身的体验，产生"有话想说"的欲望；带幼儿散步、游览，接触不同的自然和社会环境，积累他们的生活经验和话题。

（4）为幼儿提供适宜其年龄的支持。前言语阶段的幼儿，在与他们说话时，要注意变换语调和节奏，让他们对语调、节奏有丰富的感性认识；言语发生阶段的幼儿，保育师坚持完整说一句话，给他们做好语言榜样；在幼儿认识词汇时，可以帮助他们将词汇与具体的事物联系在一起，加深他们对词义的正确认识。幼儿园阶段的儿童，还应该帮助他们积累丰富的生活经验，例如组织丰富多彩的幼儿园活动。（图4-2-2）

图4-2-2　幼儿在游戏中交流

2. 营造轻松的心理氛围

为了使幼儿讲话时能够轻松自如，保育师和家长需要为他们创设没有负担和压力的心理氛围。通过对他们的认可来帮助他们，使其感觉自在，不模仿和嘲笑幼儿不规范的语言；用微笑、拥抱、欢迎词、鼓励语来表达保育师对他们的接受；利用一些道具为幼儿创设安全感，例如使用指偶、毛绒动物玩具支持他们表达。

3. 做好幼儿的语言榜样

保育师应该为幼儿提供可供模仿的语言榜样。首先，要以身作则，做一个认真的倾听者。在日常对话中，保育师能耐心听别人讲话，不随意打断别人的讲话，使用幼儿听得懂的语言，不懂的地方主动提问，同时向幼儿示范完整地说、大声地说，并学会适时"闭嘴"。其次，要示范规范化的语言表达，做一个清晰的表达者。再次，保育师要做一个普通话推广者。最后，保育师还要使用礼貌用语，公共场合不大声说话，不说脏话、粗话。

（二）幼儿读写环境的创设

1. 托幼机构读写环境创设

（1）早期阅读材料的选择与使用。

第一，适宜幼儿的年龄特点。不同年龄阶段的幼儿具有不同的发展水平，所适合的图书内容、图书形式有所差异。

第二，选择不同类型的阅读材料。按照主题划分有品格塑造类、心理调适类、社会交往类、生命教育类、认知能力类、健康运动类、艺术培养类等图书。体裁方面涉及儿歌、儿童诗、童话、寓言、儿童故事、儿童小说、儿童散文、儿童科学文艺、儿童戏剧等。

（2）幼儿读写活动区域环境。

托幼机构的读写活动区包括阅读区（或者图书角）（图4-2-3）和写作区（或书写区），它们是班级里的核心区域之一。鼓励幼儿参与班级活动区的设计，例如制定活动规则、给活动区起名字、选择喜欢的材料等；读写活动区一般设置在班级中相对明亮、安静的区域；读写活动区的空间要能容纳5到6个孩子；活动区材料有难度差异，照顾到发展水平差异的幼儿；读写活动区配有包括阅读、写作、口头语言发展等方面的材料，读写材料放在固定的地

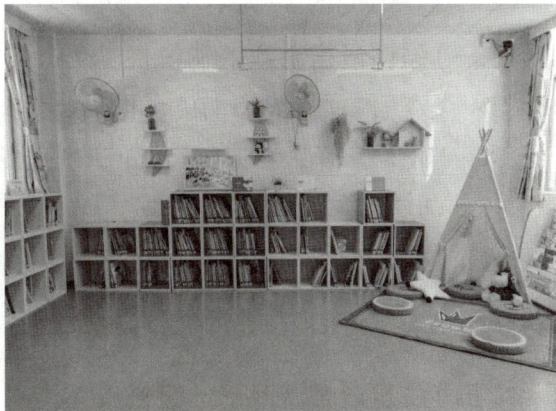

图4-2-3　幼儿园图书室（江门市新会区会城菱东幼儿园）

方，幼儿用完后要物归原位。

2. 幼儿家庭读写环境创设

保育师指导家长从以下几方面进行家庭读写环境创设。

第一，家庭读写材料的准备与运用。家里需要为孩子留出放书和杂志的空间；为孩子订阅儿童杂志；把孩子的书和家庭成员的书，杂志、报纸选一部分放在家里的不同地方；提供材料，如木偶、娃娃和故事机，鼓励孩子讲述或者创编他们自己的故事；提供写作材料，比如蜡笔，记号笔、铅笔和各种型号的纸张等。

第二，重视培养孩子读写能力。家长自己阅读并鼓励孩子阅读，对孩子读写能力发展态度积极。具体而言，家长积极为孩子读写活动提供支持；在家里展示孩子的作品；经常了解孩子在托幼机构的读写活动；为孩子提供阅读指导；就孩子表现出的阅读兴趣做出回应。

第三，经常与孩子一起阅读。一起去图书馆，把图书和杂志借回家；一起讲关于书，家庭和亲子所做的事情的故事；在孩子能看见的时候，为其示范阅读和写作；指出环境中的文字，比如路标和商店名称；和孩子一起写东西，并谈论写的内容；指出家里的印刷文字，如食物盒或菜谱上的字、药品包装上的服药说明或者需要拼装的物品的步骤说明；利用文字与孩子交谈，互相留纸条，列清单做事，如列购物清单；睡觉之前或者其他时间读书给孩子听，或听孩子讲故事。

任务二 幼儿语言游戏活动

案例导入

莉莉在一家托幼机构上班，负责带3岁幼儿的班级，这个月班级教育主题是"神奇的管管"，莉莉的任务是为这个主题设计五个语言游戏活动，她需要做什么？注意些什么？

任务要求

1. 熟悉语言游戏的要求与注意事项。
2. 能独立、完整地设计、实施幼儿语言游戏活动。
3. 喜欢与幼儿一起玩语言游戏。

语言游戏活动是用游戏方式开展的语言教育活动，是一种保育师设计组织的，以发展幼儿语言为主要目的的有规则的游戏活动。

一、幼儿语言游戏的注意事项

（一）强调语言游戏的愉悦性

语言游戏能给幼儿愉悦的体验，幼儿是游戏的主体，保育师应该关心幼儿是否玩得开心，是否没有压力。只有幼儿有游戏的兴趣，游戏的语言学习功能才能得以体现。

（二）重视语言游戏的教育性

语言游戏带有明显的促进幼儿语言发展的教育目的。它不同于幼儿自发自愿开展的自主游戏。保育师应认真分析幼儿的语言教育目标和教育内容，并在活动结束时评估教育目标是否达成。

（三）注意语言游戏的适宜性

语言游戏应适宜幼儿的年龄特点，依据幼儿的年龄特点选择合适的语言游戏活动。保育师也要根据幼儿的特定发展需要，选择开展合适的语言游戏。

（四）关注语言游戏的规范性

语言学习，特别是语音学习，需要关注语言使用的规范性。保育师在游戏中要给幼儿示范正确规范的语言，发音要准确，尽量使用普通话或标准的民族语言；用词要规范。

二、幼儿语言游戏类型

（一）听音与发音游戏

听音与发音游戏以提高幼儿辨音能力和正确发音能力为目标。听音与发音游戏贯穿幼儿整个语言发展过程，其中，0～1岁的语言游戏以听音和发音训练为主，针对两三岁幼儿可以设计专门练习发音的游戏，进行正音练习。常见游戏形式包括儿歌和绕口令。

1. 发音游戏：小动物怎样叫？

适合1～2岁的幼儿，主要培养幼儿模拟动物声音正确发音。保育师准备小狗、小猫、小牛、小羊、小鸡、小鸭等图片。出示图片，同时模仿小动物的发音。重复几次，让幼儿模仿。可以配合韵律性提问"小猫、小猫，怎么叫？"，幼儿回答"喵喵，喵喵喵"。保育师也可以做某种动物的动作，让幼儿指出照片，并发出这种动物的声音。

2. 听音游戏：五官在哪里？

适合1～2岁的幼儿，主要培养幼儿正确辨别语音的能力。保育师与幼儿面对面坐好，眼睛看眼睛。保育师说身体的某一部位，让幼儿指出来。比如问："老师的鼻子在哪里？"宝宝会用手指向保育师的鼻子。也可以让幼儿按照保育师的语言提示，指自己的身体部位。

3. 儿歌游戏：虫虫飞

适合6个月以上的幼儿，可以培养幼儿辨音能力和感受儿歌的韵律美。保育师握住幼儿的手，帮助他伸出食指，保育师的食指与幼儿的食指指尖接触，一边有节奏地念儿歌。念到最后，两个食指相对碰后立刻分开，然后重复进行游戏，也可以换成其他手指继续玩。儿歌：虫虫、虫虫飞，飞到东来，飞到西，飞到南边吃露水，露水吃饱了，回头就跑了。

（二）词汇游戏

词汇游戏旨在丰富词汇和正确运用词汇。词汇游戏涉及练习使用名词、动词、形容词、代词、量词、方位词、同义词与反义词、礼貌用语等多种内容。常见形式包括"滚雪球"游戏、"接龙"游戏、"唱反调"游戏、"配对"游戏等。

1. 动物接龙游戏

适合2岁以上的幼儿。保育师和家长、幼儿围坐一圈，由一个人说出一种动物的名称，然后依次轮流说下去，不许重复。为了让游戏有趣，在说出动物名称后再学动物的叫声。除了动物名称，还可以说说水果、玩具、交通工具等幼儿熟悉的物体名称。

2. 反义词游戏

适合5岁以上的幼儿，可以扩展幼儿的词汇量和对词语的理解能力。保育师说一个字或词语（如大、多、高、长、远、香等），并做出动作或手势，幼儿说出它的反义词同时做出动作或手势。也可以出示图片，让幼儿来说反义词。

（三）句子游戏

句子游戏旨在于训练幼儿按语法规则正确组词成句，并运用各种句式、句型。如练习某种句式的游戏（如"因为……所以……""一边……一边……""如果……就……"等）、检查句子错误的"啄木鸟医生"游戏等。

1. 小动物爱吃什么

适合3岁以上的幼儿，练习"……（动物）爱吃……（食物）"句式。保育师准备动物卡片若干，随机抽出一张动物卡片，在抽取卡片的过程中，保育师和幼儿可以一起唱"逛一逛，动物园，宝贝你要认真看，动物爱吃什么饭"，随后让幼儿大声读出卡片上动物的名字，并说出该动物喜欢吃的食物，如小狗爱吃骨头，小鸡爱吃大米等。

2. 看动作说话

适合2岁以上的幼儿，练习用"我看到你在……"描述看到的行为。保育师做跑步、刷牙、游泳、吃饭等动作，让幼儿猜一猜，并用"我看到你在……"句式说完整的一句话。也可以让幼儿做动作，保育师来说句子。

（四）描述性游戏

描述性游戏旨在训练幼儿用简单、生动、形象的语言描述事物，发展连贯的口语表达能力。讲故事是主要形式之一，有复述故事、续编故事、自编故事等几种难度层次。角色游戏与表演游戏也是发展幼儿语言表达能力的综合性游戏。

1. 讲故事小能手

适合3岁以上的幼儿。保育师从图画书或故事书中选择一个简短的小故事，先给幼儿讲述一遍，然后挑出精彩的句子，保育师念，幼儿跟读，直到幼儿将整个故事复述下来。

2. 看图说故事

适合3岁以上的幼儿。保育师找一本幼儿看过的图画书，从中抽取几页，打乱顺序拿给幼儿看，让幼儿按照合适的顺序正确排列。让幼儿说说为什么那样排序，并让他根据自己的想法把图片上表达的故事讲出来。如果幼儿讲不出来或有些地方不会讲，保育师可以用语言或动作去提示。

强化练习

在线练习4-2

一、单项选择题

1. 早期阅读不仅促进了幼儿口头语言的发展，更能让幼儿在阅读过程中有机会接触（　　　），发展幼儿的语言技能、丰富词汇。

   A. 书面语言　　　　　　　　B. 日常语言　　　　　　　　C. 复杂语言

   D. 简单语言　　　　　　　　E. 默会语言

2. 0～1岁半主要是培养幼儿（　　　）。

   A. 听音能力和对"听"的兴趣　　B. 能简单回答问题　　　　C. 能学讲普通话

   D. 喜欢看书　　　　　　　　E. 阅读简单的图画

3. 幼儿的词汇在婴儿时期发展的基础上得到进一步发展，表现在（　　　）、词类的范围扩大、词汇的内容丰富等方面。

   A. 语音更加准确　　　　　　B. 词汇数量增加　　　　　　C. 声母发音更准确

   D. 韵母发音更准确　　　　　E. 词义理解更精确

4. 下列属于"言语过程"的是（　　　）。

   A. 听故事　　　　　　　　　B. 练习打字　　　　　　　　C. 弹琴

   D. 练声　　　　　　　　　　E. 骑车

5. 以下不属于常见幼儿语言游戏类型的是（　　　）。

   A. 听音与发音游戏　　　　　B. 词汇游戏　　　　　　　　C. 句子游戏

   D. 文学活动　　　　　　　　E. 早期阅读游戏

二、判断题

1. 日常生活是幼儿学说话的唯一途径。 （　　）
2. 幼儿时期是语言发展的关键期。 （　　）
3. 听觉是幼儿语言发展的先决条件。 （　　）
4. 0～3岁儿童的语言教育重点内容是培养幼儿对生活中常见的简单标记和文字符号的兴趣。 （　　）
5. 制作图书的游戏活动不太适合3岁以下幼儿开展。 （　　）

项目三　幼儿认知发展

认知是指人们获得知识或应用知识的过程，或是信息加工的过程。认知包括感觉、知觉、记忆、思维、想象等过程。幼儿期是认知发展的重要阶段，保育师必须熟悉幼儿认知发展的特点与基本规律，学会设计和指导幼儿认知活动，通过各种措施鼓励、支持幼儿探索环境、主动探究。

任务一　幼儿的学习动机

案例导入

阳阳是幼儿园中班女孩，上个学期她不喜欢画画，因为画不好时老师会批评她。后来换了一位李老师，李老师了解到阳阳不喜欢画画的原因后，每次画画前都会鼓励她，画好后还会想方设法找出一些优点加以表扬，如画的内容很特别、颜色涂得很均匀、线条很流畅等，在李老师的鼓励和表扬下，阳阳又慢慢地喜欢上了画画。你是否认同李老师的做法？为什么？案例中阳阳的学习动机有什么特点？

任务要求

1. 了解学习动机的内涵与作用。
2. 掌握幼儿学习动机的类型和特点。
3. 能够运用幼儿学习动力相关知识培养幼儿学习动机。

学习动机是指激发、引起个体活动，引导、维持已引发的学习活动，并使行为朝向一定的学习目标的一种内部心理状态。幼儿的学习动机主要表现在好奇、兴趣和诱因等方面。

一、幼儿学习动机的类型

（一）内部动机与外部动机

根据学习动机的来源分类，学习动机可以分为内部动机与外部动机。内部的动机是指学习的动力来自学习活动或学习者本身，不需要施加外部的影响，例如兴趣、求知欲、理想等引起的学习动机。外部动机是指学习的动力由学习活动或学习者以外的客观因素引起的，与外部奖励相联系。例如家长、教师等的表扬、奖励等引起的动机。

（二）直接动机和间接动机

根据动机与学习活动的关系，可以将学习动机分为直接动机和间接动机。直接学习动机是指由学习活动本身直接引起的动机，通常表现为学习者对学习内容或者学习活动的直接兴趣。例如幼儿为了学会跳绳的技能而学习跳绳。间接学习动机常常与社会意义相联系，是社会观念、父母愿望或者教师的期待在学习者脑中的反映。例如幼儿为了获得父母的表扬而学习跳绳，其动机与跳绳没有直接联系。

（三）认知内驱力、自我提高内驱力和附属内驱力

根据心理学家奥苏贝尔的成就动机，学习动机可以分为认知的动机（认知内驱力）、附属的动机（附属内驱力）和自我提高的动机（自我提高内驱力）。认知的动机是一种求知的需要，表现为好奇心、求知欲等心理因素。自我提高的动机是指通过自己的学习能力和完成相应的学习任务而在群体中获得一定的地位和声誉的内驱力，通俗讲就是为了自尊而学习。附属的动机是为了得到教师、家长等他人的赞许、表扬而表现出的努力学习、完成学习任务的需要或内驱力。

二、幼儿学习动机的特点

（一）外部动机起主导作用，内部动机逐渐发展

幼儿的学习动机主要来源于想得到成人的肯定、表扬和鼓励，属于外部动机。幼儿一出生就开始探索周围的世界，对环境中的新奇事物特别敏感，幼儿的这种好奇心与探究环境的倾向性（即学习的内部动机）逐渐发展起来。

（二）内在动机以兴趣和好奇为主

幼儿的内在学习动机以好奇为主。对幼儿来说，新奇的、神秘的、自相矛盾的事物很容易激发他们产生感官探究、动作探究、言语探究等探究行为的愿望。在好奇心驱使下表现出来的观察、提问、操作、选择性坚持、积极情绪等有助于幼儿学习行为的有效进行。随着其年龄增长，幼儿的内部动机逐渐由好奇变为兴趣。

（三）动机主从关系开始形成

幼儿的动机系统带有较大的情境性，还不稳定。在遇到主从动机之间的斗争时，往往选择较近的、较容易达到的动机。大班幼儿则开始逐渐摆脱那些外表较诱人的情境，形成较稳定的动机体系。

三、幼儿学习动机的培养与激发

（一）增加幼儿学习过程的趣味性

幼儿学习的内部动机很多时候源于好奇心、兴趣。教育活动的新颖性、差异性、悬疑性、矛盾和冲突，有利于激发幼儿的学习兴趣。保育师和家长可以从活动本身着手激发幼儿的好奇心和兴趣，使学习内容的呈现形式多样、具有趣味性。选择幼儿感兴趣的活动内容和形式，例如游戏活动、操作活动等。活动过程中，不应为了教育目标而牺牲幼儿的愉悦体验。

（二）引导幼儿形成积极的归因方式

根据归因理论，人们对成功与失败的归因分析影响着后来的行为动机。人们常把自己的成功或失败归结为个人能力、努力程度、任务难度和运气四个因素。根据韦纳的心理理论观点，对幼儿学习动机最好的归因是将成功归因于自己的能力和努力，这样可以增强幼儿的自尊心和自信心。不甘于失败，

坚信再努力一下，便会取得成功。

（三）向幼儿提出明确和适度的学习期望

保育师要明确告诉他们应该做些什么，怎样算做好了，做好后会得到什么结果。提出的要求既不能太高，否则会使他们感到目标无法达到；也不能太低，使他们很容易就完成，便觉得不值得去努力。

（四）给予幼儿清楚和及时的学习反馈

保育师和家长对幼儿的学习行为和结果给予清楚的反馈十分重要，尤其是对年龄较小的幼儿。如果告诉幼儿做得对、做得好，不但会使他知道以后该怎么做，还有助于他把成功归因于自己的努力，对自己充满自信。为了发挥反馈的动机功能，及时反馈也很重要，过于滞后的反馈很难激起幼儿的动机。

任务二　幼儿认知游戏活动

案例导入

两岁的柚子在餐厅吃饭的时候看到大人们端酒碰杯觉得很好玩，就拿着自己的小水杯跑到大人的饭桌前，说"干杯"，然后假装喝水。父母发现他的水杯其实是空的，可是他依然喝得很起劲，逗得大家哄堂大笑。这个案例反映了柚子什么样的认知发展特点？保育师如何依据幼儿认知发展特点设计认知游戏活动？

任务要求

1. 掌握幼儿认知发展的特点和基本规律。
2. 理解并掌握幼儿认知教育的目标与内容。
3. 学会创编、设计和组织幼儿认知游戏活动。

一、幼儿认知发展的规律与特点

（一）皮亚杰的认知发展阶段

按瑞士心理学家皮亚杰的认知发展理论，儿童的认知发展经历感知运动阶段（出生至2岁）、前运算阶段（2～6岁）、具体运算阶段（7～11岁）、形式运算阶段（12岁至成人）。幼儿认知发展主要处于感知运动阶段和前运算阶段。

1. 感知运动阶段

婴儿期属于感知运动阶段。该阶段儿童主要靠感觉和动作来认知周围世界。例如通过触摸、吮吸、抓握、爬、走、跑等感觉和动作来感知周围环境。这个阶段的标志是儿童逐渐获得客体永久性概念。

2. 前运算阶段

前运算阶段对应的时期是幼儿园教育阶段。该阶段幼儿的认知呈现以下特点：

（1）缺乏守恒观念。守恒是指物体某方面的特征不会因为其他方面特征的改变而有所改变，前运算阶段的幼儿还未掌握这种观念。例如，同样多的水分别倒在又高又细的玻璃杯和另一个又矮又粗的玻璃杯中，该阶段的幼儿会倾向于认为前者所装的水较多。

（2）自我中心。幼儿总是以自己的角度为出发点思考问题，以为别人看到的世界与他们看到的是一样的。例如会把自己最喜欢吃的糕点给奶奶吃，因为她觉得自己喜欢吃的就是别人喜欢吃的。

（3）刻板性。对某个事物或物体形成的概括固定的看法，认为这个事物或者物体都具有该特征，而忽视个体差异。例如认为女孩子要穿裙子，男孩子不能穿裙子。

（4）不可逆性。头脑中进行的思维运算活动，能够由前推后，但是却不能由后推前。例如你问一个幼儿阶段的小女孩："你有姐姐吗？"幼儿回答说："有。""她叫什么名字？""晴晴。"你再问："晴晴有没有妹妹？"她回答："没有"。

（5）万物有灵论。认为一切物体都是有生命的。例如认为布娃娃不吃饭会饿肚子。

（二）幼儿认知发展的特点

幼儿的认知发展遵循着从具体到抽象、从简单到复杂、从无意向有意、从笼统向分化、从低级到高级的一般发展规律。具有以下特点：

1. 幼儿观察力的发展特点

幼儿通过视觉、听觉、味觉、嗅觉、触觉等途径观察判断事物。观察力以感知觉的综合发展为基础，是感知觉发展的更高形式。受思维发展的限制，幼儿观察力的发展在3岁以后比较明显，幼儿期是观察力初步形成的时期。幼儿的观察是从跳跃式、无序的，逐渐向有顺序性的观察发展。其观察力的发展主要表现为目的性不强、持续时间不长、系统性不够、概括性很差等特点。（图4-3-1、图4-3-2）

图4-3-1　婴儿观察蘑菇　　　图4-3-2　幼儿观察记录自然角植物生长

2. 幼儿注意的发展特点

注意是人的心理活动对外界一定事物的指向和集中。幼儿期，无意注意占主导地位，有意注意逐步形成。新生儿刚开始接触外部环境，就出现无条件反射，这是无意注意发生的标志。到幼儿阶段，儿童注意的稳定性和持续性提高，注意范围扩大，注意的分配与转移能力增强。幼儿期的儿童有意注意发展水平低，而且不稳定，需要在成人的组织和引导下逐步发展。

3. 幼儿记忆的发展特点

记忆是过去经验在人脑中的反映。幼儿记忆带有无意性、暂时性、情绪性等特点。3岁以前的幼儿基本上只有无意记忆，他们不会进行有意记忆。3岁左右的幼儿还未掌握一定的记忆方法，因此有意记忆较弱。幼儿的记忆还很难服从于某一有目的的活动，以形象记忆为主，更多地服从于对象的外部特征，形象鲜明、具体生动、能满足幼儿个体需要的事物，容易被幼儿自然而然地记住。幼儿的再认和再现能力弱，记忆内容在其头脑中保留时间较短。自我控制能力比较差，记忆活动很容易受情绪的影响而出现差异。幼儿心情愉快则记忆效果良好，心情沮丧则有可能什么都记不住。形象记忆占优势，语词记忆逐渐发展。在幼儿语言发展之前，其记忆内容只有事物的形象。在语言发生后，形象记忆仍然占主要地位，但语词记忆也在发展。

4. 幼儿想象的发展特点

想象是人脑对已有对象进行加工改造而创造出新形象的过程。幼儿的想象发生于两岁左右，幼儿期是想象发展最迅速、最活跃的时期。该阶段想象发展特点有如下三点：第一，无意想象占重要地位，有意想象初步发展。想象的目的性不明确，想象的主题不稳定，想象过程常常受情绪和兴趣的影响；第二，再造想象占主要地位，创造想象开始发展。表现为想象在很大程度上具有复制性和模仿性。想象的内容基本上是重现一些生活中的经验或作品所描述的情节。随着语言的发展和经验的积累，4～5岁幼儿的想象已经开始具有初步的目的性，想象的内容也比以前丰富；第三，想象的夸张性特点明显。表现为夸大事物的某个部分或某种特征，混淆假想与真实。

5. 幼儿思维的发展特点

思维是人脑对客观事物进行的间接的、概括的反映。婴儿期思维开始发生或萌芽，该阶段儿童思维基本属于直觉行动思维范畴，婴儿的思维的进行离不开自身对物体的感知，也离不开婴儿自身的动作。只要让婴儿的活动对象和动作转移，婴儿的思维也就会随之转移。幼儿2.5岁至3岁时，直觉行动思维逐步向具体形象思维过渡。进入幼儿期，儿童思维开始以具体形象思维为主。具体形象是对摆在他们面前的，看得见、听得到、摸得着的具体事物才能进行思维。随着儿童知识范围的扩大，经验的增多，语言的发展，幼儿园中、大班幼儿也能进行初步的抽象概括的思维，能够掌握一些实物的概念和数的概念，并能用概念进行简单的判断和推理。

聚焦考证

（单项选择题）在幼儿的记忆中，占主要地位的记忆是（　　　）。

A. 形象记忆　　　　　　B. 运动记忆　　　　　　C. 情绪记忆　　　　　　D. 语言记忆

【破题要领】A。幼儿的记忆还很难服从于某一有目的的活动，以形象记忆为主，更多地服从于对象的外部特征。

（单项选择题）_____是观察力初步形成时期。

A. 乳儿期　　　　　　B. 婴儿期　　　　　　C. 幼儿期　　　　　　D. 学龄初期

【破题要领】C。观察力的发展在儿童3岁以后比较明显，幼儿期是观察力初步形成的时期。

（单项选择题）幼儿注意发展的主要特点是（　　　）。

A. 无意注意占优势　　　　　　　　　　　　B. 有意注意占优势

C. 两者都占优势　　　　　　　　　　　　　D. 两者都不占优势

【破题要领】A。幼儿期，无意注意占主导地位，有意注意逐步形成。

（判断题）3岁前的幼儿的思维主要是具体形象思维。（　　　）

【破题要领】×。婴儿期思维开始发生或萌芽，该阶段儿童思维基本属于直觉行动思维，幼儿思维离不开自身对物体的感知，也离不开幼儿自身的动作。

二、幼儿认知的教育

（一）幼儿认知教育的目标

1. 0～3岁婴幼儿的认知教育目标

依据《托育机构保育指导大纲（试行）》，3岁以下婴幼儿的认知教育目标如下：

（1）充分运用各种感官探索周围环境，有好奇心和探索欲。

（2）逐步发展注意、观察、记忆、思维等认知能力。

（3）学会想办法解决问题，有初步的想象力和创造力。

2.3～6岁幼儿的认知教育目标

依据《幼儿园教育指导纲要》，3～6岁幼儿的认知教育目标如下：

（1）对周围的事物、现象感兴趣，有好奇心和求知欲。

（2）能运用各种感官，动手动脑，探究问题。

（3）能用适当的方式表达、交流探索的过程和结果。

（4）能从生活和游戏中感受事物的数量关系并体验到数学的重要和有趣。

（5）爱护动植物，关心周围环境，亲近大自然，珍惜自然资源，有初步的环保意识。

（二）幼儿认知教育的内容

1.0～3岁婴幼儿的认知教育内容

根据《托育机构保育指导大纲（试行）》，3岁以下幼儿认知教育内容包括：

（1）创设环境，促进幼儿通过视、听、触摸等多种感觉活动与环境充分互动，丰富认识和记忆经验。

（2）保护幼儿对周围事物的好奇心和求知欲，耐心回应幼儿的问题，鼓励自己寻找答案。

（3）在确保安全健康的前提下，支持和鼓励幼儿的主动探索。

2.3～6岁幼儿的认知教育内容

依据《幼儿园教育指导纲要》，与3～6岁幼儿认知教育相对应的科学领域教育内容包括：

（1）引导幼儿对身边常见事物和现象的特点、变化规律产生兴趣和探究的欲望。

（2）为幼儿的探究活动创造宽松的环境，让每个幼儿都有机会参与尝试，支持、鼓励他们大胆提出问题，发表不同意见，学会尊重别人的观点和经验。

（3）提供丰富的可操作的材料，为每个幼儿都能运用多种感官、多种方式进行探索提供活动的条件。

（4）通过引导幼儿积极参加小组讨论、探索等方式，培养幼儿合作学习的意识和能力，学习用多种方式表现、交流、分享探索的过程和结果。

（5）引导幼儿对周围环境中的数、量、形、时间和空间等现象产生兴趣，建构初步的数概念，并学习用简单的数学方法解决生活和游戏中某些简单的问题。

（6）从生活或媒体中幼儿熟悉的科技成果入手，引导幼儿感受科学技术对生活的影响，培养他们对科学的兴趣和对科学家的崇敬。

（7）在幼儿生活经验的基础上，帮助幼儿了解自然、环境与人类生活的关系。从身边的小事入手，培养幼儿初步的环保意识和行为。

三、幼儿认知游戏活动

认知游戏主要有训练感官的游戏、练习记忆的游戏、发挥想象和锻炼思维的游戏、发展语言的游戏、训练计算能力的游戏等。

（一）感官游戏

感官游戏就是通过游戏的形式，锻炼儿童的触觉、视觉、听觉、嗅觉、味觉等感官，这些感官体验是幼儿未来学习和进行抽象思维的基础。

1.嗅觉游戏：熟悉的味道

适合2.5岁以上的幼儿，主要锻炼幼儿的嗅觉能力及词语表达能力。保育师可以准备一些幼儿熟悉的且气味浓郁的食物，例如威化饼干、橘子、山楂片和洋葱等。第一步，用手帕或围巾蒙住幼儿的双眼，让他深吸一口气（不准他偷看），猜猜发出这种气味的是什么食物。然后，让幼儿尝尝这种食物，帮助他更好地将食物和气味联系在一起。第二步，再准备一些气味差别没那么大的食物。比如，试试区分桃和苹果、区分饼干和蛋糕、区分柠檬和橘子。第三步，借助户外的气味来做这个游戏。比如，嗅嗅花、树叶、潮湿的泥土和常见植物的气味。

2. 听觉游戏：声音从哪里来

适合2岁以上的幼儿，主要锻炼幼儿的听觉辨别力和方位感。保育师找一个可以长时间播放音乐的玩具或者其他可以发出声音的物品（例如闹钟、手机或者其他玩具），将它藏在一个较低的架子（或沙发、桌子、橱柜）里。和幼儿一起仔细听，确定声音的来源并找出发声的物品。在寻找的过程中，可以让幼儿猜猜这个神秘的声音是什么玩具或者物品发出来的。

3. 视觉游戏：我给树叶分一分

适合3岁以上的幼儿，用于锻炼幼儿根据形状、颜色进行分类的能力。保育师需要收集一堆形状各异的树叶，最好每种树叶准备三四张。让幼儿按照不同的形状给树叶分别归类，例如椭圆形的放在一起，长条形的放在一起，心形的放在一起。同时，可以教幼儿认识树叶的名字。此外，还可以和幼儿一起给树叶拓印，或者由保育师画出各种树叶的轮廓，让幼儿找出同样形状的树叶放在对应轮廓上。（图4-3-3）

图4-3-3 幼儿分类游戏

（二）记忆游戏

记忆游戏是一种主要依赖个人记忆力来完成的单人或团体游戏。

1. 魔术杯

适合2岁以上的幼儿，用于锻炼幼儿的记忆力。保育师可以准备一些杯子和一些能被杯子盖住的小玩具。首先，保育师当着幼儿的面在2个杯子中选择1个，把小玩具藏在那个杯子底下。然后，缓慢移动杯子的位置，让幼儿猜玩具在哪个杯子下面。也可以增加1个杯子，提高游戏的难度。

2. 贴鼻子

适合5岁以上的幼儿，用于锻炼幼儿的记忆力和学习识别方位。保育师画一张娃娃脸，五官中空出鼻子的位置，再用便利贴单独做一个可以反复粘贴的小鼻子。用围巾或手帕给幼儿蒙上眼睛，让幼儿在图画正对面转一个圈，然后按照自己的感觉，找到合适的位置，将娃娃的鼻子贴上去。保育师可以适当增加难度，比如，转上三圈再贴上去。游戏虽然简单，但是它趣味性很强，能够激发幼儿的游戏兴趣，从而提升其记忆力和方位感。

（三）推理游戏

幼儿推理游戏是考察幼儿的思维推理能力的游戏。包括迷宫游戏、拼图游戏、猜谜游戏、棋类游戏、纸牌游戏等。

1. 纸片拼图

适合2.5岁以上的幼儿，用于锻炼幼儿逻辑思维、推理判断能力，以及分辨形状的能力和空间认知能力。保育师可以打印一张幼儿喜欢的动物图片、汽车图片、娃娃图片或者画有他最爱的食物的图片。然后将图片粘到硬纸板上，将其剪成4大片。接下来，让幼儿将图片恢复原样。如果幼儿成功地完成了任务，还可以将图片剪得更小些，增加游戏的难度。

2. 寻宝游戏

适合4岁以上的幼儿，用于锻炼幼儿的思维能力、解决问题的能力和理解空间关系。首先，保育师用彩笔在一张纸上画出房子的地图（或者托幼机构的地图），让幼儿对照地图找到所在的房间。其次，保育师在房间的某个位置藏起一个带有明显标记的物品，在地图上标注出来，让幼儿看地图，然后顺着线索去找宝藏。

（四）数学游戏

数学游戏是围绕数学知识展开的游戏活动，可以分为数字类游戏、计算类游戏、图形类游戏等。

1. 东西不见了（数字类游戏）

适合2.5岁以上的幼儿，用于培养幼儿认识数字及记忆能力。保育师准备收集3件或3件以上的相似物品，比如杯子、鞋、木勺或者彩球。先给幼儿看看你收集到的东西，然后将它们藏在房子中不同的位置（注意："藏"东西时要露出物品的一小部分，这样幼儿可以比较容易地找到），让幼儿想办法将它们找出来。每当幼儿找到一件物品，保育工作者就要大声地数一个数并为他的胜利而鼓掌。

2. 摆摆小珠子（计算类游戏）

适合5岁以上的幼儿，用于帮助幼儿理解数量关系。保育师准备小珠子若干，盘子两个。第一步，摆珠子，要求幼儿跟保育师摆得一样多。保育师先放一个，幼儿也放一个；保育师放两个，幼儿也放两个；保育师放三个，幼儿也跟着放三个。第二步，保育师开始边检查边摆。当两边都是一个时，保育师说："对，一样多。"如果两边都是三个时说："对，一样多。"第三步，如果有一边多了几个，保育师可以问是不是一样多，看幼儿能不能回答。保育师可以把两边的珠子一对一排好，引导幼儿了解长的那边就是多。（图4-3-4）

3. 形状对对碰（图形类游戏）

适合3岁以上的幼儿，用于帮助幼儿认识图形，理解一一对应关系。保育师根据幼儿数量准备纸杯和彩笔若干个，用彩纸剪三角形、圆形、正方形、菱形，每种图形剪6个，然后在杯底画上三角形、圆形、正方形、菱形等图形轮廓。游戏一：纸杯大变身。让幼儿用彩笔给图形填色。游戏二，游戏大闯关。请幼儿想一想纸杯的形状有哪些地方相同（例如颜色、大小、形状），然后将相同的纸杯叠在一起。游戏三，对对碰。找到与杯底所画图形相同的纸片投放到杯中。还可以让幼儿再想想其他玩法。

（五）想象游戏

想象游戏，也叫象征性游戏或假装游戏，是幼儿根据自己的想象，以再现外部情境，模仿生活、劳动为主要内容的游戏，2～4岁是想象游戏发展的高峰期。（图4-3-5）

适合3岁以上的幼儿，培养幼儿的想象力和语言表达能力。保育师根据幼儿熟悉的绘本制作或者购买与绘本角色相关的指偶，例如《三只小猪》的小猪指偶和大灰狼指偶。首先，保育师和幼儿一起重温绘本故事内容。接着，保育师与幼儿分别扮演不同角色，边阅读绘本，边表演故事。对于年龄较

图4-3-4　幼儿数学游戏

图4-3-5　幼儿想象游戏

小的幼儿，保育师可以先示范，然后再逐步让幼儿扮演说更多的台词。

强化练习

在线练习4-3

一、单项选择题

1. 幼儿对成人能够从书里的文字中读出故事感到好奇，从而想认识文字，这主要是一种（　　）学习动机。
   A. 认知内驱力　　　　　　　B. 自我提高内驱力　　　　　C. 附属内驱力
   D. 外部　　　　　　　　　　E. 直接

2. 问一个3岁的儿童："你有姐姐吗？"他会说："有。"再问："你姐姐有弟弟吗？"他却说："没有。"这说明幼儿的思维具有（　　）的特点。
   A. 片面性　　　　　　　　　B. 经验性　　　　　　　　　C. 固定性
   D. 不可逆性　　　　　　　　E. 直觉性

3. 按皮亚杰幼儿认知发展阶段的理论，幼儿园3～6岁的孩子应处于（　　）阶段。
   A. 感知运动阶段　　　　　　B. 前运算阶段　　　　　　　C. 具体运算阶段
   D. 形式运算阶段　　　　　　E. 以上都不是

4. 为了得到老师或父母的奖励或者避免受到老师或父母的惩罚而努力学习，这种学习动机主要是（　　）。
   A. 内部动机　　　　　　　　B. 外部动机　　　　　　　　C. 直接动机
   D. 低级动机　　　　　　　　E. 认识内驱力

5. 根据归因理论，教师最好指导儿童把自己的失败归因于（　　）。
   A. 运气　　　　　　　　　　B. 努力　　　　　　　　　　C. 能力
   D. 任务难度　　　　　　　　E. 认识水平

二、判断题

1. 对幼儿学习动机最好的归因应该是将失败归因于自己运气不好。　　　　　　　　　　　　（　　）
2. 感知运动阶段的标志是幼儿逐渐获得客体永久性。　　　　　　　　　　　　　　　　　（　　）
3. 动机的种类有好多，就幼儿而言，常见的划分类型主要有：生理性动机与社会性动机、附属的动机与自我提高动机。　　　　　　　　　　　　　　　　　　　　　　　　　　　　　　　　　　　（　　）
4. 三岁的轩轩看见天空中的一朵云时，激动地告诉妈妈那是一个面包，这种行为属于再造想象。
   　　　　　　　　　　　　　　　　　　　　　　　　　　　　　　　　　　　　　　　（　　）
5. 幼儿2岁的时候开始能进行有意记忆。　　　　　　　　　　　　　　　　　　　　　　（　　）

项目四　幼儿情感和社会性发展

任务一　幼儿情绪辨识

案例导入

莉莉是个托幼机构的老师，班上最近来了一个2岁小女孩叫悠悠，虽然刚进入新的环境，悠悠小朋友没有哭闹，如果有老师或者小朋友邀请的话，也会和大家一起玩，只是没有看到她笑。中午睡觉的时候，莉莉老师发现悠悠在睡梦中哭泣。悠悠为什么会在睡梦中哭泣？幼儿的情绪情感有什么发展特点？我们如何辨别幼儿的情绪异常？

任务要求

1. 了解幼儿情绪情感发展特点，熟悉幼儿基本情绪及情绪表现。
2. 能辨识、理解和接纳幼儿的基本情绪，并给予及时回应，能够引导幼儿理解和辨别他人的情绪。
3. 树立爱护幼儿、按照幼儿情绪情感发展特点实施保育的意识。

一、什么是幼儿情绪

情绪是人对客观事物是否符合其需要而产生的态度体验。幼儿的情绪由基本情绪和社会情绪构成，基本情绪主要包括快乐、悲伤、愤怒、恐惧、厌恶、惊讶等，社会情绪主要分为自我意识情绪（自豪、内疚、羞愧等）、自我预期情绪（后悔、嫉妒等）和依恋性情绪（爱、移情等）三种。

二、幼儿情绪辨识的意义

情绪辨识是指个体对于自己或他人情绪的识别，是一种基本的情绪能力。情绪辨识具有重要价值。对于保育师而言，第一，学会辨识幼儿的情绪是理解和调节幼儿情绪的基础。第二，学会辨识幼儿的情绪有助于反思自己的保教内容和方式，更好地回应和满足幼儿的需要，与幼儿建立良好的关系，进而提高照顾幼儿的效率和质量。第三，学会辨识幼儿的情绪可以更好地向幼儿示范如何辨识情绪。

三、幼儿情绪情感的发展

幼儿最初具有两种普遍的唤起状态，即对愉快刺激的趋向和对不愉快刺激的回避。随着年龄增长，幼儿的情绪逐渐分化出不同种类，首先发展的是基本情绪，然后是社会情绪，依靠这些基本的情绪，幼儿发展和创造出丰富、生动、饱满、润泽的情感世界。如表4-4-1所示，幼儿情绪情感的发展在不同年龄段有不同表现。

表4-4-1　婴幼儿情绪情感发展里程碑[1]

月　　龄	情绪情感发展
0—1个月	1. 当听到轻音乐、人的说话声时会安静下来

---

[1]　摘录自中华人民共和国教育部网站，联合国儿童基金会.0—6岁儿童发展的里程碑［EB/OL］［2011-9-1］. https://www.unicef.cn/media/6946/file/0%EF%BD%9E6%E5%B2%81%E5%84%BF%E7%AB%A5%E5%8F%91%E5%B1%95%E7%9A%84%E9%87%8C%E7%A8%8B%E7%A2%91.pdf.

续表

月　　龄	情绪情感发展
0—1个月	2.会微笑，会模仿人的表情
1—3个月	1.喜欢看妈妈的脸，看到妈妈就高兴
	2.会笑出声，会叫，能应答性发声
	3.能以不同的哭声表达不同的需要
	4.喜欢让熟悉的人抱，吃奶时发出高兴的声音
4—6个月	1.会大声笑
	2.开始认生，认识亲近的人，见生人就哭
	3.能区别别人说话的口气，受到批评会哭
	4.有明显的害怕、焦虑、哭闹等反应
7—9个月	1.喜欢要人抱，会对着镜子中的自己笑
	2.大人表扬自己时有高兴的表示
10—12个月	会用面部表情、手势、单词与大人交流，如：微笑、拍手、伸出一个手指表示1岁等，会随着音乐做动作
12—18个月	能表现多种情感：愤怒、高兴、恐惧
18—24个月	1.能认出照片上的自己，笑或用手指
	2.表现出多种情感（同情、爱、不喜欢等）
24—36个月	脾气不稳定，没有耐心，很难等待或者轮流做事
36—48个月	1.会表达恐惧、喜欢等强烈的感觉
	2.非常重视看护自己的玩具；有时会变得有侵略性，如，抢玩具，把玩具藏起来
48—60个月	1.能努力控制自己的情绪，不乱发脾气，但有时会因为小挫折（如，搭积木无法搭成自己想要的形状）而发脾气
	2.喜欢大人的表扬，对取得的成绩很骄傲
61—72个月	1.情感丰富、关心别人，尤其是对比自己年龄小的孩子、受伤的孩子和动物特别体贴
	2.有更强的自我约束能力；情绪大起大落的情况减少

四、幼儿的基本情绪及表现

（一）幼儿的基本情绪

幼儿基本情绪分为快乐、悲伤、愤怒、恐惧、厌恶和惊讶这六种。

1.快乐

快乐是指当心灵得到满足时感到的飘飘然、开心快活的情感。快乐会产生积极性、能动性、运动力提升、心跳加速、喜极而泣等生理反应。（图4-4-1）

2. 悲伤

悲伤是指心痛、难受、想流泪的状态，伴随无力、受挫、失望、虚脱的感觉，出现胸闷气短，积极性、行动力、运动能力下降，流泪等生理反应。（图4-4-2）

图4-4-1　幼儿快乐的情绪表现

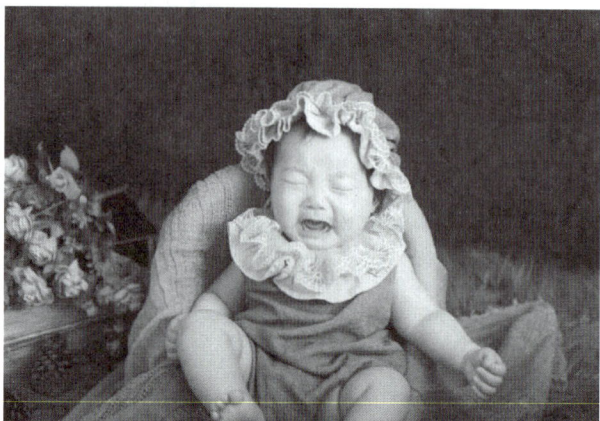

图4-4-2　幼儿悲伤的情绪表现

3. 愤怒

愤怒是指当人感到被攻击时，会失去冷静。伴随眉头紧锁、眼角向上、嘴角向下等表情，生理反应有血压上升、心跳极度加快，感觉身体变热，脸发烫，甚至浑身颤抖。

4. 恐惧

恐惧是指当自身不能应对的某人某事对自己造成身体或精神威胁或危害时，产生的害怕情绪。伴随脸色发青、冒冷汗、心跳剧烈等生理反应。

5. 厌恶

厌恶是指讨厌令自己感到不快的人或者事，会产生起鸡皮疙瘩、后背发冷、恶心想吐等生理反应。

6. 惊讶

在两种情况下幼儿会感到惊讶：对事情的发生未能预见，以及对事情的状况预测失误。

（二）幼儿情绪表现的特点

1. 情境、外部性

幼儿的情绪不稳定，意识性或有意性很低，他们的情绪非常容易受外部情境、条件的影响。例如幼儿第一学期刚入托幼机构，当有一个幼儿因为想家而哭的时候，其他幼儿也跟着哭，嚷着要回家。

2. 激动、冲动性

幼儿的大脑皮层兴奋容易扩散，皮层对中枢控制能力很差，他们的情绪还很容易冲动，对成人而言是微不足道的刺激，对幼儿可引起强烈的情绪反应。例如幼儿会因为一点点小事情大发脾气，控制不好自己。

3. 暂时性

幼儿某种情绪通常持续时间不会太长，就是大人不管他，到一定时间后，这种情绪也会变化的。例如两个幼儿因为争抢玩具生气吵架，过不了多久，两个人又开开心心地玩在一起。

4. 外露性

幼儿通常将全部情感表露于外，情绪毫不掩盖。例如幼儿高兴就笑，伤心就哭，很难将情绪变化藏在心里。

5. 与生理需要有关

幼儿常常因为生理需要得不到满足而情绪表现不好，特别是婴儿更明显。例如婴儿因为肚子饿而大声哭。

（单项选择题）以下属于幼儿情绪发展特点的是（　　　）。

A. 易冲动性　　　　　　B. 不稳定性　　　　　　C. 外露性　　　　　　D. 以上都是

【破题要领】 D。幼儿情绪发展具有外部性、冲动性、暂时性、外露性、与生理需要有关等特点。

（单项选择题）以下对幼儿的情绪特点描述不正确的是（　　　）。

A. 情绪发生又快又猛　　　　　　　　　B. 很会隐藏自己的情绪

C. 完全不受自己的控制　　　　　　　　D. 年龄越小情绪冲动越明显

【破题要领】 B。幼儿通常将全部情感表露于外，情绪毫不掩饰。

五、幼儿的情绪辨识方法

（一）通过表情观察辨识幼儿情绪

1. 识别表情

识别表情是指通过表情特征推测自己或他人处于哪种情绪。根据表情的类型，保育师可以通过面部表情识别幼儿情绪；通过语速、语调识别幼儿情绪；通过肢体动作识别幼儿情绪。

2. 描述情绪

描述情绪是指能够说出所要识别的表情的名称。要想正确描述幼儿的表情，保育师需要专门的学习。首先，掌握丰富的情绪词汇，提升对情绪的感受力，了解幼儿常见的情绪词汇，及其所代表的含义。其次，熟悉各种情绪的表情特征，能够根据表情特征命名情绪。最后，观察分析幼儿情绪特点，了解幼儿典型需要，积累幼儿情绪特征判断经验。

（二）依据情绪线索理解幼儿情绪

1. 通过典型情绪情境来理解幼儿的行为

例如我们能理解在医院打针的情境中，幼儿可能会有害怕的情绪；发生冲突的情境中，幼儿可能会有生气、愤怒、伤心的情绪。通常我们是将情境线索与表情线索结合起来判断幼儿的情绪。

2. 通过幼儿个体特征、个体需要与期待等来理解幼儿的行为

不同的幼儿，其年龄、性别、爱好、需要与期待等都有差异，这些差异会影响他们的情绪表现。例如在收到生日礼物情境里，收到玩具车的幼儿可能会有不同的情绪表现，有些幼儿可能会很高兴，因为他最喜欢各种交通工具；有些幼儿可能会很失望，因为他喜欢玩具熊；有些幼儿可能会很生气，因为他不喜欢玩具车，但是每次都收到玩具车。不同幼儿因为需要与期待不同，影响他在特定事件中的情绪表现。

（三）通过直接询问了解幼儿情绪

第一，创设轻松愉快的谈话氛围，让幼儿愿意把自己的情绪告诉亲近的人。

第二，通过情绪类图画书、谈话、集体教学活动等各种形式丰富幼儿对于情绪词汇的认识，为幼儿描述情绪提供基础。

第三，经常与幼儿一起谈论自己高兴或生气的事，鼓励幼儿与人分享自己的情绪。

第四，发现幼儿不高兴时，主动询问情况，帮助他们化解消极情绪。

（四）提升幼儿自身的情绪理解能力，促进幼儿更好地表达出自己的情绪

第一，通过游戏进行干预。例如让幼儿通过听辨音乐中的不同节奏去表现故事主人公不同的情绪。

第二，借助情绪图画书进行干预。以情绪图画书阅读为媒介，通过设置讨论分享、绘画和角色表演三个延伸活动来为幼儿提供观察和集体学习的机会，提高幼儿的情绪理解能力。

第三，图画书与表演游戏相结合对提高幼儿情绪理解能力效果最好。

任务二　幼儿的自我意识

案例导入

莉莉是一家早教机构的老师，最近许多家长向她反映，孩子2岁后不像以前那么听话，什么事情都和父母对着干，嘴里经常说"我不""我自己来"，行动上也常常不服从大人的吩咐，不让她做的事情偏偏要做。例如叫她不要脱掉鞋子，她偏要一进家门就脱掉鞋子。对此，家长不知道该怎么教育好。如果你是莉莉老师，你会给家长什么样的分析和建议？

任务要求

1. 掌握自我意识及其构成要素的含义，了解它们的发展特点。
2. 学会根据幼儿自我意识发展特点评估幼儿自我意识状态。
3. 熟练运用培养幼儿自我意识的方法和技巧。

一、自我意识的内涵与结构

自我意识是人类对自己身心状态及对自己同客观世界的关系的认识和态度，包括自我认识、自我体验和自我调控。

（一）自我认识

自我认识是自我意识的认知成分，是个体对自己身体特征和活动状态的认知和评价，涉及"我是谁""我为什么是这样的人"等问题。它包括自我感知、自我概念、自我观察、自我评价等。其中，自我概念和自我评价是自我认识最主要的方面，可以反映个体自我认识的发展水平，是在社会生活中通过实践和交往逐渐形成的。

（二）自我体验

自我体验是自我意识的情感成分，是个体对自己所持有的一种态度，涉及"我是否满意自己或悦纳自我"等问题。自我体验包括自尊、自信、自卑、自豪感、内疚感和自我欣赏等。其中，自尊是自我体验的重要体现，也影响到自我认识和自我调控两个方面。

（三）自我调控

自我调控属于自我意识的意志成分，是指个体对自己思想、情感和行为的调节和控制。自制、自主、自我监督、自我激励、自我暗示、自我控制等都属于自我调控的范畴。其中，自我控制是自我调控中最主要的方面。自我调控的实现受自我认识和自我体验的制约，自我调控直接影响个体行为的趋势，充分体现个体的主观能动性程度。

二、幼儿自我意识发展特点

（一）幼儿自我的产生

幼儿自我的产生体现在两个方面，一是自我的分化，二是自我再认的出现。一般来说，在出生后的第一年，婴儿就能把自身和物体分开，把自己和他人分开，从而产生了主体我。大约在3个月，婴儿已经可以区分出"我"和"他"。1～2岁时，幼儿已开始学会说话，由把自己称为"宝宝"，逐渐学会称自己为"我"，这是自我命名的过程，标志着客体我的产生。大约从15个月开始，幼儿产生了自我再认，即认识自我和反省自我的能力。

（二）幼儿自我意识的发展

1. 幼儿自我认知的发展

（1）对自己身体的认识。

刚出生的婴儿没有自我意识，不能将自己和周围的客体区别开来，不知道自己身体的各部分是属于自己的，常常摆弄、吮咬自己的手指、脚趾，就像玩玩具一样。在这过程中，婴儿逐渐发觉，咬自己的手指、脚趾与咬其他玩具的感觉不一样，从而慢慢地意识到手指、脚趾是自己身体的一部分。这就是自我意识的最初级形态，又称自我感觉。1周岁以后，幼儿逐渐认识自己的身体以及身体各部分，但不能明确区分自己身体各种器官和别人身体的各种器官。

（2）对自己动作、行动的意识。

动作的发展是幼儿产生对自己行动的意识的前提条件。1岁左右，幼儿通过偶然性的动作逐渐能够把自己的动作和动作的对象区分开来，并且体会到自己的动作和物体的关系。例如幼儿无意识中碰到了小车，小车就向前移动，他从这里似乎感受到自己的存在和力量，以后，他便主动去推车，用手去拍打东西，嘴里还唠叨着："宝宝打打。"1岁左右，幼儿出现了最初的独立性。在许多场合下，他们拒绝成人的直接帮助，而要"自己来"。

（3）对自己心理活动的意识。

对自己内心活动的意识比对自己身体和动作的意识更为困难。因为自己的身体是看得见、摸得着的，自己的行动也是具体可见的，而内心活动则是看不见的。3岁的幼儿开始意识到"愿意"和"应该"的区别。以前他们只知道"我愿意"怎样做就怎样做，现在开始懂得了"愿意"要服从"应该"。这就意味着幼儿开始了对自己心理活动的意识。4岁以后，幼儿开始比较清楚地意识到自己的认知活动、语言、情感和行为。掌握"我"字是自我意识形成的主要标志。幼儿从知道自己的名字发展到知道"我"，意味着从行动中实际地成为主体，意识到自己是各种行动和心理活动的主体。

2. 幼儿自我体验的发展

幼儿自我体验的发展遵循从受暗示性的体验发展到独立的体验等规律。幼儿自我体验的发展主要体现在自尊的发展。自尊是指自我所作出的对自己的价值判断，以及由这种判断所引起的情感。对自我的价值评判或称自我价值感，影响着个体的情绪体验、行为表现及长期的心理适应。通俗讲就是"自己是否把自己当回事儿"。

幼儿3岁左右产生自尊感的萌芽，如犯了错误感到羞愧，怕别人讥笑，不愿被人当众训斥等。随着身体、智力、社会技能和自我评价能力的发展，幼儿的自尊感也得到发展。4岁左右，多数幼儿能体验到自尊感。但由于自我评价和自我体验的水平较低，幼儿个体自尊还显得笼统而不稳定。该阶段幼儿的自尊主要体现在社会接受和能力两方面。直到小学阶段，儿童的自我体验与自我评价的发展达到较高的一致性，其自尊才较明确地显现出来。到6～7岁的时候，儿童主要形成学业自尊、身体自尊、社会自尊等三个方面的自尊。

（单项选择题）幼儿因不小心撒饭受到训斥，会伤害幼儿的（　　）。

　　A. 自尊心　　　　　　　　B. 想象力　　　　　　　　C. 专注力　　　　　　　　D. 智力

【破题要领】 A。幼儿3岁左右产生自尊感的萌芽，如犯了错误感到羞愧，怕别人讥笑，不愿被人当众训斥等。

3. 幼儿自我调控的发展

幼儿自我调控能力是逐渐产生和发展的，一般认为，自我控制在婴儿出生后第二年就已出现。2岁以前幼儿的自我调节和控制能力极其有限，幼儿更多地表现出顺从行为。3岁以后，幼儿开始能把自己的行为与照料者的要求联系起来，自我控制行为明显增加，4～5岁幼儿的自我控制发展迅速，到了5～6岁，幼儿才有一定的坚持性和自制力。

（三）幼儿自我意识的培养

1. 在日常生活中培养幼儿的自我意识

首先，提供幼儿自己动手、服务自我的机会。保育师与家长合作，为幼儿提供自己吃饭、自己穿衣服、自己上厕所、自己收拾书包等他们力所能及的劳动机会，让幼儿在平常的琐事当中进行自我锻炼，当幼儿完成后，给予他们肯定与赞赏，以此培养幼儿自我服务能力和简单的劳动技能，增强其自信心。（图4-4-3）

其次，创设尊重幼儿的自主式的教育环境。保育师和家长应尊重幼儿个体，尊重幼儿的好奇心，为他们提供机会，激发幼儿为集体、为家庭服务的意识。例如在班级中担任值日生，帮助父母收拾碗筷等。

最后，提供幼儿与他人交流的机会。以自我为中心是幼儿自我意识发展的一大特点。保育师要鼓励幼儿积极地与同伴交往，让他们在同伴交往中发现别人和自己是不同的，在游戏中对事情的看法也会不同，让他们在与家长、保育师的相互交流、相互倾听中促进自我理解、提升自信自尊、学会自我控制等。（图4-4-4）

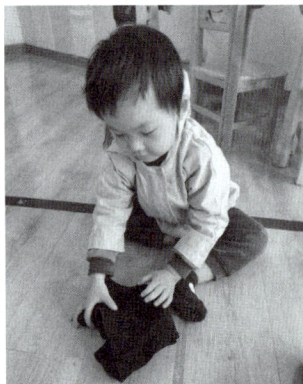

图4-4-3　幼儿自己叠衣服　　　　图4-4-4　幼儿交流

2. 在各种活动中引导幼儿的自我意识

保育师应引导幼儿通过父母或他人对自己的态度和行为认识自我。如在指令游戏活动、阅读活动中引导幼儿树立自我意识；开展"我长大了""画我自己""我的故事""丑小鸭""评评我自己""谁最能干""我的优点和缺点"等活动，引导幼儿正确认知自己、正确评价自己，养成自我反思的习惯。也可以通过自我意识主题绘本、角色游戏等途径让幼儿潜移默化地发展正确的自我认识，形成健康自我体验，掌握适宜的自我调控方法。

3. 评价幼儿要把握分寸

保育师应对幼儿做出适当的评价，不能过高或过低评价幼儿；应该充分注意幼儿受暗示性强的特点，多采用积极的暗示促进幼儿优良道德情感的发展，避免消极暗示对幼儿行为的不良影响；运用自我暗示法、榜样法、积极鼓励法等训练幼儿的自我控制能力。

4. 为幼儿提供自我评价的机会

保育师要有意识地引导幼儿全面、客观地评价自己，帮助幼儿建立正确的自我评价标准。如让他们评价自己是不是好孩子，听没听成人的话，吃饭专不专心，睡觉老实不老实，做事能不能干，怎样做才算是一个好孩子，尊重幼儿自己的声音，给予幼儿自我评价的机会。

任务三 幼儿情绪调节与引导

案例导入

悠悠是个3岁的小女孩，喜欢笑，乐观开朗，但是让悠悠父母担心的是，悠悠每次遇到难以解决的问题，就会大发脾气、大声哭闹。爸爸妈妈对悠悠进行安抚及教育，但每次效果都不是很好。作为保育师，如果悠悠的父母向你请教，你会怎样帮助他们呢？

任务要求

1. 了解幼儿情绪情感特点，掌握幼儿情绪的引导与调节方法。
2. 能通过多种方式引导和调节幼儿的情绪，并给家长适宜的指导。
3. 接纳幼儿的基本情绪，能及时回应幼儿的情绪。

一、什么是情绪调节

情绪调节是指个体管理或改变自己或他人情绪的过程，在这个过程中，通过一定的策略和机制，使情绪在生理活动、主观体验、表情行为等方面发生一定变化。例如在比较严肃的场合，个体虽然想到开心的事情非常想笑，但脸上也保持着严肃的表情。例如幼儿摔倒的时候，本来想哭，但看到父母不在，又忍住没有哭，自己爬起来。

保育师和家长对幼儿情绪的引导与调节的目标是使幼儿发展自我调节情绪的能力，最终促进其情绪情感健康发展。为了帮助幼儿获得情绪调节的能力，保育师需要熟悉幼儿情绪情感的发展特点，了解幼儿当前情绪反应的状态，并掌握相应的策略技巧。

二、幼儿情绪情感的特点

（一）情绪和情感的社会化

幼儿最初出现的情绪是与生理需要相联系的，随着年龄的增长，情绪逐渐与社会性需要相联系。幼儿情绪和情感的社会化主要表现在：

第一，情绪中社会性交往的内容不断增加。例如从1岁半到3岁的社交性微笑比例越来越大。

第二，引起情绪反应的社会性动因不断增加。从1岁以内以满足生理需要为主的情绪反应，到1～3岁期间既有满足生理需要的情绪反应，也有满足社会需要的情绪反应，再到3～4岁从满足生理需要的情绪反应向满足社会需要的情绪反应过渡。例如1岁以内，幼儿因为饿、身体不舒服而哭泣；1～3岁期间，幼儿的哭泣既有因为身体不舒服、吃不到想吃的东西，也有因为父母不准他们做某些危险事情。

第三，表情的社会化。幼儿逐渐掌握周围人们的表情手段，从而使自己的表情日益社会化，增强理解（辨别）面部表情的能力和运用表情的能力。

（二）情绪和情感的丰富和深刻化

幼儿的情绪过程越来越分化。情绪分化主要发生在2岁之前，但在幼儿期也陆续出现一些高级情感，如尊敬、怜惜。情绪指向的事物不断增加，先前不能引起幼儿情感体验的事物，随着年龄的增长，逐渐引起幼儿的情感体验，如爱的情感。情绪情感指向的事物的性质发生变化，从指向事物的表面到指向事物更内在特点。

（三）情绪的自我调节

随着年龄的增长，幼儿对情绪过程的自我调节能力越来越强。2岁幼儿已经能够使用积极活动策略、自我安慰、寻求他人安慰、被动行为、回避等情绪调节策略。3～4岁的幼儿能够采用各种策略来调节他们的情绪。比如，他们认为可以通过阻断感觉输入（比如，闭上眼睛，蒙住耳朵）、安慰自己（比如，"妈妈马上会回来的"）、改变行为方向（比如，由于不能玩某个游戏，幼儿就对自己说，"我一点都不喜欢玩这个"）等方式减少消极情绪。4～5岁的幼儿倾向于承担社会责任，表现出积极的情绪来应对生气情景。在情绪调节发展呈现以下趋势：

第一，情绪的冲动性逐渐减少。从幼小阶段常常处于激动情绪状态，随着大脑发育和语言发展，在成人的要求下，幼儿对自己情绪控制能力增强，冲动性减少。

第二，情绪的稳定性逐渐提高。随着年龄增长，幼儿情绪从最初的易变、易受感染到趋于稳定。

第三，情绪从外露到内隐。幼儿早期的情绪完全外露，不加掩饰。随着言语和心理活动的有意性发展，幼儿开始较多调节自己情感的外部表现。

聚焦考证

（单项选择题）以下对于幼儿情绪自我调节的趋势表述正确的是（　　　）。

A.情绪的自我调节、控制能力越来越高　　　　B.情绪的冲动性消失了

C.情绪更加外露了　　　　　　　　　　　　　D.情绪的调节主要靠成人的要求

【破题要领】A。随着年龄的增长，幼儿对情绪过程的自我调节能力越来越强。

三、引导与调节幼儿情绪的策略

（一）用适当的方法释放压抑的情绪

帮助幼儿释放情绪和治疗情绪创伤的最好方法，是给予幼儿一对一的全心关注。保育师在与幼儿的互动过程中，可以采用给幼儿安慰、允许幼儿哭泣、转移幼儿的注意、帮助幼儿用语言表达出自己的情绪等策略为幼儿提供支持。具体做法包括抱着幼儿坐摇摇椅，让幼儿抱一个柔软的玩具；让幼儿用一些有慰藉作用的材料（如玩水、挤海绵、画画等）发泄负面情绪；让幼儿和玩偶说话。

（二）用言语而不是用消极行为表达愤怒

只要幼儿能够借助语言表达自己的情绪情感，就能控制自己的情绪情感。为了让幼儿学会借助语言表达情绪情感，保育师可以教幼儿通过看别人的面部表情及身体语言，了解自己的情绪状态；保育师也可以借助游戏、日常谈话、单词歌曲、图画书、布娃娃等途径，让幼儿积累一些用于表达的"情

绪词汇"，如高兴、伤心、生气、吃惊、失望、激动、暴躁、嫉妒等。具体做法包括：

1. 给幼儿做出情绪反应的示范和榜样

例如保育师生气的时候，告诉幼儿自己当时的感受，以及为什么有这种感受，生气针对的是幼儿的行为。

2. 及时引导幼儿用语言表达自己的愤怒

每当幼儿发脾气的时候，保育师就要干预，反复引导幼儿用语言表达自己的感受，例如幼儿打架，首先拉开打架双方，然后眼睛看着幼儿的眼睛，问一方"青青，不要打暖暖。告诉我，暖暖他拿走了你的玩具熊，你有什么感受？"

3. 通过教育活动让幼儿学习表达情绪情感的语言

例如保育师和幼儿一起把一张画着生气面孔的图画挂起，让幼儿告诉保育师画中人的感受。然后，保育师把幼儿说的词汇写下来，贴在这张画的四周。这些词语可能包括"恼火""心烦""暴怒""激怒""生气""盛怒""大怒"等。

4. 引导幼儿用词语将内心的愤怒表达出来

幼儿需要先学会从内心控制愤怒，需要学会将怒气转化为词语。

（三）在困难或危险情境下，能保持冷静

该策略主要针对幼儿的害怕情绪，具体方法如下：

第一，保育师需要消除或减轻造成害怕的因素。了解幼儿害怕的原因，尽可能消除导致害怕的诱因。

第二，保育师给幼儿支持和安抚。保育师通过抚摸、搂抱、抱着幼儿坐在摇摇椅上，或者和幼儿平静交流，或给幼儿讲故事等方法给害怕的幼儿以抚慰。

第三，让幼儿哭一会儿。情绪需要释放出来，否则这种力量会指向自我，影响身体和心理健康。不要阻止受惊吓的幼儿哭泣，让幼儿哭一阵子，再抱一抱他，或轻松地和他谈心，让他逐渐平静下来。

第四，用一些平静的游戏活动转移幼儿注意力。例如橡皮泥游戏、玩水区玩水等。

第五，让幼儿和指偶对话。幼儿和保育师利用指偶扮演不同角色，谈论感受。

第六，让幼儿帮助同伴。帮助别人有助于幼儿克服害怕的心理。

（四）用适当的方式消除忧伤情绪

随着幼儿年龄增长，会逐渐出现忧伤情绪。针对这种情绪表现，保育师可以采取以下的支持：第一，表现出同理心。根据需要，可以让忧伤的幼儿独处一阵子。轻声地和他们交谈，拥抱他，表现出对他的同情。第二，给幼儿一个安静、舒适的地方，让他静静地哭泣。第三，给幼儿一点时间。当幼儿逐渐恢复过来，让他逐渐参与一些活动。第四，和幼儿私下交谈。对那些情绪低落的幼儿，多和他们谈谈心。（图4-4-5）

图4-4-5 教师安慰幼儿情绪

（五）遇到突发事件不慌乱

针对幼儿遇到突发事件表现出的惊讶情绪。保育师应对幼儿这种情绪采取以下应对方法：

第一，接纳幼儿的惊讶表现，不要对幼儿的惊讶表现进行批评和嘲讽。

第二，帮助幼儿做好应对惊讶的准备，避免将给孩子的惊喜变成惊吓。

第三，为幼儿树立榜样，表现出镇定自若。

第四，开展相关的教育活动，例如火警演练，"惊喜袋"游戏。

聚焦考证

（单项选择题）在相同的情境下，不同幼儿会产生不同的情绪反应，保育师要根据（　　），找出幼儿不良情绪的原因，采取恰当的情绪安抚方式。

A. 幼儿年龄和个性特点 　　　　　　　　　　B. 幼儿平时的喜好

C. 幼儿平时的表现 　　　　　　　　　　　　D. 幼儿父母的反应

【破题要领】 A。保育师处理幼儿情绪问题时要做到有针对性，考虑幼儿年龄特点、个性特点，关注幼儿的性格、见识不同、家庭教育等差异。

强化练习

在线练习4-4

一、单项选择题

1. "破涕为笑"是幼儿情绪（　　）的表现。

　　A. 冲动性 　　　　　　　　B. 不稳定 　　　　　　　　C. 易受感染

　　D. 情感外露 　　　　　　　E. 突发性

2. 自我意识中情感成分是（　　）。

　　A. 自我认识 　　　　　　　B. 自我体验 　　　　　　　C. 自我控制

　　D. 自我调节 　　　　　　　E. 自我评价

3. 在处理情绪时要做到有针对性，要考虑幼儿的（　　）。

　　A. 年龄不同 　　　　　　　B. 个性不同 　　　　　　　C. 家庭教育不同

　　D. 以上都要考虑 　　　　　E. 以上都不用考虑

4. 5～6岁幼儿受到别人的嘲笑而感到不愉快，这是由于与（　　）相联系的情绪情感。

　　A. 感知觉 　　　　　　　　B. 记忆 　　　　　　　　　C. 思维

　　D. 自我意识 　　　　　　　E. 想象

5. 可以协助幼儿学会控制情绪是（　　）。

　　A. 幼儿情绪不稳定时，不理睬他 　　　　　　B. 成人对幼儿态度冷淡

　　C. 勒令其先冷静，自己反思 　　　　　　　　D. 当众让幼儿改正自己错误

　　E. 引导幼儿用语言表达自己的情绪

二、判断题

1. 社会性情绪的产生和发展要早于基本情绪。 　　　　　　　　　　　（　　）

2. 婴儿最初出现的微笑就是一种社会交往行为。 　　　　　　　　　　（　　）

3. 动物不具有自我意识。 　　　　　　　　　　　　　　　　　　　　（　　）

4. 儿童掌握代名词"我"是自我意识萌芽的最重要的标志。 　　　　　　（　　）

5. 成人在幼儿面前无须控制情绪，给幼儿做一个会释放情绪的榜样。 　（　　）

模块小结

幼儿期是个体身心发展的第一个加速时期。幼儿的身体快速生长发育，幼儿的动作、语言、认知、情感、社会性等很多方面也在发展。本模块从动作、语言、认知、情感社会性等四个方面介绍了幼儿早期发展的规律、特点，阐释了幼儿早期发展教育的目标、内容，提供了支持幼儿早期发展的游戏活动案例，并展示了设计与组织幼儿早期发展支持活动的要求和技巧，从而帮助学生系统掌握幼儿早期发展的理论与实操技巧。

模块 五

幼儿生活照护

项目一 ➡ 幼儿营养与喂养

项目二 ➡ 幼儿生活与卫生管理

营养是人体获得和利用食物维持生命活动的整个过程。幼儿处在快速生长发育阶段，为其提供充足、均衡的营养是非常重要的。如果营养供应不足，幼儿易患营养缺乏性疾病；反之，营养供应过量则导致营养过剩。本模块介绍幼儿生长发育相关的营养学基础知识，引导学生掌握幼儿喂养、饮水、独立就寝、盥洗、着装等生活照护技能，培养幼儿良好生活卫生习惯，促进幼儿身体健康发育。

学习目标

1. 掌握婴幼儿生长发育的能量需求、营养素的基础知识。
2. 熟悉婴幼儿膳食的配制方法。
3. 能独立且熟练地根据婴幼儿生长发育需求配制每日膳食。
4. 掌握婴幼儿生活自理的基础知识和生活卫生习惯培养的方法。
5. 树立对婴幼儿健康的高度责任感和严谨的工作态度，尊重和爱护婴幼儿。

内容结构

```
                                                    ┌─ 幼儿营养知识
                              ┌─ 幼儿营养与喂养 ─────┼─ 幼儿喂养知识
                              │                      └─ 幼儿饮水
         幼儿生活照护 ────────┤
                              │                      ┌─ 幼儿独立就寝
                              └─ 幼儿生活与卫生管理 ─┼─ 幼儿盥洗如厕
                                                    └─ 幼儿着装整理
```

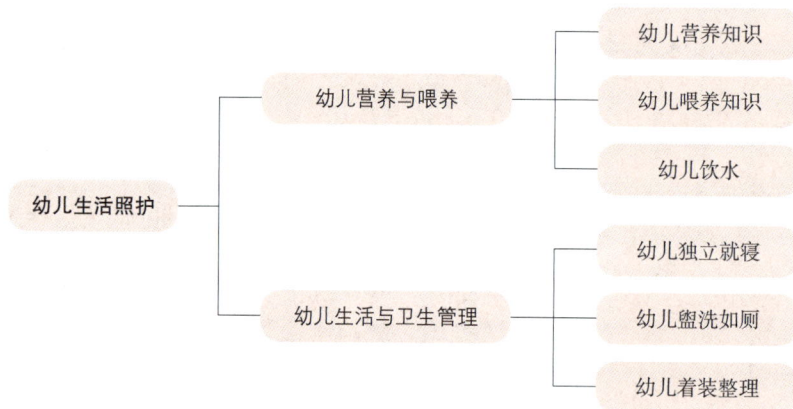

项目一 幼儿营养与喂养

任务一 幼儿营养知识

案例导入

丽丽，女孩，3岁，现在体重14.5 kg，身高95 cm。她吃饭从来不挑食、偏食，每天早上都会喝一瓶脱脂牛奶，因为妈妈告诉她喝牛奶可以补钙，能够快点长高。她还喜欢吃水果，她最喜欢吃的水果是草莓。你知道小儿生长发育所需的营养素有哪些吗？食物中的营养素有哪些生理作用？

任务要求

1. 熟悉幼儿的能量需要。
2. 熟悉食物中各种营养素的生理意义和食物来源。
3. 了解与营养素缺乏相关的疾病。

营养是指机体摄取、消化、吸收和利用食物的整个过程。能量是机体进行生理活动所需的动力来源，幼儿生长发育每时每刻都在消耗着能量。幼儿生长发育所需的能量是由营养过程中的产能营养素供给的，产能营养素是幼儿体内可以产生能量的营养素。

一、能量来源与热量单位

幼儿所需的能量是食物中的糖类、脂肪和蛋白质在体内经氧化而产生的。能量通常用千卡（kcal）或者焦耳（J）表示，两种单位的换算关系是 1 kcal=4.184 kJ（千焦）。食物中每克蛋白质、糖类、脂肪在人体内氧化可分别产生热量 4 kcal、4 kcal、9 kcal。

二、能量消耗

幼儿每日的能量消耗，包括基础代谢、食物的特殊动力作用、生长发育所需、活动所需和排泄的消耗，共5个方面。

1. 基础代谢

基础代谢是指人体在安静、空腹、清醒状态下，在 18～25℃ 的环境下，用以维持基本生命活动时的能量需要量，包括维持体温、肌肉张力、循环、呼吸等。幼儿基础代谢的能量需要占总能量50%以上。

2. 食物的特殊动力作用

食物的特殊动力作用是指消化和吸收食物时所需的能量，主要用于体内营养素的代谢。食物中蛋白质、脂肪和糖类的特殊动力作用不尽相同，以蛋白质的特殊动力作用最大。

3. 生长发育所需

生长发育所需的能量为幼儿特有的能量消耗，这是与成人的重要区别。幼儿生长越快，能量需要越多。幼儿期作为小儿体格发育第一个高峰，所需能量约占总能量的25%～30%，以后随着年龄增长逐渐减少，到青春期又增多。

4. 活动所需

活动所需是指机体肌肉活动的能量消耗。此部分能量消耗与幼儿的活动类型、活动强度和活动持续时间有关。随着年龄增长，幼儿的活动量增加，活动所需能量消耗也逐渐增加。

5. 排泄的消耗

排泄的消耗是指机体摄入的食物不能完全被吸收，部分未经消化、吸收的食物随着排泄物排出体外。

幼儿基础代谢率高，生长发育迅速，如果出现长期能量供给不足，可导致生长迟缓，营养不良，免疫功能低下，易患感染性疾病。相反，如果能量长期过量供给，会发生肥胖症等疾病，导致动脉损害，可延续至成年。因此，幼儿的能量供给与消耗应保持平衡。一般而言，幼儿膳食中蛋白质、脂肪、糖类供应的能量分别占总能量的10%～15%、30%～35%、50%～60%。

三、营养素的需要

营养素是指维护人体健康，提供生长发育、活动所需的各种食物中含有的营养成分。幼儿生长发育所需的主要营养素包括蛋白质、脂肪、糖类、维生素、矿物质、膳食纤维和水。

（一）蛋白质

1. 蛋白质的生理功能

蛋白质是一切生命的基础，其生理功能包括构成人体细胞和组织的结构成分，调节生理功能，增强免疫力及为机体供能。人体的每个组织都由蛋白质组成，对机体的生长发育非常重要。

2. 蛋白质的组成及营养价值

蛋白质由氨基酸组成，人体氨基酸包括20种，分必需氨基酸和非必需氨基酸两大类。其中有9种氨基酸人体不能合成[1]，必须从食物蛋白质获得，称为必需氨基酸，包括异亮氨酸、亮氨酸、苯丙氨酸、缬氨酸、蛋氨酸、赖氨酸、色氨酸、组氨酸和苏氨酸。非必需氨基酸人体可自行合成或经过其他氨基酸转化而成。

蛋白质营养价值的高低，取决于所含氨基酸的种类、数量及比例。组成蛋白质的氨基酸模式与人体蛋白质氨基酸模式接近的食物，生物利用率高，称为优质蛋白质，主要来源于动物性食物和大豆蛋白质。植物蛋白质，除了豆类，所含必需氨基酸种类不全，营养价值较低，属于非优质蛋白质。将几种不同种类的植物蛋白质混合食用，能够使所含的氨基酸种类、含量相互补充，提高了混合食物的营养价值，称为蛋白质的互补作用。

3. 蛋白质的食物来源

蛋白质含量丰富的动物性食物有肉类、蛋类、鱼类、乳类；植物性食物中则以豆类及豆制品、干果、谷类为主。通常，动物性食物的蛋白质含量高于植物性食物，如禽、畜、鱼的肌肉中含蛋白质15%～22%，蛋类含蛋白质11%～14%。

4. 幼儿的需要量

幼儿因生长发育需要，蛋白质需求量较成人多，特别是优质蛋白质，平均每天需要约2 g/kg（每kg体重需约2 g蛋白质）。蛋白质所提供的热量，应占幼儿总热量需求的10%～15%。优质蛋白质应占膳食中总蛋白质的一半以上。幼儿如果长期蛋白质摄入不足，会出现生长发育迟缓、体重低下以及免疫力下降；而蛋白质摄入过多，会加重肝肾功能的负担。

聚焦考证

（单项选择题）（　　）是构成人体细胞的材料。

A. 蛋白质　　　　B. 碳水化合物　　　　C. 脂肪　　　　D. 维生素

【破题要领】A。蛋白质是一切生命的基础，是人体细胞和组织的结构成分。

（二）脂肪

1. 脂肪的生理功能

脂肪的生理功能包括供能、构成组织成分、作为脂溶性维生素的溶剂、保持体温和保护内脏及神经、血管。脂肪酸是构成脂肪的基本单位。亚油酸和亚麻酸由于人体不能自身合成，必须从食物中获得，称为必需脂肪酸。亚油酸和亚麻酸能促进婴幼儿大脑和视网膜发育。

2. 脂肪的食物来源

动物性脂肪来源于肉类、鱼肝油、蛋黄等食物，以肥猪肉中脂肪含量最高（90.8%）。动物性食物主要提供饱和脂肪酸，但鱼类不饱和脂肪酸含量丰富。植物性食物以油料作物如大豆、花生、油菜籽、葵花籽等含油量丰富，且以不饱和脂肪酸为主，但椰子油、可可油中的脂肪酸主要是饱和脂肪酸。饱和脂肪酸营养价值低，过量摄入会导致动脉硬化，对健康不利。

---

[1] 李玮，崔红艳.营养与膳食［M］.长沙：中南大学出版社，2018.

3. 幼儿的需要量

幼儿膳食中的脂肪摄入量，受饮食习惯、季节和气候的影响较大。一般认为，幼儿每日脂肪供给量，占每日总能量的30%～35%为宜。幼儿如果长期脂肪摄入不足，会导致消瘦、体重下降、脂溶性维生素缺乏。相反，脂肪摄入过多，会引起消化不良、肥胖等。

（三）糖类

1. 糖类的生理功能

糖类，又称为碳水化合物，其生理功能包括为机体提供能量，构成机体的重要成分，贮存能量和维持心脏、神经的正常功能等。氧化功能是糖类的主要生理功能；糖和蛋白质结合形成的糖蛋白，是某些激素、酶、血液中凝血因子和抗体的成分；细胞膜上某些激素受体、血型物质等也是糖蛋白。

2. 糖类的食物来源

糖类主要来源于谷类食物，少数来源于含糖蔬菜和水果等。粮谷类、薯类和杂豆类是饮食中糖类的主要来源。其中，粮谷类含量为60%～80%，薯类中含量为15%～29%，杂豆类含量为40%～60%。这三类食物在我国传统的饮食结构中占有很大比例。

3. 幼儿的需要量

幼儿饮食中糖类供给的能量，应占总热量的50%～60%为宜。幼儿糖类摄入不足，会引起低血糖、体重下降，甚至营养不良；如果摄入过多，在机体内转化为脂肪贮存导致肥胖。此外，幼儿摄入过多含糖食品，容易导致龋齿。

聚焦考证

（单项选择题）幼儿每日碳水化合物摄入量应占摄入总热量（　　　）为佳。

A. 30%～50%　　　　B. 50%　　　　C. 35%　　　　D. 30%～45%

【破题要领】 B。碳水化合物即糖类，幼儿每日摄入量应达摄入总热量的一半以上。

（四）维生素

维生素是维持人体正常生理功能所必需的一类有机化合物，分为水溶性维生素和脂溶性维生素。前者包括维生素B和维生素C，后者包括维生素A、D、E、K。水溶性维生素在机体排泄较快，必须每日供给，缺乏时很快出现症状，过量时易引起中毒。相反，脂溶性维生素排泄较慢，缺乏时症状出现较迟，过量摄入容易导致中毒。

1. 维生素A

维生素A构成视紫质，维持上皮细胞的完整性，促进生长发育。维生素A的食物来源主要是动物肝脏、蛋黄、鱼肝油，有色蔬菜的胡萝卜素。通常认为，1～3岁幼儿的每日维生素A需要量为310微克RAE，3～6岁幼儿的需要量则为360微克RAE。幼儿缺乏维生素A，可出现夜盲症、干眼病。

2. 维生素D

维生素D的生理功能是调节钙磷代谢，促进肠道对钙磷的吸收，维持血钙浓度的正常水平和维持骨骼、牙齿的正常发育。维生素D的食物来源包括动物肝脏、鱼肝油、蛋黄等。此外，人体皮肤经紫外线照射也可合成维生素D。幼儿每日维生素D的需要量为10微克。幼儿长期缺乏维生素D，可患佝偻病和手足搐搦症。

3. 维生素K

维生素K的生理作用是合成凝血酶原。凝血因子Ⅱ、Ⅶ、Ⅸ、Ⅹ的合成依赖于维生素K。维生素K主要的食物来源包括动物肝脏、蛋类、豆类、绿叶蔬菜；此外，人体肠道大肠杆菌可合成维生素K。

4. 维生素E

维生素E的生理功能是促进细胞成熟与分化，是体内有效的抗氧化剂。维生素E主要的食物来源包括麦胚油、豆类和蔬菜。油料作物的种子、谷类、坚果类、蛋黄等含量较为丰富。

5. 维生素B_1

维生素B_1（硫胺素）主要的生理功能是构成脱羧辅酶的主要成分，维持神经、心肌的功能和促进生长发育等。维生素B_1主要的食物来源包括麦麸、豆、花生、瘦肉。1～3岁婴幼儿每日维生素B_1的需要量为0.6 mg，3～6岁幼儿则为0.8 mg。婴幼儿严重缺乏维生素B_1时可患脚气病。

6. 维生素B_2

维生素B_2（核黄素）为辅黄酶的主要成分，参与机体氧化反应。维生素B_2主要的食物来源包括动物肝脏、蛋类、乳类、蔬菜和酵母。1～3岁幼儿的每日维生素B_2需要量为0.6 mg，3～6岁幼儿的需要量则为0.7 mg。幼儿缺乏维生素B_2时，可出现口腔溃疡、口角炎、舌炎等症状。

7. 维生素B_{12}

维生素B_{12}参与核酸的合成，促进细胞及细胞核的成熟，对造血和神经组织代谢有重要的作用。维生素B_{12}存在于动物肝脏、肾、肉等动物食品。幼儿缺乏维生素B_{12}，可导致巨幼细胞性贫血。

8. 叶酸

叶酸（学名维生素B_9）的活化形式四氢叶酸参与核苷酸的合成，有造血作用；可预防胎儿神经管畸形。叶酸存在于各种食物，例如肝、肾、酵母，尤其是绿叶蔬菜。幼儿缺乏叶酸，也可导致巨幼细胞性贫血。

9. 维生素C

维生素C（抗坏血酸）主要参与机体的羟化和还原过程，是重要的抗氧化剂。维生素C存在于各种新鲜水果、蔬菜。维生素C缺乏时毛细血管脆性增加，有明显出血倾向，例如皮下出血、牙龈出血、溃烂等，严重者会出现坏血病。

聚焦考证

（单项选择题）下列属于脂溶性维生素的是（　　　　）。

A. 维生素D　　　　　　B. 维生素C　　　　　　C. 维生素B_1　　　　　　D. 维生素B_2

【破题要领】A。维生素A、D、E、K属于脂溶性维生素，维生素B族和维生素C属于水溶性维生素。

（五）矿物质

矿物质，亦称作无机盐，包括常量元素和微量元素。常量元素是指人体含量大于0.01%的元素，包括钙、磷、钠、钾、镁、氯、硫，其中钙和磷的比例接近人体总体重的6%，构成人体的骨骼、牙齿等组织。微量元素指人体含量小于体重0.01%的元素，包括铁、钴、镍、铜、锌、碘、硒、硅等。

1. 钙

钙元素是构成骨髓、牙齿的主要成分；钙离子是重要的凝血因子之一，钙离子能降低神经肌肉的兴奋性。钙主要来源于乳类、豆类、绿色蔬菜。一般来说，1～3岁幼儿每日钙的需要量为600 mg，3～6岁幼儿则为800 mg。幼儿缺钙会导致生长发育迟缓，牙齿发育不整齐。

2. 磷

磷元素是骨骼、牙齿、人体各种酶的主要成分，是构成人体细胞膜的成分之一，协助蛋白质、脂肪、糖类的代谢，参与缓冲系统，以及维持酸碱平衡。磷主要来源于肉类、豆类、五谷杂粮、乳类。

3. 镁

镁元素是构成骨骼牙齿的重要成分，激活糖代谢酶，与神经肌肉兴奋性有关，参与细胞代谢过程。镁主要来源于谷类、豆类、干果、肉类、乳类。佝偻病患儿缺镁时，可出现手足搐搦表现。

4. 钾

钾元素是人体内必需的常量矿物质，是机体肌肉、神经组织中的重要成分之一，构成细胞质的要素之一，维持酸碱平衡，调节神经肌肉活动。钾主要存在于果汁、紫菜、肉类、乳类。水果中香蕉的钾含量尤为丰富。

5. 铁

铁元素是构成血红蛋白、肌红蛋白、细胞色素等的主要成分，协助氧的运输。铁主要来源于肝、蛋黄、血、豆类、肉类、绿色蔬菜等。1～3岁幼儿的每日铁需要量为9 mg，3～6岁幼儿的需要量则为10 mg。幼儿饮食长期缺铁会导致贫血，影响体格和智力的发育。

6. 锌

锌元素是人体多种酶的组成成分，具有免疫调节作用。锌来源于鱼、蛋类、肉类、麦胚、全谷。1～3岁幼儿的每日锌需要量为4 mg，3～6岁幼儿的需要量则为5.5 mg。幼儿缺乏锌会出现味觉下降、厌食、口腔溃疡等，严重者会产生异食癖。另外，幼儿缺锌导致免疫功能低下，容易患感染性疾病。

7. 碘

碘是制造甲状腺激素必不可少的原料之一，碘元素被人体吸收后主要用于甲状腺激素合成。食物中碘元素主要来源于海带、紫菜、海鱼等海产品。幼儿饮食中长期缺碘会引起甲状腺肿大，但过量摄入碘也不利于健康。

（六）膳食纤维

膳食纤维主要来自植物的细胞壁，包括纤维素、半纤维素、果胶、树脂等，在人体肠道中不能被消化酶所消化，也不能被吸收利用。膳食纤维的功能是帮助肠道吸收水分、增加大便体积、软化大便以及促进肠蠕动等。通常认为，2岁内幼儿每日应摄入膳食纤维2 g，2～6岁幼儿的每日膳食纤维摄入量应为（岁数+5）g。

（七）水

水是人体体液的重要组成部分。幼儿新陈代谢旺盛，需水量相对较多。年龄越小，需水量越多。1岁以内幼儿每日需水量为150 mL/kg，以后每增加3岁递减25 mL/kg。幼儿饮水应以白开水为主，避免喝含糖饮料。

任务二 幼儿喂养知识

案例导入

亮亮，男孩，3岁，在本市某区某幼儿园就读。该幼儿园给幼儿提供的一日三餐种类多样、营养丰富，深受幼儿喜欢。保育师为幼儿制作一日膳食，应遵循哪些原则？保育师如何指导家长合理安排幼儿一日膳食？

任务要求

1. 熟悉婴幼儿合理营养、平衡膳食的概念和进食特点。
2. 熟悉婴幼儿膳食的制作及安排。
3. 了解婴幼儿饮食卫生与安全要求。

一、合理营养和平衡膳食

合理营养是幼儿生长发育、新陈代谢的必要条件，对幼儿的智能、体格、心理和行为等起到促进作用。幼儿合理营养包括：含有机体所需的一切营养素、热量；食物易消化、吸收；不含对人体有害成分；按时、有规律地摄入食物。

平衡膳食是将各种营养特点不同的食物按照适当的比例，组成符合机体需要的膳食方式，保证机体的营养需要和膳食供给之间达到平衡。幼儿的平衡膳食包括谷类、动物性食品、豆类及制品、蔬菜、水果、烹调油类、调味品等，必须符合种类齐全、比例适当、供给量合适以及调配得当等原则。

二、1～2岁幼儿膳食指导

（一）膳食特点

1～2岁幼儿生长发育速度较婴儿期减缓，但仍处于较高水平，能量消耗随着活动量增加而增加。乳牙逐渐萌出，但咀嚼功能不完善，胃容量有限，胃肠功能尚未发育完善。因此，该阶段幼儿饮食模式应逐步过渡到以谷类食物为主，以奶、蛋、禽、肉、豆制品、鱼及蔬菜、水果为辅的混合膳食。食物应细腻、柔软、碎状，便于咀嚼、消化，容易吸收。食物性状由流质、半流质逐渐过渡为半固体、固体。鼓励幼儿自主进食，训练进食技巧和养成良好饮食习惯，避免强迫幼儿进食，以免产生厌食、拒食等不良行为。

（二）膳食组成与制作

1～2岁幼儿每日应摄入乳量约500 mL，谷类50～100 g（软饭、馒头、强化铁米粉、面条等），鸡蛋1个，禽肉鱼类50～75 g，新鲜蔬菜、水果摄入量按实际需要调整。乳量以母乳为宜，不能母乳喂养则首选婴幼儿配方奶粉。每周搭配一次动物肝脏、血，以及一次海产品，以确保营养均衡。

食物烹调时要求少盐、少糖，讲究色香味形，能提高婴幼儿的进食兴趣，提高食欲。烹调方式主要采取蒸、煮、炖、煨等方式，将食物切碎煮烂，有利于婴幼儿咀嚼、吞咽、消化、吸收。食物应去皮、去骨、去壳，坚果类食物充分磨碎，制成泥、糊、浆状。1岁幼儿饮食以稠粥或稀饭、碎肉、碎菜为宜；1岁半幼儿饮食以软饭、碎肉、碎菜、碎面、薄片水果为宜；2岁幼儿以米饭、剪断的面条、肉粒和菜段为宜。

（三）膳食安排

安静、舒适的进食环境有助于幼儿进食，可播放幼儿喜欢的舒缓音乐。每日安排进餐三次，分别为早、中、晚，正餐为主，两正餐之间间隔3.5～4小时，早午餐、午晚餐及睡前可加餐一次。具体的膳食安排，见表5-1-1。

表5-1-1　1～2岁幼儿一日膳食安排

时间点	膳 食 安 排
07：00	母乳/配方奶，加米粉或其他辅食
10：00	母乳/配方奶，加水果或点心
12：00	各种辅食，鼓励尝试大人的饭菜，鼓励自主进食
15：00	母乳/配方奶，加水果或点心
18：00	各种辅食，鼓励幼儿品尝大人的饭菜，鼓励自主进食
21：00	母乳/配方奶

三、2～3岁幼儿膳食指导

（一）膳食特点

2岁后幼儿进食的食物种类及膳食模式跟成人已有所相似，该阶段对各类营养素需求仍较高，消化系统未完全成熟，咀嚼能力欠佳，故食物的烹饪加工仍应当讲究。2～3岁幼儿智力发展迅速，自主性提高，好模仿，好奇心强，但注意力不够集中，进食不够专注，故此时培养良好的饮食习惯和生活方式尤为关键。

（二）膳食组成与制作

该阶段幼儿膳食以谷类为主，食物应多样化，平均每天不重复的食物种类要求达到12种以上，每周达25种以上，量足，且比例合适。根据《中国居民膳食指南（2022）》建议，2～3岁幼儿各类食物的摄入量见表5-1-2和表5-1-3。

表5-1-2 2～3岁幼儿各类食物摄入量

食 物 选 择	摄入量（g/天）
谷 类	85～100
薯 类	适量
禽肉类	50～70
蛋 类	50～70
乳制品	500
水产品	50～70
蔬 菜	200～250
水 果	100～150
大 豆	5～15
坚 果	—
食用油	15～20
食 盐	< 2

表5-1-3 2～3岁幼儿各类食物每天及每周摄入推荐

食物种类	平均每天品种数	每周至少品种数
谷类、薯类、豆类	3	5
畜、禽、鱼、蛋类	3	5
乳类、大豆、坚果类	2	5
蔬菜、水果类	4	10
合 计	12	25

膳食品种和烹饪方法应多样化，兼顾易消化、色香味形要求，加工方式包括蒸、煮、炖、炒、烙、烧等。避免油炸食物，因油炸食物含有较多反式脂肪酸，不利于健康。食物清淡少盐，避免辛辣刺激。食物加工尽量保持食物原汁原味，少用或不用调味品；烹饪油以植物油为主，避免过量；控制食盐摄入量，少选腌制食物，可选择天然新鲜香料（如香菜、葱、柠檬、蒜等）和新鲜蔬菜果汁进行调味。

聚焦考证

（单项选择题）学前教育机构的食物制作要求（   ），还要求碎、细、软、烂，以有利于婴幼儿对食物的消化吸收。

A.色、香、味俱全　　　　　B.原料进口　　　　　C.生熟适度　　　　　D.无油无盐

【破题要领】 A。食物色香味形兼备，能激发婴幼儿进食欲望。

（三）膳食安排

每日安排早、中、晚3次正餐，至少2次加餐，加餐选择牛奶或水果，配少量面点或粗杂粮。晚上加餐不宜安排甜食，以免发生龋齿。两正餐之间间隔3.5～4小时；加餐与正餐之间间隔1.5～2小时。早餐加早点供能应达一天总能量的30%，以粮谷类为主；午餐供能约占30%～50%，主辅食并重，午点供能占5%～10%；晚餐加晚点供能不超过30%，以易消化为宜。晚点可选择水果或牛奶。一日餐次安排，见表5-1-4。

表5-1-4　2～3岁幼儿一天餐次安排

时 间 点	餐 次 安 排
08：00～08：30	早　餐
11：30～12：00	午　餐
15：00	午　点
17：30～18：00	晚　餐
20：30～21：00	晚　点

（四）培养良好饮食习惯

食物烹饪应合理，有助于婴幼儿消化，少放调料、少油炸。保证婴幼儿每日喝牛奶，每日喝白开水600～800 mL，不提供含糖饮料。应提供新鲜、天然、易消化的零食，比如乳制品、水果、蔬菜等食物，不吃油炸、膨化食品。睡觉前半小时不吃零食。教育婴幼儿不挑食、不偏食。大人应鼓励婴幼儿参与食物的选择与制作，有助于增进对食物的认识和喜爱。教育婴幼儿饭前要洗手，用餐时保持安静，细嚼慢咽，爱惜食物，按需进餐不浪费食物。大人培养婴幼儿良好的饮食卫生习惯应做到：做好榜样示范作用；要求婴幼儿规律进食，定时、定量、定点进食；不偏食、不挑食、不撒饭、不剩饭；每次进食时间不超过30分钟。

聚焦考证

（单项选择题）（   ）有利于大便通畅。

A. 多吃蔬菜水果　　　　　　　　B. 多吃肉

C. 少运动　　　　　　　　　　　D. 少喝水

【破题要领】 A。蔬菜水果富含膳食纤维，能软化大便，促进肠蠕动，有利于排便。

四、注意饮食卫生与安全

（一）保持清洁卫生

膳食制作者必须身体健康，凡是患有慢性痢疾、伤寒、病毒性肝炎、肺结核等传染病，不得从事该项工作；必须遵守工作规章制度，穿戴工作服、工作帽，备餐前要洗手；保持厨房环境、餐具清洁卫生，厨刀、锅、铲、碗、勺等厨具要清洁消毒干净。

（二）生熟食物要分开

所有的餐用具和容器必须生熟分开，避免生熟食物互相接触出现交叉污染；生吃的蔬菜、水果必须用清水彻底清洗干净，去除外皮、内核和籽。

（三）食物要彻底煮熟

肉、禽、蛋和海产品应充分煮熟，烹饪食物时要充分，未吃完的饭菜应丢弃，熟食再次加热要彻底。

（四）正确保存食物

熟食在室温下存放不得超过2小时，如果不能立即食用，应冷藏保存。所有熟食和易腐烂的食物应及时冷藏（最好在5℃以下），但不宜过久储存。熟食保存时确保温度保持60℃以上。

（五）保证食材安全

膳食制作者应选择新鲜、安全、无污染的食材，必须严格执行各项管理制度、食物采购制度、验收制度、消毒制度、烹调规范等，避免发生食物中毒。

任务三　幼儿饮水

案例导入

今天，幼儿园里举行了各种有趣的游戏活动。3岁的女孩丹丹玩得开心极了，以至于一整天都没有喝过一口水。保育师张老师发现后，喊住了丹丹，给她喝了一杯白开水，并奖励她一朵小红花。保育师告诉丹丹，以后每次活动时都要记得及时补充水分。你知道生活中幼儿存在哪些常见的饮水问题吗？保育师该如何引导幼儿培养良好的饮水习惯？

任务要求

1. 熟悉幼儿饮水的常见问题。
2. 熟悉引导幼儿培养良好饮水习惯的方法。

一、幼儿饮水的常见问题

1. 饮水量不足

某些幼儿不喜欢白开水的味道，没有养成喝白开水的习惯，每天只喝几口白开水；在集体喝水时，只是应付地喝一点。保育师应仔细观察，发现饮水量不足的幼儿应想办法鼓励其多喝水。保育师可以通过口头表扬或奖励的方式，促进幼儿增加饮水量。例如，幼儿每次按要求喝完一杯水，就可以获得一朵小红花。

2. 饮水主动性不强

有些幼儿的主动喝水意识不强，常常需要提醒才去喝水。保育师可以用陪伴和树立榜样的方法，引导幼儿主动喝水，可以通过游戏的方式，激发其喝水的欲望。

3. 喝水秩序不佳

幼儿在集体喝水时，有可能出现不守秩序、争抢的情况，导致水泼洒到衣服或弄湿地面而滑倒。保育师应引导幼儿有序排队喝水，不争先恐后，加强饮水环节秩序的管理，避免发生安全事故。

4. 烫伤

托幼机构给幼儿提供饮水时，要保证水温不过热。保育师应特别注意提醒幼儿喝水时可以先小口试一下水温是否合适，避免烫伤口腔。

二、引导幼儿培养良好饮水习惯的方法

1. 开展教育

保育师应对幼儿开展健康教育活动，让幼儿知道喝水的好处，养成爱喝水的习惯。

2. 榜样作用

保育师的主动饮水行为对幼儿有潜移默化的作用。保育师要主动喝水，并要求幼儿一起饮水，有助于促进其饮水习惯的养成。

3. 环境影响

保育师可以记录幼儿每日饮水次数和饮水量，鼓励和表扬幼儿的饮水行为，从而引导幼儿养成良好的饮水习惯。

4. 家园合作

很多幼儿在托幼机构不饮水或不喜欢喝白开水，可能跟家庭成员的饮水习惯有关。家园合作可以改善其不良家庭饮水习惯，共同培养幼儿良好的饮水习惯。

强化练习

在线练习 5-1

一、单项选择题

1. 以下食物中，哪种食物富含铁元素，适合幼儿生长发育需要？（　　　）
   A. 水果 　　　　　　　 B. 蔬菜 　　　　　　　 C. 面条
   D. 蛋黄 　　　　　　　 E. 橙汁

2. 幼儿可能出现生理性厌食的月龄是（　　　）。
   A. 6 个月 　　　　　　 B. 8 个月 　　　　　　 C. 12 个月
   D. 1.5 岁 　　　　　　 E. 2 岁

3. 食物中每克蛋白质、糖类、脂肪在体内完全氧化可分别产生热量（　　　）。
   A. 4 kcal、4 kcal、9 kcal 　 B. 4 kcal、9 kcal、4 kcal 　 C. 4 kcal、9 kcal、9 kcal
   D. 4 kcal、4 kcal、4 kcal 　 E. 9 kcal、4 kcal、9 kcal

4. 人体严重缺乏（　　）时，可致坏血病。
　　A. 维生素A　　　　　　　　　B. 维生素B　　　　　　　　　C. 维生素C
　　D. 维生素D　　　　　　　　　E. 维生素E

5. 幼儿严重缺乏（　　），可导致低钙血症，发生手足搐搦症。
　　A. 维生素A　　　　　　　　　B. 维生素B　　　　　　　　　C. 维生素C
　　D. 维生素D　　　　　　　　　E. 维生素E

6. 幼儿园给小朋友们安排每日膳食，应注意食物中糖类、脂肪、蛋白质应各占总能量的（　　）。
　　A. 55%～60%、25%～30%、12%～14%
　　B. 55%～60%、12%～14%、25%～30%
　　C. 12%～14%、25%～30%、55%～60%
　　D. 60%～70%、15%～20%、12%～14%
　　E. 60%～70%、12%～14%、15%～20%

7. 以下营养成分有助于促进幼儿大脑和视网膜发育的是（　　）。
　　A. 亚油酸和亚麻酸　　　　　　B. 反式脂肪酸　　　　　　　C. 饱和脂肪酸
　　D. 蛋白质　　　　　　　　　　E. 碳水化合物

8. 饮食中长期缺乏哪种矿物质会引起甲状腺肿大？（　　）
　　A. 铁　　　　　　　　　　　　B. 钙　　　　　　　　　　　C. 锌
　　D. 碘　　　　　　　　　　　　E. 锰

9. 人体能量消耗中哪一项是幼儿特有的？（　　）
　　A. 食物的特殊动力作用　　　　B. 基础代谢　　　　　　　　C. 排泄消耗
　　D. 生长发育所需　　　　　　　E. 活动所需

10. 给婴幼儿辅食添加应遵循相应的原则，以下说法正确的是（　　）。
　　A. 一种多量添加　　　　　　　B. 多种少量添加　　　　　　C. 多种多量添加
　　D. 一种少量逐渐添加　　　　　E. 随意

11. 以下食物中富含胡萝卜素的是（　　）。
　　A. 西红柿　　　　　　　　　　B. 苹果　　　　　　　　　　C. 香蕉
　　D. 马铃薯　　　　　　　　　　E. 紫薯

12. 以下哪种做法可以提高婴儿的进餐兴趣？（　　）
　　A. 自己动手吃饭　　　　　　　B. 让成人喂饭　　　　　　　C. 边玩边喂饭
　　D. 边看电视边喂饭　　　　　　E. 以上都是

13. （　　）和磷是组成骨骼的主要成分，在乳制品、蛋黄和海产品中含量较丰富。
　　A. 锰　　　　　　　　　　　　B. 铁　　　　　　　　　　　C. 锌
　　D. 钙　　　　　　　　　　　　E. 镁

14. 以下食物适宜3岁幼儿食用的是（　　）。
　　A. 杏仁，瓜子　　　　　　　　B. 果冻，汤团　　　　　　　C. 薯片，开心果
　　D. 水果，牛奶　　　　　　　　E. 雪碧，饼干

二、判断题

1. 蛋白质、脂肪各1克，蛋白质氧化后提供能量更多。　　　　　　　　　　（　　）
2. 幼儿膳食应以粗粮为主。　　　　　　　　　　　　　　　　　　　　　（　　）
3. 幼儿园给幼儿制作食谱时，有色蔬菜应占摄入蔬菜总量的一半以上为宜。（　　）
4. 培养幼儿良好饮食习惯，应定时、定量、定点进食，每次进食时间不超过30分钟。（　　）
5. 幼儿生长发育能量消耗中，占总能量最多的是活动消耗。　　　　　　　（　　）

项目二　幼儿生活与卫生管理

任务一　幼儿独立就寝

案例导入

国庆长假后，乖巧的小美有些反常。午睡时，上床不到10分钟，就说："我想上厕所。"保育师心想：刚刚不是上厕所了吗？怎么又去呢？接着又有小朋友"投诉"："小美掐我。"整个午睡秩序有点混乱。离园后，保育师向小美家长了解情况，家长说："国庆长假小美习惯了不午睡，还说不想上幼儿园睡午觉。"

作为保育师，该如何培养幼儿独立午睡的习惯？

任务要求

1. 指导幼儿进行力所能及的晾被、叠被、整理铺床等。
2. 培养幼儿独立就寝的习惯。

《3～6岁儿童学习与发展指南》明确指出：让幼儿保持有规律的生活，养成良好的作息习惯。如：早睡早起、每天午睡等。保证幼儿每天睡11～12小时，其中午睡时间一般应达到2小时左右。午睡时间可根据幼儿的年龄、季节的变化和个体差异适当减少。幼儿身体生长发育离不开充足的睡眠，保育师应创设温馨、舒适、安全的睡眠环境，培养幼儿独立就寝的习惯，促进幼儿身心健康发展。

一、幼儿独立就寝的培养方法

幼儿独立就寝前，保育师应该提前开窗通风，通风时间不少于30分钟，保持室内空气流通；保育师引导幼儿进行力所能及的环境准备，创设安静、舒适、整洁的就寝环境，提醒幼儿睡前小便，不能在室内随便走动或说话，做好睡前的教育工作，保证幼儿安静入睡。具体方法如下：

（1）逐步教会幼儿独立地穿脱衣服、鞋袜，并会整齐地叠放在固定的地方；
（2）教给幼儿正确的睡姿（右侧卧或仰卧），并纠正幼儿不良的睡眠习惯；
（3）掌握每个幼儿大小便的习惯，注意为他们盖好被子；
（4）对睡眠不安稳的幼儿要仔细观察，发现不适及时就医。

二、幼儿独立就寝的注意事项

（一）遗尿

遗尿是指幼儿到5岁以后仍然不能有意识地排尿，在白天活动或者夜晚睡眠的时候出现不自主排尿的现象。幼儿遗尿出现的原因可以分为以下两种，保育师应该合理查找原因，对症下药。

第一种是偶然遗尿。由于就寝前过于疲劳；就寝前饮水太多；照料者没有及时观察到幼儿的排尿需求，比如扭动、睡不安稳等现象，及时唤醒幼儿排尿；幼儿睡前受到惊吓等精神刺激。这种情况，只要找准原因，就可以避免。

第二种是长期遗尿。这种现象就要考虑生理或疾病因素导致，比如膀胱发育迟缓、泌尿系统畸形、大脑发育不完全等。这种情况，就需要请专业医生进行针对性干预或者施治；同时保育师可以采用观察记录的方法，掌握幼儿排尿规律；学会幽默或轻松缓解幼儿的尴尬紧张心理，切忌用讽刺、挖苦等方式给幼儿带来精神压力。

（单项选择题）导致幼儿遗尿的因素中，属于生理因素的是（　　）。

A.尿道短　　　　　　B.膀胱容量小　　　　　　C.癫痫　　　　　　D.睡眠过沉

【破题要领】B。幼儿遗尿可能由多种因素造成，比如生理、心理、病理或偶发因素等。

（二）睡不着

在幼儿园午睡时，总有幼儿睡不着。这种情况，保育师也应该分类处理。

幼儿精力旺盛，不睡午觉，也能够保持良好的精神状态和充沛的精力。这类幼儿就没必要强迫他躺在床上"装睡"。可以全园集中在一起，安排一位老师值班照顾，允许她们在午睡时间进行一些安静的活动，比如阅读、拼图、绘画、做手工等。

幼儿睡不着，是因为养成了陪睡、拍睡或者摸东西睡觉等不良的睡眠习惯。这种情况，保育师应该循序渐进，做好家园共育，逐步纠正幼儿的不良睡眠习惯。

有的幼儿睡不着，是因为作息混乱、头天晚上睡眠过多、睡前进食不当等。这种情况，需要和家长沟通，认识到良好作息、均衡饮食对幼儿生长发育的重要性，逐步养成幼儿早睡早起、每天午睡的良好习惯。

幼儿睡不着到底是哪种情况，需要保育师通过长期的观察，才能作出正确判断，并给予恰当的应对。

（单项选择题）开灯睡觉对幼儿的危害有（　　）。

A.影响幼儿的视力　　　　　　　　　　B.影响幼儿的生长发育

C.降低幼儿的免疫力　　　　　　　　　D.以上都对

【破题要领】D。长期开灯睡觉不利于幼儿的健康发育，并且会影响幼儿的睡眠质量。

（三）其他睡眠问题

幼儿睡眠过程中还可能出现打呼噜、梦呓、梦游等现象，需要保育师保持警醒，随时观察幼儿的睡眠情况。

如果幼儿是偶然打呼噜，可能是枕头过高、睡姿不当、感冒或者就寝前过于疲劳等原因导致的；如果幼儿出现长期打呼噜，就要考虑扁桃体肥大等病理原因，请专业医生进行针对性干预或者治疗。

三、幼儿独立就寝的能力

（一）叠被、整理床铺

幼儿起床后，保育师可引导幼儿独立叠被。小班幼儿可以学习卷折法，能够把被子直接卷起来或者对折后卷起来就可以；中大班幼儿开始练习方块折叠法。

（二）穿脱衣服、鞋袜（见本项目任务三）

（三）按时独立就寝

保育师引导幼儿按时午睡，教会幼儿独立就寝，养成每天按时作息的好习惯，知道睡眠和健康的关系。

培养幼儿独立就寝，应该循序渐进，不能操之过急，可以从和父母同屋分床睡到分房睡，从陪睡到独立就寝，逐步适应，避免使幼儿产生被遗弃感，影响幼儿的心理健康。

任务二　幼儿盥洗如厕

案例导入

新入园的小班幼儿在洗手时出现许多问题，有的把袖子弄湿、不洗手背、冲不净皂液，有的争抢或拥挤、玩水忘记洗手、擦手后毛巾乱放在架子上，有的握不住大块肥皂，有的因毛巾离水池远，一路甩水把地面弄得很湿……保育师应该如何指导幼儿正确洗手呢?

任务要求

1.能引导幼儿正确盥洗。
2.能鼓励幼儿及时表达大小便需求。

盥洗如厕是幼儿一日生活的重要环节，是培养幼儿自我服务能力的重要途径。盥洗包括洗手、刷牙、漱口等。如厕包括文明如厕、自主排便、建立常规等。保育师应当引导幼儿在掌握盥洗技能技巧的基础上，培养良好的生活卫生习惯。

一、引导幼儿正确洗手

1."七步洗手法"动作要领
"七步洗手法"动作要领具体如下（图5-2-1）:
（1）第一步（内）：洗手掌，掌心相对揉搓。
（2）第二步（外）：洗背侧指缝，手心手背，交错揉搓。
（3）第三步（夹）：洗掌侧指缝，掌心交叉，相互揉搓。
（4）第四步（弓）：洗指背，两手互握，清洗指背。
（5）第五步（大）：洗大拇指，两手交替握大拇指，旋转揉搓。
（6）第六步（立）：洗指尖，双手指尖和掌心互搓。
（7）第七步（腕）：洗手腕、手臂，揉搓手腕、手臂，双手交替进行。
注意：每步骤用时不少于15秒。

图5-2-1　七步洗手法

2. 引导幼儿洗手的注意事项

（1）有条件的情况下尽量使用流动水洗手。

（2）洗手前应引导幼儿卷起衣袖，注意不要弄湿"小肚子"。

（3）洗手时应引导幼儿合理使用洗手液或者香皂；投放的按压式洗手液应该是方便幼儿使用，要考虑幼儿力量小，可能较难挤压的情况。

（4）应引导幼儿在洗手时避免玩耍嬉戏。

（5）洗手后婴幼儿应擦干小手，不要甩水珠，避免甩到别人身上或甩到地面上造成危险。

（6）应该引导幼儿掌握洗手的时机：饭前便后，从外面回来等一定要洗手；其他时候勤洗手。

（7）应该引导幼儿知道洗手和健康的关系，避免不愿洗、不会洗、玩水等情况，养成自觉认真勤洗手的好习惯。

二、引导幼儿正确刷牙、漱口

1. 幼儿刷牙的动作要领

参考"巴氏（Bass）刷牙法"（图5-2-2），动作要领为：顺着牙缝上下刷，上面牙齿往下刷，下面牙齿往上刷，咬合面要来回刷，里里外外刷仔细。

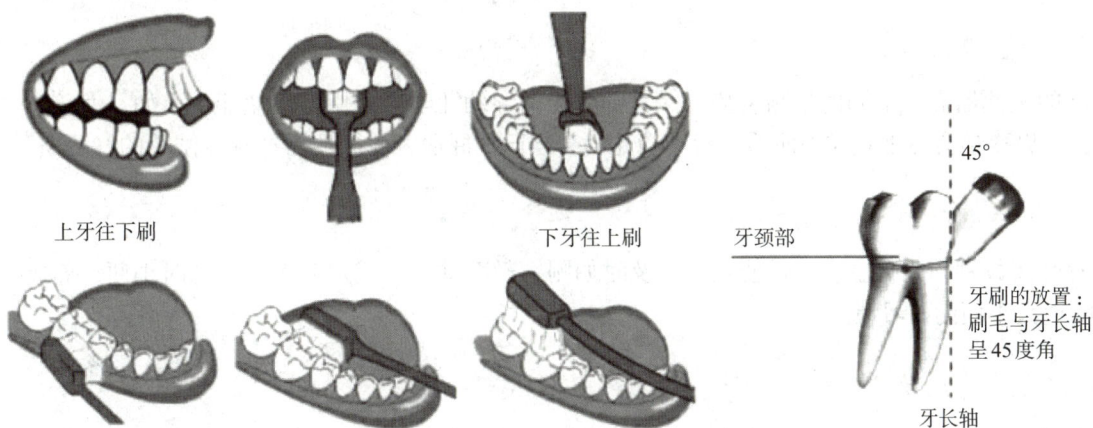

上牙往下刷　　　　　　　　　　　下牙往上刷

45°
牙颈部
牙刷的放置：
刷毛与牙长轴
呈45度角
牙长轴

图5-2-2　巴氏（Bass）刷牙法

2. 幼儿刷牙的注意事项

（1）每天早晚刷牙，每次刷牙至少3分钟。

（2）为幼儿选择软毛牙刷，大小合适，每个月更换一次。

（3）为幼儿选择儿童专用牙膏，无氟可吞咽，安全温和，交替更换使用。

（4）引导幼儿刷牙需要循序渐进，从无牙膏蘸水刷，逐步过渡到使用适量牙膏刷牙。

（5）引导幼儿知道刷牙与牙齿健康的关系。

3. 幼儿漱口的注意事项

（1）引导幼儿坚持"吃完食物，立刻漱口"。

（2）漱口时间每次不少于30秒。

（3）使用清水漱口，避免吞咽。

（4）引导幼儿知道漱口与牙齿健康的关系。

聚焦考证

（单项选择题）保育师指导幼儿掌握洗脸的动作要（　　　　）。

A.温柔、流畅　　　　　　B.轻柔、流畅　　　　　　C.温柔、畅通　　　　　　D.温顺、流畅

【破题要领】B。保育师指导幼儿洗脸的动作应该轻柔、流畅。

（单项选择题）要从小培养幼儿（　　　　）的习惯，并教给他们正确的刷牙方法。

A.饭前漱口，早晚刷牙　　　　　　　　　　　　B.饭后漱口，早晚刷牙

C.饭后漱口，早晚漱口　　　　　　　　　　　　D.以上都是

【破题要领】B。饭后漱口、早晚刷牙，是保护牙齿的重要方法。

三、鼓励幼儿及时表达如厕需求

（一）及时识别幼儿大小便信号

幼儿学习自主排便是幼儿学习控制自身神经系统、感知自我、适应外界、满足内在需要的重要过程。一般幼儿要到三四岁才能自主如厕。因此，保育师日常工作中要鼓励幼儿及时表达大小便需求。比如当幼儿长时间未上厕所时，及时提醒；当幼儿出现突然哭泣、烦躁不安、面部潮红、身体抽动、玩耍时突然发呆等身体信号时，及时询问幼儿是否需要上厕所等。

（二）教会幼儿如厕技能

不同的坐便器需要不同的如厕姿势，保育师应当引导幼儿学会使用常规便器。比如，女孩学会蹲便或坐便，男孩学会使用立式坐便器。指导幼儿学会自己擦屁股，养成便后冲厕、洗手的好习惯。

（三）引导幼儿自主表达意愿

保育师要鼓励幼儿自主表达排便意愿，及时如厕；教育幼儿养成定时大便、随时小便，养成不憋尿、不随地大小便的好习惯。

（四）关注幼儿如厕的心理需求

保育师应该关注到幼儿如厕的心理需求，营造安全、轻松、温馨的如厕环境，营造"厕所文化"。比如在厕具边上贴上可爱的小脚印；厕所周围贴上卡通版的如厕方法；马桶旁边设置可爱的小铃铛，方便幼儿便后寻求老师帮忙；制作"上厕所记录墙"，请幼儿自行记录每日在园或在家的排便情况，掌握幼儿每日如厕情况等方法，减轻幼儿如厕心理压力，使幼儿轻松上厕所。

（五）引导幼儿养成规律大小便

1.5岁开始，幼儿可以进行大小便的训练；2岁以后，幼儿可以学习主动坐便盆；3岁以后，幼儿可以学习自己脱裤子，坐便盆，练习自己便后清洁。

幼儿大小便训练可遵循以下原则：相对固定的排便时间；帮助幼儿熟悉排便环境；识别幼儿排便信号，及时给予回应；鼓励幼儿及时表达需求；定时训练，比如入睡前、起床后、外出前等；每次训练时间不宜过长，一般3～5分钟。

聚焦考证

（多项选择题）保育师指导幼儿掌握擦屁股的方法有（　　　　）。

A.脱下裤子　　　　　　　　B.将卫生纸对折　　　　　　　　C.从前往后擦屁股

D.将卫生纸打开　　　　　　E.从后往前擦屁股

【破题要领】BC。幼儿擦屁股的方法是将卫生纸对折，从前往后擦屁股。

任务三　幼儿着装整理

案例导入

一天中午，幼儿午觉后准备起床。保育师佳佳先给幼儿讲解并示范了穿外套和裤子的方法，然后要求幼儿自己练习穿衣。大部分幼儿都行动起来，小美却拿着裤子，一动不动。作为保育师，你会如何帮助小美？

任务要求

1. 引导幼儿学会穿脱衣服、鞋袜和系鞋带等。
2. 引导幼儿学会叠衣服和整理物品等。

一、引导幼儿穿脱衣服和鞋袜

（一）穿脱衣服

1. 套头衫

穿套头衫步骤：区分里外面——平铺区分上下——脑袋套进大洞——区分前后——伸出小手——整理套头衫。

脱套头衫步骤：抓住小袖口——褪下小胳膊——领口往上提——衣服脱下来——叠放整齐。

2. 开衫

"背包式"穿开衫步骤：开衫展开平铺——两手抓衣领，甩到肩上——从袖筒中伸出小手——扣纽扣或拉拉链——整理开衫，检查扣子或拉链是否整齐。

脱开衫步骤：解开纽扣或拉链——脱下两边衣袖——叠放整齐。

3. 穿裤子

穿裤子步骤：坐在小椅子上——辨别里外、前后——双手提裤腰，往下卷起一半——伸入一条裤腿的一半，露出小脚丫——伸入另外一条裤腿的一半，露出小脚丫——站立起身，提上裤子——整理裤腰和裤腿。

4. 技能难点

（1）解、扣纽扣

幼儿从3岁开始，可有意识地训练解、扣纽扣的技能。

解纽扣步骤：一手执扣眼，一手执扣子——双手配合，拉出纽扣。

扣纽扣步骤：一手执扣眼，一手执扣子——双手配合，纽扣穿进扣眼——对镜整理或互相检查，看是否有错眼现象。

刚开始选择稍大点容易解扣的纽扣，比如以玩具娃娃衣服上的纽扣为操作对象；先练习解和扣玩具娃娃的纽扣；接着练习自己身上方便看到的纽扣；然后练习自己身上其他不太方便看到的纽扣；最后学习通过手摸方式，从第一颗纽扣开始，顺延扣纽扣。

解、扣纽扣的动作，属于幼儿手指精细动作的练习，也是幼儿认识"——对应"关系的绝佳时机。保育师采用多种方式、多次示范、引导幼儿分步骤进行练习掌握。

（2）拉拉链

拉拉链步骤：摆好拉头位置，使它刚好位于插座上方——双手各执插头和插座两边——合拢插头和插座——拉上拉链至宝宝想要的位置。

对幼儿来说，拉拉链的动作难点在于认识拉头、拉片、插鞘、插座等拉链结构名称；拉头和插座

的位置匹配；插鞘和插座的合拢对齐；特别要注意过程中避免夹到小手或线头之类。（见图5-2-3）

保育师可以采用先把拉链衫平铺，让幼儿进行练习。待熟练后，再将拉链衫穿上身练习，引导幼儿学习拉链的动作技能。

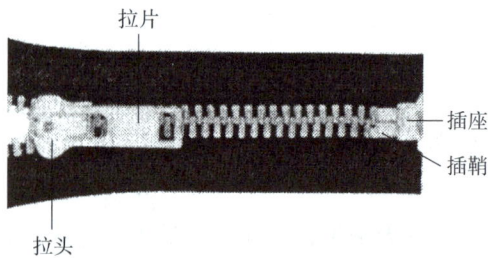

图 5-2-3

（二）穿脱鞋袜

1. 穿脱鞋子

穿鞋子步骤：松开鞋带或粘扣——分清左右脚——小脚分别伸进鞋里——提上鞋跟——系上鞋带或粘扣——检查左右脚是否穿反。

对幼儿来说，穿脱鞋子的动作难点是分清楚左右、提鞋跟和系鞋带。

幼儿手脚难以协调用力，提鞋跟需要脚指头往前顶，同时食指和大拇指捏紧鞋后跟，向上、向脚的方向用力，对幼儿来说比较困难。保育师可引导幼儿先尝试松开鞋带或粘扣，体验打开鞋口的轻松感，建立独立穿鞋的自信，激发兴趣，再慢慢学会手脚配合，提上鞋跟。

2. 穿脱袜子

穿袜子步骤：拿起袜筒，卷起一半——套进小脚丫——拉起袜筒——整理。穿脱袜子的动作，幼儿比较容易掌握，保育师可多次示范，让幼儿在日常生活中熟练掌握。

3. 系鞋带

系鞋带步骤：两手各执一根鞋带——交叉拉紧——两边分别折成兔耳朵形状——交叉拉紧——整理。

系鞋带的动作对左右手协调能力要求较高，对幼儿来说难度较高。但是学习系鞋带对幼儿精细动作的发展非常有价值，保育师应该采用儿歌、顺口溜等多种教育方式，耐心示范，引导幼儿学习系鞋带。

二、引导幼儿整理衣服和物品

（一）整理衣服

整理衣服步骤：衣服平铺——衣襟对齐——帽子下折——中间再对折。

整理裤子步骤：裤子平铺——两条裤腿对折——裤子由下向上对折。

（二）整理物品

根据《3～6岁儿童学习与发展指南》，对幼儿的要求是：3～4岁幼儿能将玩具和图书放回原处；4～5岁幼儿能整理自己的物品；5～6岁幼儿能按类别整理好自己的物品。

保育师应该抓住幼儿秩序感建立的敏感期，引导幼儿整理物品时，逐步提出要求。从可以自己把玩具和图书放回原位开始，到把物品摆放整齐，再到分门别类整理自己的物品。

保育师在日常生活中，可以通过儿歌、故事和游戏等形式引导幼儿练习穿脱衣服、鞋袜和整理物品，提高幼儿的生活自理能力。

聚焦考证

（单项选择题）幼儿的外套（放置）要（　　）。

A. 做好标记存放固定位置，便于取放　　　　　B. 做好标记，按需随机放置，节省空间

C. 做好标记，尽量高放，谨防丢失　　　　　　D. 无须标记，引导幼儿独立观察记忆

【破题要领】A. 衣物固定位置存放，也是幼儿学习整理的重要环节。

三、注意事项

幼儿身心发育尚不成熟，需要成人的精心呵护和照顾。幼儿皮肤薄嫩，保护机能差，贴身衣物以纯棉为佳；幼儿足部皮肤薄嫩，保护机能差，肌肉和韧带较柔嫩、松弛，足弓不牢固，足骨易变形，幼儿最好不要穿皮鞋，以免影响足部生长发育；幼儿肘关节结构不够成熟，关节囊和韧带松弛而薄弱，稳定性和保护性比较差，保育师为幼儿穿脱衣物时，要警惕出现"牵拉肘"现象。

强化练习

在线练习5-2

一、单项选择题

1. 幼儿每天睡眠时间（ ）小时。
   A. 8 ～ 10   B. 11 ～ 12   C. 12 ～ 13   D. 10 ～ 11

2. 盥洗包括洗手、刷牙、漱口和（ ）。
   A. 如厕   B. 洗脸   C. 洗头   D. 洗脚

3. 幼儿从（ ）岁开始，可有意识地训练解、扣纽扣的技能。
   A. 3   B. 4   C. 5   D. 2

4. 幼儿独立就寝前，保育师应该提前开窗通风，通风时间不少于（ ）分钟，保持室内空气流通。
   A. 40   B. 30   C. 50   D. 60

5. 一般幼儿要到（ ）岁才能自主如厕。
   A. 2 ～ 3   B. 3 ～ 4   C. 4 ～ 5   D. 5 ～ 6

二、判断题

1. 盥洗不是幼儿一日生活中的重要环节，是最容易出现问题的环节之一。 （ ）
2. 幼儿园午睡时间一般应在2小时以上。 （ ）
3. 1.5岁开始，幼儿可以进行大小便的训练。 （ ）
4. 幼儿整理衣服步骤是衣服平铺——衣襟对齐——帽子下折——中间再对折。 （ ）
5. 遗尿是指幼儿到5岁以后仍然不能有意识地排尿，在白天活动或者夜晚睡眠的时候出现不自主排尿的现象。 （ ）

模块小结

本模块主要阐述了幼儿生长发育的能量消耗，蛋白质、脂肪、糖类、维生素、矿物质、膳食纤维、水等各种营养素的生理功能、食物来源、参考摄入量，以及不同阶段幼儿平衡膳食的实施。只有全面了解和掌握各种营养素对人体的作用、食物来源、供给量，才能更好地为幼儿调整膳食结构，做到平衡膳食；阐述了幼儿独立就寝、盥洗、如厕、着装、整理物品的方法，对幼儿形成生活自理能力、养成良好生活卫生习惯非常重要。

模块 六

幼儿安全照护

项目一 → 幼儿伤害预防知识

项目二 → 幼儿急救常识（应急处理）

模块导读

　　幼儿大多活泼好动，很容易接触到危险的事物，发生意外伤害的概率较高。因此，做好幼儿的安全照护尤为重要。本模块主要阐述常见的幼儿意外伤害预防与急救应急处置，通过案例呈现、理论学习及操作视频等帮助学生掌握常见意外伤害事件的预防和常见意外伤害的急救处理。要求学生在理论学习的基础上进行实操训练，完成本模块学习后能独立且熟练地应对幼儿常见意外伤害的处理。

学习目标

　　1.熟悉幼儿意外伤害的概念、分类和原因。
　　2.掌握幼儿常用急救技术的实施。
　　3.能独立且熟练地应对幼儿常见意外伤害的应急处置。
　　4.具有面对意外伤害事故沉着冷静、保护幼儿生命安全、有条不紊地解决问题的能力。

内容结构

```
                                              ┌─ 幼儿意外伤害类型与预防
                        ┌─ 幼儿伤害预防知识 ──┤
                        │                     └─ 幼儿安全教育知识
幼儿安全照护 ───────────┤
                        │                          ┌─ 幼儿意外伤害急救知识
                        └─ 幼儿急救常识（应急处理）─┤
                                                   └─ 幼儿伤害及初步处理的记录方法
```

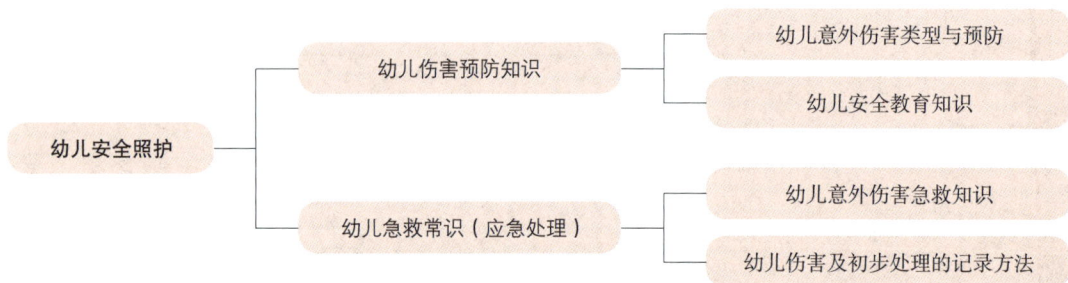

项目一　幼儿伤害预防知识

任务一　幼儿意外伤害类型与预防

案例导入

　　宇宇是一个3岁半的男孩，他在幼儿园时下楼到运动场玩，在楼梯拐角处，脚下踩空，身体猛地一倒，头部磕到扶栏上，出现了一个核桃般大小、略鼓起的红肿包，皮肤有少许磕破，有少量血丝，宇宇立刻疼得大哭起来，保育师该如何处理？

任务要求

　　1.熟悉幼儿常见意外伤害的类型，能做到有意识防范。
　　2.了解幼儿生活中的潜在风险，能对幼儿进行日常伤害、食品安全、出行安全、自我保护安全的教育。

一、幼儿意外伤害类型与发生原因

意外伤害是指各种物理、化学和生物等因素对人体突然造成的损伤。

（一）幼儿意外伤害的分类（按发生因素划分）

1. 按物理性因素分类

按物理性因素分类，幼儿意外伤害可分为磕碰伤、挤压伤、跌倒伤、异物伤、钝器伤、锐器伤等。

2. 按化学性因素分类

按化学性因素分类，幼儿意外伤害主要指因接触有毒物质，如铅、汞、苯、氯、一氧化碳及农药等而可能引起的幼儿急性或慢性中毒。

3. 按生物性因素分类

按生物性因素分类，幼儿意外伤害可分为食物中毒、动物咬伤、毒蜂蜇伤等。

4. 按常见意外事故性伤害分类

按常见意外事故性伤害分类，幼儿意外伤害可分为交通意外、溺水、烧烫伤、触电、窒息等。

5. 按常见自然灾害性伤害分类

按常见自然灾害性伤害分类，幼儿意外伤害主要指因发生火灾、地震、水灾、台风及其他自然灾害而可能导致的幼儿意外受伤。

（二）意外伤害的主要原因

1. 幼儿缺乏自我控制能力

幼儿期儿童的智力迅速发育，活动能力开始建立，对事物充满好奇心，但动作协调性及自我控制能力较差，同时缺乏防护意识，因此，在这个年龄阶段极容易发生意外伤害，且男孩发生意外伤害的概率高于女孩。

2. 看护人安全意识与行为不到位

幼儿意外伤害的发生与家长或看护人对安全防范意识的认识与重视程度有紧密的相关性。当父母或看护人没有意识到危险因素的存在时，就没有针对性的防卫举措，就可能导致意外伤害的发生。

3. 环境存在危险因素

有研究数据显示，在幼儿家居环境中有50%以上的家庭中桌椅有硬角或尖锐边缘，卫生间或淋浴盆边没有防滑地垫，小物件随意摆放等，所以家庭成为幼儿意外伤害发生率最高的地方。

聚焦考证

（单项选择题）以下对危险物品的保管常识认知错误的是（　　　）。

A. 危险物品应存放在安全固定的位置，并由专人负责保管

B. 严格按照说明书的要求保管危险物品

C. 危险物品使用时应登记记录

D. 准备丢掉的剩余危险物品不能在幼儿园内随意丢弃，必须扔到园外

【破题要领】D。危险物品不得随意放置或丢弃，防止火灾、爆炸、中毒等安全事故发生。

（单项选择题）从幼儿意外伤害发生的（　　　）来看，男孩发生的概率高于女孩。

A. 活动强度　　　　　B. 年龄分段　　　　　C. 性别构成　　　　　D. 角色不同

【破题要领】C。男孩女孩的区别属于性别差别。

（判断题）幼儿在幼儿园上课时不小心走路摔跤擦破了手，这不属于学前教育机构常见的意外伤害事故类型。（　　）

【破题要领】×。跌伤是幼儿最常见的意外伤害事故。

二、幼儿意外伤害的预防

1. 重视安全教育宣传

保育师可通过开展安全讲座、科普宣讲对家长或看护人进行安全教育，提高家长对幼儿安全问题的重视。

2. 加强环境管理

要加强托幼园所的环境管理，为幼儿创造安全良好的成长环境。

聚焦考证

（单项选择题）日托幼儿园晨检时要查幼儿是否有不安全的物品，以下属于不安全物品的是（　　）。

A. 刀具　　　　　　　　B. 药物　　　　　　　　C. 针　　　　　　　　D. 以上都是

【破题要领】D。锐器和药物均属于危险物品。

（单项选择题）以下属于学前教育机构中的危险物品的是（　　）。

A. 有腐蚀性的物品　　　　B. 有毒的物品　　　　C. 易燃易爆物品　　　　D. 以上都是

【破题要领】D。腐蚀性的、有毒的、易燃易爆等化学物品均属于危险物品。

（判断题）预防意外事故发生的措施包括保教人员带幼儿外出游玩应点清人数，托幼机构门窗应紧闭，剪子刀针等必须放在有锁抽屉里，热水瓶、热汤盆等放在幼儿拿不到的地方。（　　）

【破题要领】√。各种环境存在危险因素，均要做好保障，以防止意外事故发生。

3. 加强对幼儿的安全教育

要加强对幼儿的安全教育，提高幼儿的自我保护意识。培养幼儿在饮食、睡眠、玩游戏、遵守交通规则等方面的良好习惯。

4. 建立安全社区与家庭模式

要加强对意外伤害的分析和研究，探索建立安全社区和安全家庭的模式。

聚焦考证

（判断题）保育师平时也要注重向幼儿讲解危险品的危害及存放方法，引导幼儿学会放置，培养安全意识。（　　）

【破题要领】×。日常活动能教育幼儿识别危险品的相关知识，但不能让幼儿碰危险品，以免造成意外伤害。

任务二　幼儿安全教育知识

案例导入

午睡时间到了，孩子们争先恐后地跑去厕所，推挤中小欣被推倒在地，擦伤了手臂，张老师赶紧抱起孩子安抚并做紧急处理，同时让其他小朋友排好队上床睡觉。保育师该如何创设安全的幼儿生活环境呢？

任务要求

1. 熟悉日常安全教育的方法。
2. 掌握幼儿常见伤害安全教育、食品安全教育、出行安全教育、自我保护安全教育的内容。
3. 有保护幼儿安全的责任感，树立安全照护意识。

一、幼儿常见伤害安全教育

（一）常见伤害的防范措施

1. 创设安全的生活环境

每天对幼儿生活的环境进行细致的检查，彻底排除不安全因素，减少事故隐患。

2. 活动时做好安全看护

避免发生摔伤事件，发生意外事故时，立即采取紧急处理措施。

3. 养成良好的生活习惯

提醒幼儿不在进餐时说话、玩耍、嬉戏打闹，以免噎食或气道异物梗阻；上下楼梯要遵守秩序等。

聚焦考证

（单项选择题）出现阴雨连绵天气时，以下保育师做法正确的是（   ）。

A. 借助地面湿滑，让幼儿感受滑行　　　　B. 在活动室组织跑跳游戏

C. 让幼儿帮忙插电风扇插头　　　　　　　D. 提醒幼儿注意湿滑，小心慢行

【破题要领】D。下雨天地板湿滑容易跌倒，须提醒幼儿注意脚下安全。

（二）常见伤害的安全教育

1. 环境熏陶

结合生活实际进行环境个性化布置。例如在地板上贴上小脚印地贴，在窗台的地方张贴"禁止攀爬"的标志，在专题展板上粘贴幼儿参与"逃生演练"等生动的照片以及图文并茂的宣传画来吸引幼儿，起到激励导向的作用。

2. 主题教育

结合幼儿的身心发展特点，选用儿歌、故事、童谣、角色扮演等合适的活动形式，有计划地开展安全主题教育活动。

3. 融入游戏

将自我保护的学习内容融入游戏之中，如：表演游戏可以使幼儿懂得在车站等车时要站在站台上等。

4. 实战演练

通过仿真演习，让幼儿在真实的情景中培养良好的心理素质和实地操作的能力。

聚焦考证

（单项选择题）悬挂在学前教育机构走廊上的装饰物，在材质上有特殊要求，一定要（   ）。

A. 漂亮可爱　　　　　　B. 厚重大方　　　　　　C. 讲求造型　　　　　　D. 轻巧安全

【破题要领】D。园区里的教具、饰品等应选择无毒无害的材质，轻重适宜，保证幼儿的安全。

（判断题）安全教育主要是培养幼儿良好的安全意识、生命意识。（　　　　）

【破题要领】√。这是安全教育的目的。

二、幼儿食品安全教育

幼儿食品安全是指食品无毒、无害，符合营养要求，对人体健康不造成任何急性、亚急性或者慢性危害。幼儿食品安全主要包括幼儿食品采购安全和幼儿食品加工安全。

1. 幼儿食品采购安全

（1）到正规持有食品卫生许可证的超市、母婴商店以及规范的市场内采购，食品安全更有保障。

（2）食品外包装上，散装食品在显著位置标示出品名、配料表、生产者和地址、生产日期、保质期限、保存条件、食用方法等内容。

（3）选购直接入口食品时，应注意销售区域是否存在与非直接入口食品交叉污染的现象。

（4）在选购食品时，通过看色泽、闻气味、尝味道，帮助鉴别食品卫生质量。

2. 幼儿食品加工安全

采购食品后，应尽早完成食物的加工，避免放置时间过长，滋生细菌及营养素流失。世界卫生组织（WHO）2001年发布的《食品安全五大要点》有：

（1）保持清洁。保育师制作食物要做到勤洗手，餐具和厨具要清洁，厨房环境要清洁。

（2）生熟分开。生熟食物要用不同器皿分开存放，处理食物的案板、刀具要分开使用。

（3）完全煮熟。烹调食物的温度达到70℃有助于保证食用安全。

（4）保持食物安全温度。熟食在室温下不得存放2个小时以上，所有熟食和易腐烂的食物应及时冷藏（最好在5℃以下），热餐在食用前应保持在60℃以上。

（5）使用安全的水和原料。饮用符合安全标准的水，选择经过安全加工的食品。

聚焦考证

（单项选择题）有害人体健康的食品是（　　　　）。

A. 发芽蚕豆　　　　　　B. 发芽花生　　　　　　C. 发芽绿豆　　　　　　D. 发芽马铃薯

【破题要领】D。发芽马铃薯里含有龙葵素的毒素。

（单项选择题）食物中毒的预防，下列哪项是错误的？（　　　　）

A. 加强食品卫生、饮食卫生，做好食品验收　　　　B. 生熟食品分开存放和加工

C. 不吃腐烂变质食物，不吃剩饭菜　　　　　　　　D. 外购食物不用加热再吃

【破题要领】D。食物要彻底煮熟，尤其是肉、禽、蛋和海产品。

3. 食品烹饪注意事项

合理的烹饪方式（如：炒、蒸、煮等），能够留住食材的大部分营养。

（1）米、面等主食的合理烹饪

在制作米、面食品时，蒸、烙较好，不宜水煮和油炸，以减少营养素的损失。

（2）肉类的合理烹调

肉类所含的蛋白质、脂肪、碳水化合物、无机盐性质较稳定，在烹调过程中肉类以快炒最好，维

生素损失最少，损失维生素 B_1 13%，损失维生素 B_2 20%。

（3）蔬菜的合理烹调

为防止蔬菜中无机盐和维生素的损失，尽量减少用水浸泡和丢掉汤汁及挤去菜汁的做法。烹调加热时间不宜过长。

聚焦考证

（判断题）为了增进幼儿食欲，让幼儿多吃点，烹饪食物时要尽量做到口感好味道足。（　　）

【破题要领】　×。合理烹饪，保证营养不流失，不能只追求味觉感受。

三、幼儿出行安全教育

1. 行走

教导幼儿要走人行道，行走时要专心，注意周围情况，不要东张西望。在没有交警指挥的路段，要避让机动车辆。

2. 穿越马路

横穿马路，教导幼儿应特别注意安全，做到"一停、二看、三通过"。

3. 乘车

（1）乘坐公共交通工具。教导幼儿在站台或指定地点依次等车，车停稳后，要先下后上。站点车多，不要让幼儿乱跑。

（2）乘坐私家车。选择私家车出行时，要给幼儿使用专用的儿童安全座椅，扣好安全带。常见的儿童安全座椅，按摆放方向分为卧式、后向式、前向式、可转换式。1岁以下或体重低于9 kg婴儿应使用后向式或卧式安全座椅，1～3岁期间建议使用后向式或前向式安全座椅。（图6-1-1）

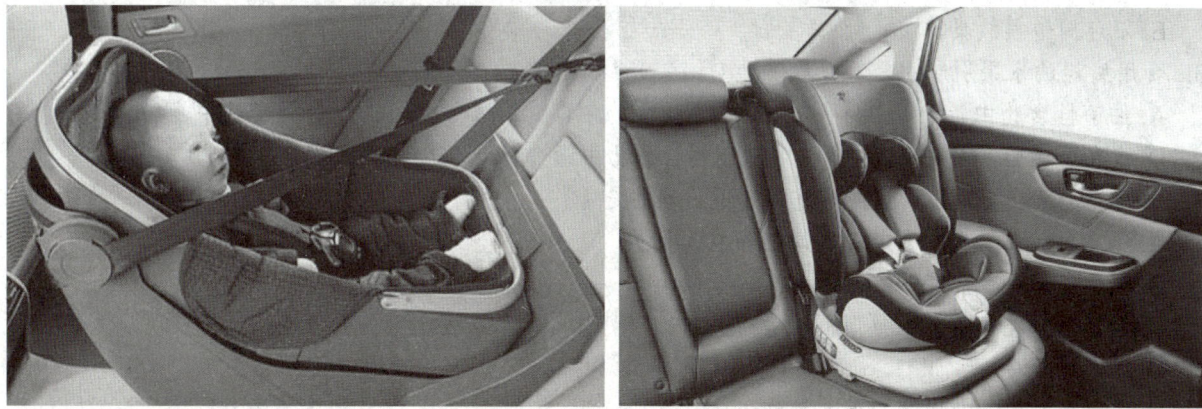

图6-1-1　后向式与前向式安全座椅

（3）幼儿手推车的安全。选择底座较宽、不易翻倒的幼儿手推车。使用前先检查手推车的功能是否良好，确保不存在危及幼儿安全的可能性。

四、幼儿自我保护安全教育

1. 教给幼儿自我保护常识

（1）通过故事、看图讲述等，教给幼儿自我保护常识。

（2）通过现实生活中的实例教育幼儿。

2.运用多种形式培养幼儿的自我保护能力

（1）以游戏的方式开展能更好地提升幼儿的自我保护能力。例如游戏"侦察兵"，保育师在游戏场地设置障碍物——石头、树枝、椅子、小刀、别针等，让幼儿当"侦察兵"，去检查游戏场地，清理障碍物，然后再进行游戏。开展游戏活动之前先要检查场地，把危险品清理掉，排除事故隐患，做好自我保护。

（2）利用安全知识竞赛培养幼儿的自我保护能力。

（3）利用社会实践活动训练幼儿的自我保护能力。

强化练习

在线练习6-1

单项选择题

1. 下列关于幼儿手推车使用时注意事项错误的是（　　　　）。

   A.车架上面玩具要固定好，以免砸伤幼儿

   B.在停止前进时一定要使用刹车并确保幼儿够不到刹车的开关

   C.注意折叠部分的铰链不要夹住幼儿的手指

   D.幼儿可以单独留在车内

   E.不要在把手上悬挂过多物品，以免幼儿手推车向后倾倒

2. 最多见的阳台隐患是高空坠落，对于坠落的安全隐患，可以采取多种有效措施，下列哪项不是正确做法？（　　　　）

   A.在阳台边上设立护栏

   B.窗户、阳台及时安装安全牢固的护栏或者纱网

   C.窗户、阳台旁边不放置幼儿能够攀爬的家具

   D.不要让幼儿离开幼儿照护者的视线

   E.阳台周边摆放桌椅

3. 食用腐烂的水果引起的食物中毒属于（　　　　）。

   A.细菌性食物中毒　　　　　　B.化学性食物中毒　　　　　　C.植物性食物中毒

   D.真菌毒素性食物中毒　　　　E.生物性食物中毒

4. 下列关于家具上跌落的预防措施描述不正确的是（　　　　）。

   A.保育师忙工作时，可将幼儿单独留在房间内

   B.不要让幼儿攀爬凳子、桌子、床等家具

   C.当幼儿坐在高处时，要时刻在旁边看护，最好让幼儿用有安全带的儿童座椅

   D.培养幼儿安全意识

   E.地面尽量垫软垫以防止幼儿跌伤

项目二　幼儿急救常识（应急处理）

任务一　幼儿意外伤害急救知识

案例导入

西西，3岁半，在公园里的游乐场玩碰碰车，一不小心头磕到地上，出现了一个核桃般大小、略鼓起的小包，皮肤没有磕破，中间稍有凹陷，轻触小包，西西痛得大哭起来。作为保育师，该如何指导西西爸爸进行现场救护呢？

任务要求

1.能识别导致意外伤害的危险因素。
2.能进行常见意外伤害的现场救护。
3.掌握心肺复苏术。
4.能在意外伤害事故救护中保护幼儿生命安全，体现人文关怀。

一、幼儿常见意外伤害的急救知识

（一）常见头皮血肿的应急处理

1.头皮血肿的临床表现

外伤后头颅上凸起了肿块，用手轻轻触摸有液体波动感，皮肤没有破损或仅擦伤一点表皮。由浅到深依次分为皮下血肿、帽状腱膜下血肿和骨膜下血肿三种类型：

（1）皮下血肿是位于头皮与帽状腱膜之间的结缔组织内，特点是血肿的体积和范围较小，但是疼痛感非常明显。（图6-2-1）

（2）帽状腱膜下血肿是位于帽状腱膜与骨膜层之间的疏松组织内，这层的头皮神经比较少，疼痛感不明显，但是血肿的范围和体积较大。

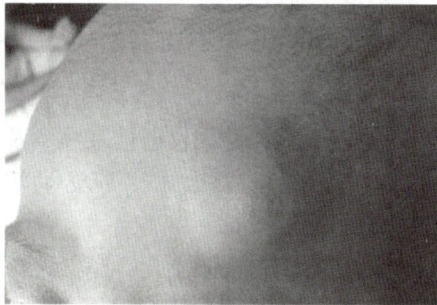

图6-2-1　皮下血肿

（3）骨膜下血肿是位于骨膜与颅骨表面，周界止于骨缝，疼痛感明显。

2.头皮血肿的紧急处理方法

（1）头皮血肿较小时，无须特殊处理，1～2周可自行吸收。早期可冷敷血肿处，减少出血、肿胀和疼痛。24～48小时后改为热敷，以促进血肿吸收。

（2）血肿较大时，要及时送医就诊，在严格无菌条件下，穿刺抽出积血，再加压包扎，4～6周才能吸收。对头皮血肿较重的幼儿，警惕有无颅骨骨折、颅脑损伤和休克的发生，进一步检查诊断和治疗。

3.具体实施步骤

（1）安抚幼儿情绪。

发生头皮血肿时应立即抱起幼儿，与幼儿沟通，使其情绪保持稳定。

（2）血肿处理前观察。

观察幼儿的面色及全身损伤状况，有无头痛、头晕、恶心、呕吐、烦躁不安或嗜睡等异常表现，有异常表现及时送往医院治疗。

（3）冷敷。

方法1：冰块冷敷。立即从冰箱中取出冰块，用毛巾包裹后敷在血肿处。

方法2：冷湿敷。小面盆内放置冷水，用一块小毛巾浸湿后拧干至不滴水，敷于血肿处，隔4～5分钟更换另一块小毛巾，如此交替，每次不超过20分钟，每天可敷多次。

4. 注意事项

（1）发生血肿后不能用手揉血肿部位，以免引起更多出血及疼痛加剧。

（2）在冰敷时注意观察局部皮肤变化，有局部皮肤发紫、麻木及冻伤的现象立即停止冰敷。

（3）严密观察血肿情况，24～48小时后用热敷散淤。

（4）及时与家长或监护人沟通，缓解其紧张焦虑的情绪。

5. 头皮血肿的预防措施

保持家居环境明亮，在日常生活中要注意安全，不要嬉戏打闹；幼儿在运动或骑车时应尽量佩戴头盔。

聚焦考证

（单项选择题）如果头部摔伤（　　　），成人要在24小时内对幼儿进行密切观察，如果出现恶心、呕吐的现象，应及时送医。

A. 发现头发断裂　　　　B. 出现头发分岔　　　　C. 未见出血　　　　D. 出血

【破题要领】 C。头部外伤后呕吐多是因为外伤导致颅脑损伤，可能出现脑震荡、脑挫伤、脑出血等疾病，导致颅内压升高，出现呕吐，应及时送医。

（二）常见异物伤害的类型与处理

1. 喉部异物

剧烈咳嗽，并因反射性喉痉挛及异物堵塞引起呼吸困难、发绀。较大异物卡在声门或声门下，可在数分钟内引起窒息死亡，应立即实施急救。

2. 气管异物

剧烈呛咳，哭闹不止，憋气，咳嗽，可能出现面色青紫、呼吸困难的情况。若异物较大，完全阻塞气道可导致意识不清，心跳呼吸骤停，应立即实施急救。

3. 眼睛异物

一般异物为昆虫、灰沙、铁屑等进入眼内，多数是黏附在眼球表面。可轻捏住上眼皮翻开，向眼睛轻轻吹气，用生理盐水反复冲洗眼内，将异物冲出。如果异物嵌在角膜上，切勿用尖硬物进行随意挑拨，不可搓揉眼睛，应速送往医院治疗。

4. 鼻腔异物

常见为豆类、果核、纸卷、塑料玩物等，如果异物刚进入鼻腔，仅停留在鼻腔口，可帮助幼儿压住健侧鼻孔，让幼儿合嘴后用力擤出来，但不要太用力，以免伤到耳膜。如果鼻腔异物擤不出或已经进入鼻腔深部，特别是圆形异物、尖锐异物刺入，或异物过大，切不可用镊子去夹，应立即送往医院处理。

5. 外耳道异物

一般分为：动物性异物如昆虫，植物性异物如豆粒、种子等，非生物性异物如小塑料珠子、小玻璃珠等。若异物为昆虫类：取坐位，头偏向无异物的一侧，将油剂或麻醉剂滴入耳道1～2滴，使昆虫淹毙或麻醉后再设法取出；对昆虫还可实行在暗室中用亮光贴近耳部将其诱出的方法处理。若异物为植物类：取坐位，头偏向无异物的一侧，滴入酒精，待植物脱水收缩后再取出。若异物为小而圆滑的物体如小塑料珠子、小玻璃珠，可以用异物钩或小刮匙等器械取出。若异物仍未取出，应迅速送往医院救治处理。

聚焦考证

（单项选择题）在鼻腔异物处理中，若异物未取出，（　　）用镊子夹取圆形异物。

A. 第二天可以　　　　B. 可以　　　　C. 切不可擅自　　　　D. 第三天可以

【破题要领】C。如果鼻腔异物擤不出或已经进入鼻腔深部，特别是圆形异物、尖锐异物刺入，或异物过大，切不可用镊子去夹，应立即送往医院处理。

（单项选择题）一旦异物进入到眼内，可让幼儿轻轻闭上眼睛，切不可搓揉眼睛，以免损伤（　　）。

A. 眉毛　　　　B. 睫毛　　　　C. 眼皮　　　　D. 角膜

【破题要领】D。如果异物进入眼睛，用手揉眼睛，就会进一步损伤角膜和结膜。

（单项选择题）气管、支气管进入异物多见于5岁以下幼儿。若气管有异物，常会表现出呛咳、吸气性困难、憋气、（　　）等现象。

A. 面色蜡黄　　　　B. 面色惨白　　　　C. 面色青紫　　　　D. 面色红润

【破题要领】C。气管被异物堵塞，造成缺氧，缺氧的表现是发绀、面色青紫等。

（三）食物中毒的应急处理

1. 食物中毒的种类

（1）细菌性食物中毒。常见致病菌有沙门菌、致病性大肠埃希菌、肉毒杆菌等。

（2）真菌性食物中毒。指食入霉变食品引起的中毒。大多数真菌毒素耐高温，因此真菌污染的食物经高温蒸煮后仍可中毒。

（3）植物性食物中毒。指因误食有毒植物或有毒的植物种子，或烹饪加工方法不当，没有把植物中的有毒物质去掉而引起的中毒，如：发芽后的马铃薯含有大量有毒龙葵素等。

（4）动物性食物中毒。主要有河豚，含高组胺的鱼类、虾蟹、贝壳等。当体内组胺蓄积到一定量时可引起类似过敏性症状，如呼吸急促、头晕、心慌、血压下降等。

（5）化学性食物中毒。常见的化学性食物中毒包括有机磷中毒、亚硝酸盐中毒、鼠药中毒等。

2. 食物中毒的紧急处理方法

（1）怀疑食物中毒，应立即停止服用该食物，并妥善保存，避免他人误食。

（2）中毒轻者，采用催吐法，尽快排出体内的有毒物质；中毒重者，应立即送往医院治疗。

3. 具体实施步骤

（1）催吐。如果幼儿中毒时间在进食1～2小时内，且无明显呕吐症状，用干净手指或汤勺，放到喉咙深处轻轻划动，引起呕吐反射。此方法适用于神志清醒患儿。

（2）洗胃。对于重度中毒患儿，及时送往医院，由医务人员进行洗胃，防止毒物吸收。

（3）导泻。如果幼儿食入毒物超过2小时，精神好，无严重反应，可服导泻剂，促使含毒食物尽快排出。

4. 注意事项

（1）神志不清的幼儿不能催吐，避免呕吐物误吸入气道，造成窒息。

（2）在发生食物中毒后，留取第一份标本送检，以便于医学观察与取证。若无法取得样本，则保留呕吐物和排泄物，送到医院检查。

（3）及时与家长联系，做好解释、说明、安抚工作。

5.食物中毒的预防措施

（1）谨慎购买，不要购买和让幼儿食用不明来源的食物。

（2）不要让幼儿食用没见过的食物，不要让幼儿吃变味了的食物，不吃让幼儿生冷食物。

（3）生熟食物分开存放，生熟食物案板分开使用。

（4）对于储存的熟食，幼儿食用前须再次彻底加热。

（5）不要让幼儿食用过期的食物。

（6）对厨房的厨具进行定期的煮沸消毒，保持整洁，在制作食物之前要将手洗净。

（7）严格存放，避免食物与有毒物品放在一起，避免幼儿误食。

（四）烧烫伤的应急处理

1.烧烫伤的临床表现

烧烫伤的严重程度主要根据烧烫伤的部位、面积大小和烧烫伤的深浅度来判断。烧烫伤在头面部，或虽不在头面部，但烧烫伤面积大、深度深的，都属于严重者。烧烫伤按深度，一般分为三度：

一度烧烫伤：只伤及表皮层，受伤的皮肤发红、肿胀，但无水泡出现伤者觉得火辣辣地痛。

二度烧烫伤：伤及真皮层，局部皮肤红肿、发热，有明显水泡伤者疼痛难忍。

三度烧烫伤：全层皮肤，包括皮肤下面的脂肪、骨骼和肌肉都受到伤害，皮肤焦黑、坏死，这时伤者反而疼痛不剧烈，因为许多神经也都一起被损坏了。

2.烧烫伤的紧急处理方法

急救五步骤：冲、脱、泡、盖、送。

3.具体实施步骤

（1）冲。迅速用流动自来水冲洗伤口15～30分钟，或将受伤部位浸泡于冷水内，以快速降低皮肤表面热度。

（2）脱。充分泡湿后，再小心除去衣物；必要时用剪刀剪开衣物，并暂时保留粘住的部分，尽量避免将伤口水泡弄破。

（3）泡。继续浸泡于冷水内15～30分钟，可减轻疼痛及稳定情绪。但若烧烫伤面积较大，或幼儿年龄较小，则不必浸泡过久，以免体温下降过度，或延误治疗时机。

（4）盖。用清洁干净的床单或被单、纱布覆盖。勿任意涂上外用药或民间偏方，这些东西可能无助于伤口的复原，并且容易引起伤口感染，影响医护人员的判断和紧急处理。

（5）送。除极小烧烫伤可以自理之外，应送往邻近的医院做进一步的处理。若伤势较大，则转送到设置有烧烫伤中心的医院治疗。

4.注意事项

（1）烧烫伤的部位可浸泡在水中，但不能把幼儿浸入冷水中，会导致体温过低。

（2）皮肤有破损时，要保持局部皮肤的清洁，不要污染伤口。

（3）及时补充丢失的水分和电解质。

5.烧烫伤的预防措施

（1）要重视生活细节，让幼儿远离热源。

（2）要合理地添加洗澡水，洗澡水的温度一般是38℃左右为宜，先放冷水再放热水。

（3）不要在被子里面放热水袋，避免幼儿接触温度较高的热水袋。

（五）触电的应急处理

1.触电的临床表现

（1）全身表现。轻者出现精神紧张、接触部位肌肉收缩、头痛、头晕、心悸等。高压触电者常发生意识丧失、心搏和呼吸骤停。

（2）局部表现。低电压引起的电烧伤：① 伤口小，呈焦黄或灰白色，直径0.5～2 cm，创面边缘规则整齐，呈椭圆形或圆形，与健康皮肤界限清楚，创面干燥；② 一般不损伤内脏，致残率低；③ 常有进出口。高电压引起的电烧伤：① 伤口面积大，可深达肌肉、血管、神经和骨骼，甚至使组织呈碳化状态；② 由于电离子有强大穿透力，有时体表没有明显伤口，但机体组织烧伤严重，有"口小底大，外浅内深"的特征；③ 局部肌肉组织损伤、水肿、坏死，使肌肉筋膜下组织压力增加，出现神经血管受压体征，表现为脉搏减弱、痛觉消失等；④ 由于大肌群强直性收缩，可发生脊椎压缩性骨折或骨关节脱位，致残率高；⑤ 常有一处进口和多处出口。

2. 触电的紧急处理方法

救护现场要迅速使触电幼儿脱离电源；就地抢救；准确采用人工呼吸法和胸外按压法；坚持努力去抢救，力争挽救生命。

3. 具体实施步骤

（1）低压电源触电：拉、切、挑、拽、垫。

拉：附近有电源开关或插座时，应立即拉下开关或拔掉电源插头。

切：若一时找不到断开电源的开关或插座，应迅速用绝缘的钢丝钳或断线钳剪断电线。

挑：导线绝缘损坏造成的触电，可用绝缘工具或干燥的木棍等将电线挑开。

拽：可戴上手套或在手上包缠干燥的衣服等绝缘物品拖拽触电幼儿；也可站在干燥的木板、橡胶垫等绝缘物品上，用一只手将触电幼儿拖拽开。

垫：把干木板塞到触电幼儿身下，使其与地面隔离，救护人员也应站在干燥的木板或绝缘垫上。

（2）高压电源触电：人体发生高压触电，通常有高压电弧触电和高压跨步电压触电两种形式。高压触电，比低压触电更加危险。一旦发现高压触电，千万不能接触触电幼儿，也不能靠近高压电气设备或线路。一般采取下列方法：

第一步：切断电源。

发现有幼儿在高压设备上触电时，通知有关部门立即停电。救护人员戴上绝缘手套，穿上绝缘鞋后拉下电闸，用相应电压等级的绝缘工具按顺序拉下开关。

第二步：检查受伤情况。

触电幼儿安全脱离电源后，应迅速将其移到通风凉爽处，让其仰面躺在木板或地板上，并解开妨碍触电幼儿呼吸的紧身衣服，如松开领口、上衣、裤带等。判断：① 意识是否清醒；② 呼吸是否存在；③ 心脏是否搏动。

第三步：根据受伤情况决定急救方法。

① 对神志清醒、呼吸心跳存在的触电幼儿，安抚消除其恐惧心理，就地平卧，暂时不要站立或走动，防止继发休克或心衰竭。

② 对意识丧失，呼吸、心跳已停止的触电幼儿，立即采用心肺复苏技术，恢复全身器官的氧供应。抢救一定要坚持到医务人员到场为止。

4. 注意事项

（1）切勿用潮湿的工具或金属物件拨开电线。

（2）切勿用手触及带电者。

（3）切勿用潮湿的物件搬动带电者。

5. 触电的预防措施

（1）对家庭中易发生触电的隐患之处要及时检修。

（2）室内电源插头应安装在幼儿摸不到的地方。

（3）提醒幼儿不要玩灯头、电线插头、电器等。

（4）雷雨时不要让幼儿待在树下、电线杆旁，以免雷击触电。

（单项选择题）电击伤，下列哪项是错误的？（　　　　）

A. 立即脱离电源　　　　　　　　　　　　B. 立即关闭电源

C. 用木棒等非导电物将电源分离　　　　　D. 雷雨时可在树下、高层建筑下避雨

【破题要领】D。闪电最容易触到较高的物体，雷电的电流会通过树木传导致触电。

（单项选择题）在触电的处理中，（　　　　）、按压心脏和进行人工呼吸、立即送往最近的医院抢救是非常重要的三步。

A. 找东西挑电线　　　　　　　　　　　　B. 打119电话

C. 找医生　　　　　　　　　　　　　　　D. 尽快切断电源和脱离电源

【破题要领】D。触电的紧急处理方法：要迅速使触电者脱离电源；就地抢救；准确采用人工呼吸法和胸外按压法；坚持努力去抢救，力争挽救生命。

（六）溺水的应急处理

1. 溺水的临床表现

（1）轻度淹溺。患儿肤色正常或稍苍白，可有反射性呼吸暂停、神志清楚、血压升高、心率加快等表现。

（2）中度淹溺。患儿有剧烈呛咳、呕吐表现，部分患儿因呕吐物被重新吸入或发生反射性喉痉挛而加重窒息和缺氧，进而出现神志模糊或烦躁不安、呼吸不规则、血压下降、心搏减慢等表现。

（3）重度淹溺。患儿被救后常处于昏迷状态，面色青紫或苍白，可伴面部肿胀、眼球凸出、四肢厥冷等表现。可有抽搐、呼吸及心搏微弱或停止。胃内积水导致胃扩张者，可见上腹部膨隆。

2. 溺水的紧急处理方法

离开水面后，应立即清除其口、鼻腔内的水、泥及污物，保持呼吸道通畅。呼吸停止者应立即进行人工呼吸，心跳停止者进行胸外心脏按压。

3. 注意事项

（1）争分夺秒地抢救生命。

（2）注意一定要保持患儿的呼吸道通畅。

4. 溺水的预防措施

（1）家长要看护好幼儿，避免到江河、水库游泳，如条件允许，在家长的陪同下到正规的游泳馆去游泳，专业的救生员能提高安全性。

（2）用游戏或其他方式对幼儿进行安全教育。

（判断题）如果发生幼儿溺水现象，现场急救是非常重要的，急救措施主要有倒水、洗脸和按摩。（　　　　）

【破题要领】×。溺水急救措施主要有倒水、人工呼吸和胸外按压。

（七）冻伤的应急处理

1. 冻伤的临床表现

多为在寒冷的季节，身体低体温和皮肤硬肿，多发生于身体暴露部位和局部血液循环比较差的部

位，如足、手、耳和面部等，一般是轻度冻伤。

2. 冻伤的紧急处理方法

加强保暖，把幼儿转移到室内，将冻伤部位放入40℃左右的温水里，浸泡5～10分钟，不要擦拭冻伤部位；保护皮肤，局部冻疮未破溃者可外用复方肝素软膏、多磺酸粘多糖乳膏、维生素E软膏等。

3. 注意事项

（1）幼儿冻伤后，不要直接用火烤，所有冻伤部位都应尽可能缓慢地使之温暖而恢复正常体温。

（2）不要直接用雪团按摩冻伤部位，也不要用毛巾用力按摩，避免伤处溃烂。

4. 冻伤的预防措施

冻伤的预防最重要在于保暖，平时注意给幼儿增加衣物保暖，让幼儿多进行体育活动，增强身体素质，提高御寒能力。

聚焦考证

（单项选择题）幼儿冻伤多为轻度冻伤，常见于耳朵、面颊、（　　）足等处，仅伤及表面，局部红肿，有痛和痒的感觉。

A. 大腿　　　　　　B. 后背　　　　　　C. 头皮　　　　　　D. 手

【破题要领】 D。冻伤多发于身体暴露部位和局部血液循环比较差的部位，比如手、足、口、鼻和面部等。

（单项选择题）因为幼儿耳廓（　　），容易生冻疮。

A. 狭窄　　　　　　B. 脂肪少　　　　　C. 娇嫩　　　　　　D. 薄

【破题要领】 B。因为耳朵脂肪少，血液循环慢。

二、幼儿急症的急救知识

（一）晕厥的应急处理

1. 晕厥的临床表现

主要是突然间的意识丧失和肌张力突然消失引起的摔倒。

2. 晕厥的紧急处理方法

（1）保持患儿平卧或头低脚高体位以维持脑部供血。

（2）注意空气流通，解开患儿衣领、腰带。

（3）按压患儿的人中穴和合谷穴，以刺激患儿清醒。

（4）如果是低血糖，要及时给患儿喝糖水；如果是其他因素，积极寻找病因，针对病因治疗。

3. 注意事项

（1）小儿晕厥是脑细胞暂时性缺氧所致，注意尽量让患儿保持安静，保持患儿呼吸道通畅，注意监测患儿生命体征。

（2）注意让患儿多休息，避免剧烈运动。

（3）观察患儿有无其他不适症状伴随，寻找导致晕厥的病因，尽早进行有效的干预处理。

（二）热性惊厥的应急处理

1. 热性惊厥的临床表现

主要是意识突然丧失，面部及四肢肌肉呈强直性或痉挛性抽搐。两眼球固定或上翻、斜视，头转向一侧或后仰，口吐白沫，常伴有屏气，部分患儿可出现大小便失禁、喉痉挛等。一般经数秒至十余分钟后自行停止，继而进入昏睡状态，少数抽搐短暂者意识清醒。

热性惊厥也称高热惊厥，因发热诱发的惊厥，多由上呼吸道感染引起，多见于6个月至3岁幼儿。惊厥多发生于病初体温骤升的12小时内，体温在38.5℃以上，多数超过39℃，惊厥呈全身性，持续时间短，一般不超过10分钟。

2．热性惊厥的紧急处理方法

（1）患儿惊厥发作时就地抢救，立即让患儿平卧，头偏向一侧。

（2）解开患儿衣领、裤带，以防衣服对患儿的束缚影响呼吸。

（3）预防窒息，用纱布及时清除患儿口、鼻腔分泌物和呕吐物，保持其呼吸道通畅；用毛巾塞进患儿口腔内，以免其咬伤舌头。

（4）可针刺或指压患儿人中、涌泉、合谷、内关等穴。

（5）将纱布放于患儿手下或腋下，防止患儿皮肤摩擦受损，移开患儿床上硬物，防止碰伤，床边加设床栏，防止患儿出现外伤或坠床。

（6）患儿抽搐时，不要强行用力按压或牵拉其肢体，以防止外力造成肢体脱臼或骨折。

（7）保持室内安静，光线适宜，避免一切不必要的刺激。

（8）根据患儿高热情况，在患儿前额、手心、大腿根等处放置冷毛巾、冰袋或使用退热贴等进行物理降温。

（9）密切观察患儿生命体征，意识状态、瞳孔的变化，做好记录。发作缓解后迅速将患儿送医院检查治疗，防止再次发作。

3．注意事项

（1）操作中动作要轻柔，注意保护患儿安全。

（2）保持患儿口腔和皮肤清洁，若患儿出汗多，应及时更换衣服。

（3）保持患儿平稳安静，减少对患儿的刺激。

聚焦考证

（单项选择题）在幼儿惊厥的处理中，可将毛巾或手绢拧成麻花状放于幼儿上下牙之间，以免幼儿（　　　）。

A．流血　　　　　　　B．咬伤舌头　　　　　　C．吐口水　　　　　　D．咬东西

【破题要领】 B。惊厥的主要症状就是双目上翻、眼睛发直、牙关紧闭、口唇发紫、全身抽搐，因此要防止因为牙关紧闭引起的咬伤舌头。

（三）中暑的应急处理

1．中暑的临床表现

主要为长期处于高温高湿环境，人体体温调节功能紊乱而导致的急性综合征。以口渴、乏力、出汗、头晕、恶心等为主要症状。

2．中暑的紧急处理方法

快速脱离高温高湿环境，转移至阴凉通风和散热良好的地方，采取降温措施。

（1）搬移：将患儿移到阴凉、通风、干燥处，疏散人群保持空气流畅，让患儿仰卧，解开其衣扣，脱去或松开其衣服。

（2）降温：用湿凉毛巾冷敷患儿额头、腋下和腹股沟等处，为患儿扇风、开电扇或开空调，帮助其尽快散热。

（3）补水：意识清醒的患儿可饮用一些不含咖啡因的清凉饮料、绿豆汤、淡糖盐水或清热解暑药。

（4）促醒：若患儿已失去知觉，用大拇指按压患儿的人中、内关、合谷等穴，使其苏醒。

（5）转送：若病情未见好转或属于重度中暑患儿，必须赶快送医院诊治。

3．注意事项

（1）尽可能快地降低患儿机体温度，防止其体内重要脏器损害。

（2）操作过程中，密切关注患儿情况有无好转。

（3）让患儿减少户外活动，注意休息。

（4）让患儿及时补充水分和电解质。

聚焦考证

（单项选择题）如果幼儿中暑，可让患儿喝一些（　　　），帮助患儿缓解症状。

A．清凉饮料　　　　　　B．热茶　　　　　　　C．咖啡　　　　　　　D．可可

【破题要领】A。当出现中暑现象时，给予患儿冰盐水或含有盐分的冰饮料，以及清热解暑药。

（单项选择题）将患儿移至（　　　），解开其衣扣，让其躺下休息，是中暑的处理步骤之一。

A．病床上　　　　　　B．阴凉通风处　　　　　C．屋内　　　　　　　D．院内

【破题要领】B。中暑首先应脱离高温高湿环境，转至阴凉通风处。

三、急救技术

（一）心肺复苏术

心脏骤停是指心脏射血功能突然终止。若不及时处理，会造成脑和全身器官组织的不可逆损害，甚至导致死亡。

1．心脏骤停的表现

幼儿突然意识丧失或伴有短暂抽搐；大动脉搏动消失（幼儿以颈动脉和股动脉为准）；呼吸停止；面色苍白或发绀；双侧瞳孔散大，反射消失；血压测不出，心音消失，心电图异常。

2．心脏骤停的现场判断

（1）判断意识。救护者俯身轻拍患儿双肩部并在其耳边大声呼叫，如无反应，判断为无意识。请旁边的人帮忙拨打120。

（2）判断脉搏与呼吸。采用仰头抬颌法，一手置于患儿前额，使其头后仰，另一手的食指和中指在气管正中旁开2指触摸近侧颈动脉。判断脉搏呼吸，10秒内无颈动脉搏动、无呼吸，立即开始胸外按压。

3．紧急救护

（1）体位：将患儿放于地面上或者硬板床上，解开其衣扣，松解其裤带，暴露按压部位。头、颈、躯干在同一直线上。

（2）基本生命支持（BLS）：建立人工循环时常采用胸外心脏按压。

胸外心脏按压方法有三种：双掌按压法（适用于8岁以上年长儿）、单掌按压法（适用于幼儿）、双指按压法（适用于婴儿）。

具体按压方法如下：

①定位按压：救护者位于幼儿的右侧，按压部位为幼儿两乳头连线与胸骨交叉处，用单手掌根部置于按压部位，挤压时手指不可触及胸壁以免肋骨骨折，放松时手掌不应离开患儿胸骨，以免按压部位变动。肘关节伸直，肩、肘、腕关节成垂直轴面，借助身体重力，以髋关节为轴，垂直用力向下按压，均匀有节律，不能间断，不能冲击式猛压。按压的深度大约为5 cm，约为幼儿胸部前后径的1/3。

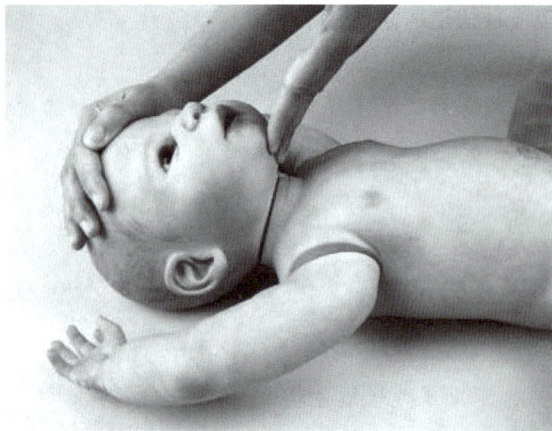

图6-2-2　仰头抬颌法

图6-2-3　口对口人工呼吸

每次按压后，使胸廓完全回弹，按压与放松一致，时间比为1∶1，按压频率为100～120次/分钟

②气道通畅：清理呼吸道。清除患儿口腔分泌物、呕吐物及异物，采用仰头抬颌法保持头轻度后仰，使气道平直。具体方法是：用一只手按压幼儿的前额，使头部后仰；另一只手的食指、中指将下颌托起，使下颌角与耳垂的连线与地面呈60°，注意不要过度举下颌，以免造成口腔闭合。（图6-2-2）

③建立呼吸：在急救现场口对口人工呼吸。救护者先深吸一口气，将自己的口对着患儿的口封住，用拇指和食指紧捏患儿的鼻子，保持其头后倾，将气吹入，同时可见患儿的胸廓抬起。停止吹气后，放开鼻孔，使患儿自然呼气，排出肺内气体。重复上述操作，儿童每分钟18～20次，幼儿可稍快。（图6-2-3）

④重复按压与通气，比例为30∶2。

⑤完成5个循环之后，评估呼吸和大动脉搏动情况。评估时间不超过10秒。如果触到大动脉搏动，恢复自主呼吸，停止心肺复苏，否则继续重复胸外心脏按压和人工呼吸。

4. 注意事项

要达到高质量心肺复苏效果，具体要求包括：①胸外按压频率至少100次/分钟；②按压幅度至少达到胸廓前后径的1/3，婴儿不少于4 cm，幼儿不少于5 cm；③每次按压后保证胸廓完全回弹复位；④尽量缩短中止按压的时间，控制在10秒内；⑤避免过度通气。

聚焦考证

（单项选择题）脉搏的变化是判断病情轻重的一个重要指标。垂危患儿的脉搏由规则节律的跳动变得弱而慢或节律不齐，说明心脏功能和血液循环出现了严重障碍。一旦心跳停止，应立即（　　　）。

A. 按人中　　　　　　　　B. 胸外心脏按压　　　C. 按太阳穴　　　　　　D. 按神经

【破题要领】　B。当心跳停止时，应立即实施心肺复苏术。

（单项选择题）（　　　）是判断病情轻重的一个重要指标。

A. 脉搏的变化　　　　　　B. 语速的变化　　　　C. 实力的变化　　　　　D. 走路快慢的变化

【破题要领】　A。生命体征是评估生命活动是否存在及其质量的重要征象，包括体温、脉搏、呼吸和血压。

（单项选择题）在急救现场主要是根据伤者的呼吸的变化、（　　　）和瞳孔的变化来判断病情的轻重，从而采取正确、有效的急救方式。

A. 走路是否正常　　　　　B. 脉搏的变化　　　　C. 话语的多少　　　　　D. 活泼的程度

【破题要领】　B。生命体征是评估生命活动是否存在及其质量的重要征象，包括体温、脉搏、呼吸和血压。

（二）外伤止血

常见的外伤有：擦伤、刺伤、锐器伤、钝器伤或挤压伤等。

幼儿发生外伤后，如果有出血伤口，保育师根据伤口的大小、出血量来判断严重程度，按需拨打120急救电话。

1. 紧急救护

第一步：冲洗清创。如果伤口表面、伤口内有灰土、污垢或者异物，用生理盐水（或饮用水）冲洗干净。

第二步：消毒。用消毒棉签或者棉球蘸取刺激性小、消毒效果好的碘伏，由伤口中心轻轻地向四周擦拭消毒（图6-2-4），然后更换棉签，最好消毒3次。充分消毒伤口后，用生理盐水将碘伏冲掉、晾干。

图6-2-4　消毒方法

第三步：止血。如果只是擦破皮或小伤口，出血量很少，可以不用创可贴或绷带；大面积的擦伤可以用消毒的透气纱布或者敷料覆盖，每天更换一次，既能保护伤口、防止感染，也能保持皮肤湿润、促进恢复、减轻疤痕。

2. 注意事项

（1）若被有铁锈和泥土的钉子、玻璃等锐利的物品刺伤，伤口窄而深，需要到医院做清创处理并注射破伤风针。不要反复用力去除沾染物，这样会加深创面，造成二度损伤。

（2）若伤口出血量很大，像是喷射出来的，或伤口很深，露出脂肪、肌肉，需要抬高受伤部位，用纱布或干净的毛巾按压伤口，止血同时立即送医。

（3）头部的伤口要特别注意，幼儿的头发容易和伤口、血液混在一起，很难判断伤口情况，可以用干净的毛巾或纸巾压迫伤口止血，尽快将幼儿送医。

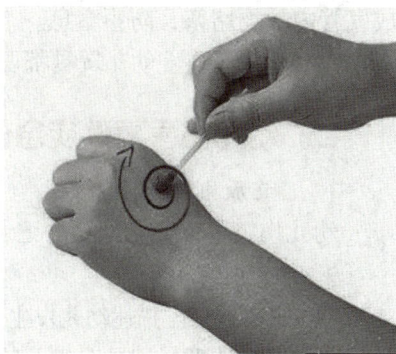

聚焦考证

任务二　幼儿伤害及初步处理的记录方法

案例导入

离园环节，东东和轩轩在活动室玩玩具，因为争抢积木，东东抢不过就用力将轩轩推倒，造成轩轩头撞到椅角形成皮下血肿，保育师马上进行了现场紧急处理，与家长做好沟通，并做好记录。保育师该如何进行幼儿伤害及初步处理的记录呢?

任务要求

1. 熟悉伤害事件应急处置的原则。
2. 掌握伤害事件应急处置的记录方法。

一、幼儿伤害事件的防控措施

（1）保育师细心的照护是避免伤害事故发生的关键。例如，幼儿睡眠时被子不盖过头部，消除睡眠环境中潜在危险因素；让幼儿食用细碎食物，讲话时禁止进食；保管好零碎杂物，避免幼儿误食造成气管内异物堵塞，防止窒息。

（2）环境设施、幼儿玩具都要符合幼儿安全规范。

二、幼儿伤害事件应急处置的记录

1. 记录原则

幼儿伤害事件应急处置的记录原则是及时、准确、完整、简明、清晰。

2. 记录内容

（1）事件记录。描述幼儿发生伤害事件的时间、地点、意外伤害类型、患儿精神状态、伤势情况等。

（2）现场处理。记录对患儿的紧急救护措施，救护过程中患儿的生命体征变化等。

（3）处理结果。记录采取急救措施后初步处理的结果，患儿的情绪变化情况等。

（4）转运情况。记录运送过程中患儿全身情况及伤势情况，交接内容。

（5）后期跟进。记录患儿恢复情况，返园后身心情况。

三、幼儿伤害事件应急处理记录步骤

按伤害事件应急处理步骤进行记录，如表6-2-1。

表6-2-1　伤害事件处理记录步骤

序号	步　骤	内　容	标　准
1	步骤一：记录伤情评估的情况	1. 首先确保安全，防止二次伤害 2. 查看患儿受伤情况，判断伤势程度 3. 按伤势程度决定处理方法	1. 评估环境是否安全，第一时间排除可能存在的安全隐患 2. 马上观察患儿受伤情况，初步判断伤情轻重 3. 轻微伤可自行带患儿到医务室找保健医生进行处理。重伤马上联系保健医生并向上级汇报
2	步骤二：判断是否需要就医，记录现场处理的情况	1. 判断患儿受伤情况 2. 根据患儿精神状况进行判断	1. 如果是轻伤，患儿精神状态良好，经处理后可继续观察患儿情况，有异常及时反馈医务室 2. 如果伤情较重，或者精神状态异常立即送往医院并告知家长
3	步骤三：记录通知家长的详细情况	电话联系家长，跟家长说明患儿受伤情况及处理情况，并真诚道歉，详细记录通话情况	及时电话联系家长，态度诚恳积极，安抚家长情绪
4	步骤四：记录送医的过程	1. 选择合适的医院 2. 积极配合医生的检查	1. 就近原则，如伤情较重，则选择正规专科医院 2. 如实向医生反馈患儿受伤的过程及初步处理

续表

序号	步　骤	内　容	标　准
5	步骤五： 记录上报处理结果	1. 上报园领导处理结果 2. 整理上报医务室相关资料	1. 处理完事故书面向园领导汇报处理情况和结果 2. 把孩子的病历上报医务室
6	步骤六： 记录后期追踪伤势恢复情况	1. 电话慰问患儿，了解恢复情况 2. 做好复园记录	1. 关心患儿的恢复情况 2. 复园前的恢复评估

表6-2-2　伤害事件初步处理记录单

日　期		时　间		照护者	
幼儿姓名		年　龄		发生时间	
具体伤害事件发生过程					

处理流程	内　容	存　在　问　题		结　果
1.评估	环境			
	幼儿			
	伤情			
	精神			
2. 是否需要送医				
3. 与家长联系情况				
4. 医院就医情况				
5. 上报园区管理部门情况				
6. 后期跟踪患儿情况				
反思总结				

聚焦考证

（单项选择题）有些意外事故发生后，必须在现场争分夺秒地进行正确而有效的急救，以防止造成死亡或终身残疾。急救的原则主要是挽救生命、（　　）和减少痛苦。

A.防止手受伤　　　　　B.防止伤残　　　　　C.防止失语　　　　　D.防治耳聋

【破题要领】B。急救的原则是抢救生命，降低死亡率；防止病情的继续恶化；减轻病痛，减少意外损害，降低伤残率。

（单项选择题）以下关于保育师工作记录的标准错误的是（　　）。

A. 模式化　　　　　B. 规范　　　　　C.认真　　　　　D.持之以恒

【破题要领】A。工作记录是根据幼儿实际的活动情况进行记录的，要如实、规范，切记不可模式化。

在线练习6-2

强化练习

一、单项选择题

1. 发芽马铃薯含有的有毒物质为（   ）。
   A. 植物碱   B. 皂甙   C. 龙葵素
   D. 黄曲霉素   E. 肉毒素

2. 下列哪项不是高热惊厥的表现？（   ）
   A. 意识丧失   B. 两眼球固定或上翻   C. 四肢厥冷
   D. 呼吸急促   E. 口吐白沫

3. 心肺复苏胸外按压的频率是（   ）。
   A. 60～80次/分   B. 80～100次/分   C. 100～120次/分
   D. 90～100次/分   E. 120～140次/分

4. 心脏骤停的表现不包括（   ）。
   A. 突然意识丧失   B. 大动脉搏动消失   C. 呼吸停止
   D. 血压下降   E. 双侧瞳孔缩小

5. 幼儿，男，3岁，滑滑梯时不小心从高处摔下，到医院检查。医生说患儿头部血肿较大，一般（   ）周才能吸收。
   A. 1～2   B. 2～4   C. 3～5
   D. 4～6   E. 6～8

6. 幼儿，女，2岁，外出游玩时被毒蜂蜇伤，照护者首要的处理方法是（   ）。
   A. 用碱水清洗创口   B. 拔除毒刺   C. 用肥皂水清洗创口
   D. 立即按压   E. 涂花露水

7. 电击伤的严重程度与（   ）有关。
   A. 电流类型   B. 电流强度   C. 电阻大小
   D. 电压高低   E. 以上都是

8. 6个月的婴儿常见的窒息原因，下列哪项除外？（   ）
   A. 乳母乳房压住婴儿口鼻   B. 吃花生   C. 吃坚果
   D. 吸果冻   E. 吞小纽扣

二、判断题

1. 高热惊厥在一次疾病过程中很少反复发作多次，一般无神经系统异常。（   ）
2. 清创消毒伤口时，由伤口中心轻轻地向四周擦拭消毒。（   ）
3. 当幼儿发生晕厥时，注意给患儿系好衣领、腰带，盖被保暖。（   ）
4. 当幼儿被热水烫伤时，首先要脱掉身上的衣物。（   ）
5. 只要有台风登陆，要马上停课停学。（   ）

模块小结

本模块主要学习了幼儿常见意外伤害的理论知识和具体急救措施，帮助学生掌握幼儿常见急症和意外伤害的识别及应对，如心肺复苏术、清创消毒止血的具体实施，急性中毒的识别及应对，烧烫伤、出血、头皮血肿、惊厥发作的紧急救护等，使学生具备常见意外伤害的初步识别及应急救护的能力，确保幼儿的生命安全和身心健康。

模块 七

幼儿健康照护

项目一 → 幼儿常见病

项目二 → 幼儿传染病

模块导读

幼儿消化系统、免疫系统发育不成熟，容易患营养性和感染性疾病。幼儿健康包括身体、心理健康及社会良好的适应。保育师应尽早发现患病的幼儿，并及时正确处理，呵护幼儿健康成长。

本模块主要阐述幼儿常见病，包括维生素D缺乏性佝偻病、蛋白质-能量营养不良、单纯型肥胖、营养性缺铁性贫血等，讲授幼儿常见病的病因、症状表现及干预与保育，以及幼儿常见传染病的流行病学特点与防控措施。要求学生在学习过程要结合相关案例，做到理论联系实际、举一反三，完成本模块学习后能独立且熟练掌握幼儿常见病、传染病的早期识别的方法，并能给家长正确的指导。

学习目标

1. 掌握幼儿常见疾病的预防措施、干预与保育；掌握传染病防控措施、传染病的报告及预防接种的知识。

2. 熟悉幼儿常见疾病的病因及症状表现，传染病的流行病学特点及症状表现；熟悉幼儿异常行为的表现。

3. 学会幼儿传染病的早期识别。

4. 培养学生具有爱心、责任心和细心的工匠精神。

内容结构

```
                                    ┌─── 幼儿常见病早期识别
                     ┌── 幼儿常见病 ─┤
                     │              └─── 幼儿行为异常类型及表现
幼儿健康照护 ─────────┤
                     │              ┌─── 幼儿传染病早期识别
                     └── 幼儿传染病 ─┼─── 幼儿传染病报告
                                    └─── 幼儿定期体检及预防接种知识
```

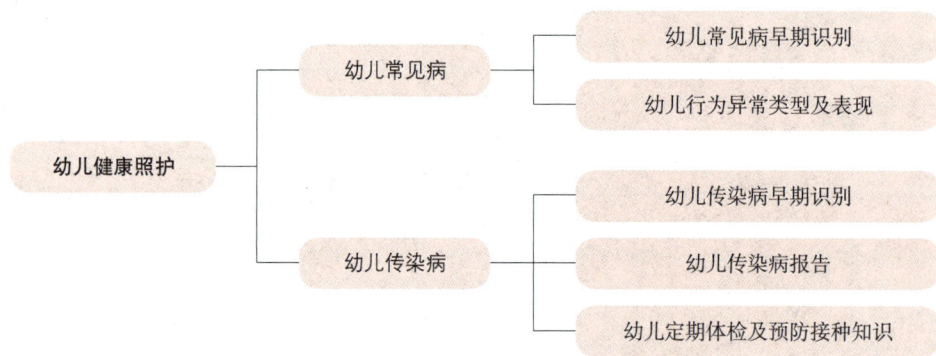

项目一 幼儿常见病

任务一 幼儿常见病早期识别

案例导入

莉莉，女孩，3岁，在幼儿园小班就读。莉莉平时很喜欢吃零食，喝碳酸饮料，在家的时候常常坐在沙发上看电视，不喜欢到户外活动。现在她体重已经20 kg了，比同龄女孩明显胖了很多，脖子、腹部的脂肪很突出。幼儿园的小朋友常常取笑她，她感到很伤心、自卑。如何识别与干预单纯型肥胖的幼儿？

任务要求

1. 掌握幼儿常见病的症状表现、干预和保育措施。
2. 熟悉幼儿常见病的预防措施。
3. 了解幼儿常见病的病因。

一、维生素D缺乏性佝偻病

维生素D缺乏性佝偻病简称佝偻病,是由于幼儿体内维生素D不足导致钙、磷代谢失常,引起以骨骼改变为特征的一种全身慢性营养性疾病。

(一)病因

1. 日光照射不足

日光照射不足是发病的主要因素。当幼儿缺乏户外活动,可影响内源性维生素D的生成。

2. 维生素D摄入不足

因天然食物中维生素D含量少,不能满足幼儿的生长需要,加上幼儿偏食、挑食,导致摄入不足。

3. 体内贮存不足

母亲妊娠期有严重疾病,可引起早产儿、双胎或多胎儿体内维生素D贮存不足。

4. 机体需要量增加

幼儿生长速度较快,需要量增加,若未及时补充易发生佝偻病。

5. 疾病和药物的影响

肝、胆及胃肠疾病或者长期服用抗惊厥药等可影响维生素D的吸收、分解及转运等。

(二)症状表现

佝偻病常发生于生长发育中的幼儿时期。临床分期包括初期、活动期、恢复期和后遗症期。

1. 初期

患儿主要表现为非特异性的精神、神经症状,易激惹、烦躁、睡眠不安、夜惊、夜哭、盗汗,常有枕秃。

2. 活动期

骨骼改变是活动期的典型表现。3～6个月出现颅骨软化,7～8个月出现方颅。胸部改变包括肋骨串珠、肋膈沟、鸡胸、漏斗胸等。四肢出现"手镯"或"足镯"征,下肢出现"O"形或"X"形腿。脊柱可后凸或侧凸。严重者可出现神经、精神发育迟缓。

3. 恢复期

患儿经过治疗,症状和体征逐渐减轻或消失。

4. 后遗症期

多见于2岁以后儿童,严重佝偻病患儿可遗留不同程度的骨骼畸形。

聚焦考证

(单项选择题)幼儿维生素D缺乏性佝偻病对( )的影响最突出。

A. 心   B. 肝   C. 骨骼   D. 脑

【破题要领】C。维生素D缺乏性佝偻病是幼儿缺乏维生素D导致钙、磷代谢失常,引起以骨骼改变为特征的一种全身慢性营养性疾病。

（三）预防措施

1. 孕妇补充维生素D

孕妇妊娠期间应补充维生素D，坚持户外活动，多晒太阳；膳食中应富含维生素D、钙、磷、优质蛋白质食物。

2. 新生儿补充维生素D

新生儿于出生后数天无特殊情况一般可以补充维生素D，早产儿、低出生体重儿、双胎或多胎儿，由于体内存储量不足，生后即可补充维生素D。

3. 合理喂养，及时添加辅食

合理喂养，及时添加辅食，可适量补充钙剂，尤其是饮食中钙含量不足。多晒太阳，一般要求做到每日2小时以上户外活动。

（四）干预与保育

1. 登记与管理

托幼机构对确诊佝偻病患儿要进行登记和专案管理。

2. 重点关注患儿护理

保育师在一日生活活动中应当特别关注患儿并重点护理。如入托幼机构时向家长了解患儿当天的健康状况；在进食过程中引导患儿不挑食、不偏食；户外活动时应帮助其适当加减衣服、擦汗等，掌握好运动量。

3. 补充维生素D

活动期佝偻病患儿应在专科医生指导下口服维生素D，同时进行充足的户外活动，冬季在不影响保暖的情况下尽量多暴露皮肤接受日光照射；夏季可在树荫处活动。因过量摄入维生素D会引起中毒，保育师应与家长做好沟通，确保患儿不过量服药。

4. 定期检查

活动期佝偻病患儿应每月到儿科门诊复查1次，保育师应主动向家长了解患儿每次复诊的情况，恢复期患儿每2个月复查1次，直至痊愈后即可结案。

二、蛋白质-能量营养不良

蛋白质-能量营养不良是由于幼儿缺乏能量和（或）蛋白质所导致的一种营养缺乏性疾病，患儿可出现体重不增或下降、消瘦或水肿、皮下脂肪减少甚至消瘦，伴有其他器官的功能下降。

（一）病因

蛋白质-能量营养不良的病因包括营养摄入不足，如幼儿长期不良的饮食习惯，偏食、挑食；消化、吸收不良，如幼儿患消化系统疾病、先天畸形影响蛋白质等重要营养素吸收和利用；幼儿需要量增加，幼儿生长发育迅速，对营养素需要量增加而造成相对缺乏，此外长期疾病影响可使营养素的消耗增多而导致营养不足。

（二）症状表现

幼儿发生蛋白质-能量营养不良时，最先表现为体重不增，继而体重下降，表现为消瘦。（表7-1-1）此时可通过患儿的皮下脂肪厚度来评估营养不良的程度。最先出现皮下脂肪消减的部位是腹部，其次是躯干、臀部、四肢，最后是面部。严重营养不良的患儿皮下脂肪消失，皮肤干燥、苍白、失去弹性，额部出现皱纹。长期营养不良患儿可出现一系列并发症，包括缺铁性贫血、维生素及微量元素缺乏、上呼吸道感染、低血糖等。

表7-1-1　幼儿不同程度蛋白质—能量营养不良的表现

	轻　度	中　度	重　度
腹壁皮褶厚度	0.4～0.8 cm	小于0.4 cm	消　失
体重低于正常均值	15%～25%	25%～40%	大于40%
消　瘦	不明显	明　显	皮包骨样
身高（长）	正　常	低于正常	明显低于正常
肌张力	正　常	明显降低，肌肉松弛	低下，肌肉萎缩
皮肤颜色及弹性	正常或稍苍白	苍白、弹性差	弹性消失
精神状态	正　常	烦躁不安	萎靡、烦躁与抑制交替

聚焦考证

（单项选择题）营养不良的幼儿皮下脂肪减少，最先消减的部位是（　　　）。

A. 面部　　　　　　　　B. 腹部　　　　　　　　C. 胸部　　　　　　　　D. 四肢

【破题要领】B。营养不良幼儿发生皮下脂肪消减最早是出现在腹部，最晚是出现在面部。

（三）预防措施

1. 培养幼儿良好的饮食习惯

托幼机构在幼儿的膳食中要保证优质蛋白质的摄入，每月做1次幼儿膳食调查、营养计算与分析，发现营养素、能量摄入有偏差应及时调整膳食计划和食谱；家长和保育师要培养幼儿养成不偏食、不挑食等良好饮食习惯。

2. 制订科学的一日生活作息制度

托幼机构应制定科学的一日生活作息时间，保证幼儿户外活动每天在2小时以上，增强体质，促进食欲。

3. 培养幼儿良好的卫生习惯

家长和保育师要培养幼儿养成饭前、便后洗手等良好的卫生习惯，预防胃肠道疾病发生。发现幼儿存在影响生长发育的呼吸道、消化道疾病，应及时提醒家长带孩子到医疗机构进行诊治。

4. 定期测量幼儿体格发育情况

保健人员应每3个月对幼儿进行体格生长发育测量，对体重不增或体重下降的幼儿应做进一步评估分析，寻找原因。

（四）干预与保育

1. 及时了解幼儿营养情况并与家长沟通

托幼机构卫生保健人员要对中度营养不良及以上幼儿进行登记和专案管理。保育师配合保健人员与家长进行沟通，寻找营养不良的原因，进行个体化指导。对因营养素缺乏或存在饮食行为问题的幼儿，保育师应指导家长合理营养和健康的饮食行为；对由于疾病所致的营养不良患儿，要督促家长积极带其到专科门诊治疗。

2. 为营养不良患儿提供特殊膳食

托幼机构可为营养不良幼儿提供特殊膳食，在饮食上多补充一些谷类食物和蛋白质食物，在一日三餐以外的点心中适当增加谷类点心。

3. 针对营养不良幼儿制订个体化体格锻炼计划

保育师应针对营养不良幼儿制订个体化体格锻炼计划，运动量循序渐进，运动时保育师应随时密切观察幼儿出汗、呼吸、精神、面色等情况，防止运动过度。

4. 管理和结案

保健人员按干预方案进行管理，三次检查正常即可结案。

三、单纯型肥胖

幼儿单纯型肥胖是由于长期能量摄入超过机体的消耗，导致体内脂肪组织过度积聚、体重超过参考范围的一种营养障碍性疾病。据研究报告，目前儿童超重和肥胖发病率持续上升，部分城市学龄期儿童超重和肥胖发生率高达10%以上。

（一）病因

1. 能量摄入过多

当幼儿摄入的营养超过机体的消耗时，过剩的能量转化为脂肪贮存在体内，从而导致肥胖。

2. 活动量过少

肥胖的幼儿常常懒动，缺乏适当活动，导致机体能量消耗减少，是发生肥胖的重要原因。

3. 遗传因素

有研究表明，肥胖有显著遗传倾向，双亲肥胖，子代肥胖患病率高达70%～80%；而双亲之一肥胖，其后代40%～50%发生肥胖。

（二）症状表现

体重超过同性别、同身高儿童正常标准的10%～19%为超重，超过标准的20%者即为肥胖。超过标准的20%～29%为轻度肥胖；超过标准的30%～49%为中度肥胖；超过标准的50%者为重度肥胖。肥胖幼儿嗜好甜食、高脂肪食物，容易出现疲劳感，从而懒动、少动。患儿因脂肪过度堆积而限制胸廓运动，使肺通气不足，会出现气急、发绀；皮下脂肪丰满，腹部膨隆下垂，胸腹、臀部及大腿皮肤出现皮纹；严重肥胖者还会因走路时双下肢负荷过度而出现扁平足以及膝外翻。

聚焦考证

（单项选择题）如果幼儿的体重超标（　　　）以上就属于肥胖儿的范畴了。

A. 10%　　　　　　B. 20%　　　　　　C. 30%　　　　　　D. 50%

【破题要领】B。幼儿体重超过同性别、同身高幼儿标准体重的10%～19%为超重，超过20%者即为肥胖。

（三）预防措施

1. 健康教育

托幼机构应通过家园联系、网络宣传、班级主题活动等形式开展健康教育，提高家长和幼儿对肥胖的认知，了解肥胖对生理和心理的危害，促使家庭养成良好的生活方式，减少或消除肥胖的发生。

2. 饮食管理

托幼机构应合理安排一日三餐，提供带量食谱，保证膳食结构合理，避免热量摄入过高；家长与保育师要培养幼儿规律进餐，不挑食，不喝或少喝含糖饮料、碳酸类饮料。

3. 合理运动

托幼机构要科学制订一日生活活动计划，保证幼儿每日户外活动和体育活动时间在2小时以上，保持能量代谢平衡。

4. 家庭管理

家长应以身作则，为幼儿树立榜样，多运动、少静坐；避免第二次晚餐。

5. 定期监测

幼儿每月测量一次体重，每3个月测量一次身长；3～6岁儿童每季度测量一次身高、体重，并做出体格发育评价，发现体重异常应及早干预。

聚焦考证

（单项选择题）肥胖儿由于体型不匀称，动作不灵活，常会遭到其他小伙伴的嘲笑和捉弄，容易产生（　　）。

A. 个性独立　　　　B. 自卑感　　　　C. 幽默性格　　　　D. 语言表达能力强

【破题要领】B。托幼机构里肥胖儿容易因体型受到同伴的嘲笑，保育师应关注其心理，并做好心理辅导。

（四）干预与保育

1. 行为矫正

让家长和幼儿了解肥胖对健康的危害以及控制饮食的必要性，保健人员对幼儿进行心理疏导，帮助缓解心理压力，引导患儿正确认识身体形态的改变，树立患儿及家长的信心，帮助患儿增强控制体重的毅力。禁止使用一些不当方法减肥，如饥饿疗法、服药减肥、快速减重等。

2. 饮食调整

幼儿每日食谱必须满足基本营养及生长发育的需要。控制脂肪的过多摄入，保证蛋白质的摄入，尤其是优质蛋白质；限制零食、甜食的摄入；多选择低热量食品，如黄豆、白菜、香菇等；少吃或不吃高热量食品，如奶油蛋糕、巧克力、快餐、速食方便面等。

进餐时应在满足幼儿基本营养及生长发育需要的前提下，适当限制肥胖儿食量；控制其进食速度，要求细吞慢嚼；进餐时可以让肥胖儿先喝汤，再加蔬菜、主食，控制主食的摄入量。

3. 运动治疗

肥胖儿的运动强度应为中等强度，一般运动时脉搏达到140～160次/分钟为宜，避免过度疲劳，运动强度应循序渐进，把握运动量。每天运动时间不少于半小时，每周运动天数至少5天。保育师在设计活动时可选择多种多样、易于坚持的活动项目，如跑步、跳绳、球类活动等。

四、营养性缺铁性贫血

幼儿营养性缺铁性贫血是由于体内铁缺乏造成血红蛋白合成减少而引起的贫血。

（一）病因

1. 铁摄入不足

铁摄入不足是缺铁性贫血的最主要原因。幼儿偏食、挑食或摄入动物性食品过少等可导致铁摄入不足。

2. 铁吸收、利用障碍

维生素C、果糖等还原物质可促进铁的吸收，植物纤维、茶、咖啡、牛乳、钙剂等可妨碍铁的吸收；某些疾病如消化道畸形、慢性腹泻等可致铁吸收障碍。

3. 铁丢失过多

幼儿患寄生虫病可导致铁丢失过多。

（二）症状表现

1. 贫血外貌

贫血患儿最常见的表现是皮肤黏膜苍白，以口唇、口腔黏膜及甲床最明显；年长儿童可诉头晕、眼前发黑、耳鸣、易乏力、不爱活动。

2. 消化系统的表现

患儿食欲下降，少数有异食癖，可出现口腔炎、舌炎或舌乳头萎缩等。

3. 神经系统的表现

长期贫血患儿容易出现注意力不集中，理解能力降低，记忆力下降。

4. 心血管系统的表现

患儿容易疲劳，活动时明显；心率增快、心脏扩大和杂音，严重者可发生心力衰竭。

5. 其他

缺铁会引起细胞免疫功能低下，患儿容易出现感染；长期缺铁性贫血患儿可出现匙状指。

（三）预防措施

1. 胎儿期

孕妇应加强保健，均衡饮食，多摄入富含铁元素的食物，如鱼类、动物肝脏、并补充富含维生素C的食物，促进铁元素吸收。

2. 婴儿期

提倡母乳喂养，按月龄添加富含铁元素的食物，如蛋黄、强化铁米粉等。

3. 幼儿期

家长及托幼机构要为幼儿提供均衡的膳食，纠正挑食、偏食等不良饮食习惯；保证充足的动物性食物和豆类制品，鼓励幼儿多吃维生素C丰富的蔬菜、水果。

聚焦考证

（单项选择题）贫血幼儿最明显的表现是（　　　　）。

A. 面色青紫　　　　　　B. 口唇、口腔黏膜苍白　　　　　C. 头晕　　　　　D. 心率快

【破题要领】B。贫血患儿最常见的表现是皮肤黏膜苍白，以口唇、口腔黏膜及甲床最明显。

（四）干预与保育

1. 定期体检，建档管理

托幼机构保健人员为营养性缺铁性贫血的患儿建立个人档案，专案管理。托幼机构为贫血幼儿提供特殊膳食，强化含铁、蛋白质、维生素丰富的食物摄入，如动物肝、动物血、瘦肉、豆类、紫菜、海带、黑木耳等。

2. 饮食调整

通过家园联系了解可能造成幼儿贫血的原因，调整膳食结构，改变患儿不良的挑食、偏食行为。

3. 专科治疗

家长应带患儿到专科门诊就诊，明确贫血的诊断，在医生指导下服用铁剂和维生素C，治疗缺铁性贫血。保育师应该了解患儿服用铁剂、维生素C的注意事项。

4. 加强对患儿的护理

保育师要加强对贫血幼儿的护理，避免或减少呼吸道感染、消化道感染等疾病的发生，保持口腔

清洁，避免发生口腔感染，避免患儿进行强度大的活动。

五、急性上呼吸道感染

急性上呼吸道感染俗称"感冒"，主要由各种病原体感染鼻腔、咽或喉部引起的急性炎症，是幼儿最常见的疾病，发病率高，多可在10天左右自愈。本病一年四季均可发生，以冬春季和气候骤变时多见。

（一）病因

引起急性上呼吸道感染的病原体90%为病毒，少数感染者为细菌感染引起。幼儿患有佝偻病、营养不良、先天性心脏病、贫血等基础疾病时，容易得上呼吸道感染。

（二）症状表现

1. 一般类型

幼儿上呼吸道感染以全身症状多见，而年长儿以局部症状为主。早期局部症状包括咳嗽、流涕、打喷嚏、鼻塞等。全身症状可有发热、烦躁不安、头痛、全身不适、乏力等。体检可见咽部充血，扁桃体肿大，有时可触及下颌和颈部淋巴结肿大。

2. 特殊类型

（1）疱疹性咽颊炎。疱疹性咽颊炎由A型柯萨奇病毒引起。患儿表现为咽痛、发热，咽部充血明显，软腭、腭垂、咽和扁桃体表面有灰白色疱疹和浅表溃疡，周围有红晕。

（2）咽结合膜热。咽结合膜热由腺病毒引起，好发于春夏季。患儿表现为发热、咽痛、畏光、流泪等，检查可见咽部和眼睛结合膜充血明显。

（三）预防与干预

保育师应教育幼儿认识感冒的症状、预防知识，勤洗手，多喝水，重视每日晨午检测体温，发现幼儿发热，应安排其到保健医疗室休息，并观察是否有其他并发症；若患儿体温超过38.5℃，可给予药物降温，避免高热引起惊厥。及时联系家长，要求家长带幼儿到相应医疗机构就诊，做进一步诊断、治疗；了解幼儿的诊治经过，待幼儿病情彻底痊愈，方可返园。

当托幼机构有幼儿出现发热，为避免疾病传播扩散，要做好环境清洁、消毒。保持室内空气新鲜，温度、湿度适宜。增加幼儿营养和加强体格锻炼。保育师应根据气候变化及时为幼儿增减衣服，避免受凉。

六、龋齿

龋齿俗称蛀牙，龋齿是在以细菌为主的多因素的影响下，牙体硬组织发生慢性进行性破坏的一种疾病。如不及时治疗，病变继续发展，形成龋洞，最终导致牙冠完全破坏消失。

（一）病因

1. 细菌因素

引起龋齿最常见的细菌是变形链球菌。这些细菌和食物相互作用在牙齿表面上形成菌斑，加上幼儿没有养成良好刷牙习惯，菌斑持续进展而导致牙齿龋坏。

2. 食物因素

食物中主要的致龋物质是糖类。幼儿过多摄入糖类食物，为细菌的生存提供了必需的营养，增加了龋病的发病机会。

3. 宿主因素

幼儿牙齿排列拥挤、牙齿上窝、沟、点隙过多过深等易发生龋齿。另外龋病的发生与宿主唾液分

泌的量和流速有关，如唾液分泌量多且流速快则不易发生龋病。反之，容易发生龋病。

4. 时间因素

龋病的发生和发展是一个漫长的过程，牙菌斑从形成到具有致龋力、从很小的龋坏到临床龋洞的形成，都要经历一段时间。

（二）症状表现

幼儿龋齿，根据龋坏程度分为浅、中、深龋三个阶段。

1. 浅龋

龋坏局限于牙釉质。初期于平滑面表现为脱矿所致的白垩色斑块，以后因着色而呈黄褐色，窝沟处则呈浸墨状弥散，一般无明显龋洞，无自觉症状。

2. 中龋

龋坏已达牙本质浅层，有明显龋洞，口腔检查可有探痛，对冷、热、甜、酸、食物嵌入等外界刺激可出现疼痛反应，当刺激源去除后疼痛立即消失。

3. 深龋

龋坏已达牙本质深层，一般表现为大而深的龋洞，或入口小而深层有较为广泛的破坏，对外界刺激反应较中龋为重，但刺激源去除后，仍可立即止痛。

（三）预防措施

1. 口腔卫生教育

教育幼儿认识口腔卫生的重要性，了解龋齿对健康的危害。

2. 定期口腔检查

托幼机构应每半年对幼儿进行一次口腔检查，发现牙齿有龋坏，及时联系家长采取措施，防止进一步发展和加重。

3. 保持口腔清洁

保育师应教育幼儿掌握正确刷牙的方法，早晚各刷一次牙，饭后自觉漱口。喝完牛奶后用清水漱口，刷牙要彻底，每3个月更换一次牙刷。

4. 饮食管理

保育师应引导幼儿少吃酸性刺激食物，临睡前不吃零食，特别是甜食；少吃含糖分高的食物，如糖、巧克力、饼干等；不可吃太多的过于坚硬的食物，以免牙齿磨损。

5. 采取防龋措施

使用儿童专用含氟漱口水、含氟牙膏牙刷。

6. 窝沟封闭治疗

窝沟封闭治疗是预防磨牙窝沟最有效的方法，家长带幼儿到口腔医院或门诊，由口腔专业人员进行治疗。

聚焦考证

（单项选择题）家长应重视幼儿的口腔保健工作，做到（   ）为主，防治结合。

A. 治疗   B. 刷牙   C. 换牙   D. 预防

【破题要领】 D。幼儿龋齿发生率高，家长应重视其口腔保健工作。

七、斜视

斜视是一眼注视某一目标时，另一眼的视线偏离该目标。幼儿斜视首先影响外观，同时也会影响双眼视觉功能，严重者影响患儿的立体视力。斜视属于眼科常见的疾病，发生率约为3%。

（一）病因

斜视可以发生在任何年龄阶段，在儿童和青少年阶段发生的斜视多由于遗传、眼球运动发育异常、双眼视功能异常及视觉功能异常所致。

（二）症状表现

斜视分为内斜视和外斜视。内斜视俗称"斗鸡眼"，眼位向内偏斜。内斜视分为先天性和后天性斜视，后天性内斜视又分为调节性与非调节性。调节性内斜视多见于2～3岁幼儿。

外斜视俗称"斜白眼"，眼位向外偏斜，分为间歇性与持续性外斜视。

（三）预防措施

1. 定期检查

托幼机构在幼儿健康检查时，应及时发现幼儿是否存在斜视，嘱咐家长带幼儿到眼科专科门诊就诊，并关注后续就医的情况。

2. 健康教育

保育师应做好幼儿的健康教育，引导幼儿正确认识斜视，鼓励其配合医生的治疗；做好心理辅导，教育其他幼儿不得取笑斜视眼孩子。

任务二　幼儿行为异常类型及表现

案例导入

明明，男孩，3岁，自小性格内向，说话不流畅，说话时常常停顿、延长、重复。身边的小孩常常讥笑他，甚至模仿他说话。明明感到很苦恼、生气，而他生气时，上述的表现更严重。最近，他变得有点自卑。幼儿常见的行为异常有哪些？明明属于哪一种行为异常？

任务要求

1. 掌握幼儿常见的行为异常表现。
2. 熟悉幼儿行为异常的概念。
3. 了解幼儿行为异常的原因。

保育师应仔细观察每个幼儿，及时发现存在异常行为的幼儿，并正确应对。幼儿常见的异常行为包括口吃、吮指癖、孤僻、多动、攻击性行为和分离性焦虑等。

一、口吃

（1）口吃的异常表现。口吃是一种语言节律异常的交流障碍，多发于两岁半至4岁儿童。幼儿表现出说话不流畅，常有停顿、重复、延长和阻塞现象。严重时会促使交流受挫。口吃的幼儿性格大多内向，常有羞怯、退缩、自卑、急躁、冲动等情况。

（2）口吃的原因。幼儿口吃的原因包括生理原因、心理原因、模仿和遗传因素。幼儿的语言调节功能不完善，造成连续发音困难，常见于2～5岁发育性口吃小儿。

聚焦考证

（单项选择题）教师对待口吃幼儿的正确做法是（　　）。

A.多让幼儿唱歌和朗诵　　　　B.多多练习　　　　C.反复纠正　　　　D.不许说话

【破题要领】A。对待口吃的幼儿不能批评、反复纠正，不能禁止说话，以免引起口吃行为加剧，增加幼儿的心理负担。

二、吮指癖

（1）吮指癖的异常表现。幼儿经常把拇指或其他手指放进嘴里吸吮，甚至3岁后仍反复吸吮手指，影响生活和学习。

（2）吮指癖的原因。

1）喂养方法不当。幼儿常常以吸吮手指来缓解饥饿感或补偿未得到满足的心理需要。

2）不良环境影响。当幼儿感到孤独、被忽视时，通过吸吮手指来自娱自乐；当紧张、害怕时，以吸吮手指来消除紧张、不安、压力等。

3）成人的不良教育。成人有意或无意的迁就、鼓励，会强化幼儿的吮指行为。

三、孤僻症

（1）孤僻幼儿的表现。应当注意，孤僻幼儿不一定有孤独症。大多数孤僻幼儿比较安静，常常独自玩耍，不爱讲话，不喜欢与其他人接近和交往，缺乏社会交往方面的兴趣和反应，表现出不合群、社交退缩、孤单。

（2）孤僻幼儿的原因。

1）遗传因素。一般孤僻幼儿都存在先天性格内向。

2）环境因素。当幼儿生活在不良家庭环境氛围中，因缺乏关爱和家庭温暖而性格孤僻，对周围事物冷漠。

3）创伤经历。家庭教育方式粗暴或因自身生理缺陷而被他人嫌弃、嘲笑等，会造成幼儿自卑、胆怯、畏缩等性格，最终发展成孤僻行为。

4）遭受挫折。幼儿因缺乏社会交往能力和方法，在人际交往中遭到拒绝或打击，对自己丧失信心，继而自我封闭。越不与他人接触，社交能力就越得不到提高，最终导致孤僻行为。

四、多动症

（1）多动症的表现。多动症幼儿的表现以动作过多、易冲动和注意力不集中为主。

1）活动过多。在幼儿时期孩子即引起家长的注意，自幼睡眠不安，脾气不好；到学龄前期则更加明显，多动不宁，不听从大人吩咐，常惹人生气。

2）注意力不集中。幼儿主动注意功能明显减弱，对无关的刺激却过分关注。课堂上不能专心听课，精力分散。

3）情绪不稳，易冲动。幼儿缺乏自制力，容易被激惹，对高兴或不高兴的刺激表现出过度兴奋或异常愤怒。

4）学习困难。大多数幼儿智力正常或接近正常，但因多动和注意力不集中而导致学习困难。

（2）多动症的原因。多动症的病因至今尚未十分清楚。多数研究认为该病是由生物因素、社会心理因素等协同作用造成的。有关双胞胎的研究发现，单卵双胎的多动症幼儿发生率高于双卵双胞胎。此外，严重的家庭不和、经济条件差、父母有精神障碍等均为多动症的多发因素。

五、攻击性行为

（1）攻击性行为的表现。攻击性行为是指当幼儿需求得不到满足或自身的权利受到损害时，表现出身体和言语上的侵犯性行为，包括打、踢、咬、咒骂、暴力、大声叫喊、抢夺他人物品等。

（2）攻击性行为的原因。

1）自身因素。幼儿阶段身心发展程度较低，幼儿常以自我为中心，自我约束力较差，行为多凭情绪驱动，一旦自身权利受到侵犯而变得冲动，容易对他人展开攻击行为。

2）家庭教育因素。幼儿的心理发展极易受到家庭的影响。在幼儿时期，若幼儿缺乏来自家庭的关爱、呵护，或父母未采取合理的教育方式和手段，在幼儿成长过程中则容易造成幼儿明显的攻击性行为倾向。

3）社会环境因素。幼儿具有较强的模仿能力，在成长过程中若接触到不良的视频，如动漫的打斗场景，会对孩子造成潜移默化的负面影响，从而产生攻击性行为。

六、分离性焦虑

（1）分离性焦虑的表现。分离性焦虑是幼儿时期较常见的一种情绪障碍，当幼儿离开家或亲人时表现出发作性紧张、莫名恐惧、担忧不安的状态，常伴有自主神经系统功能的紊乱。

（2）分离性焦虑的原因。

1）遗传因素。有报道指出，患有焦虑症的父母所生的子女，焦虑症的发生率明显高于正常父母所生的子女，说明分离性焦虑与遗传有密切的关系。

2）亲子过分依恋。母亲对幼儿溺爱、过分保护，会促使幼儿养成胆小、害羞、依赖性强等个性弱点。幼儿对母亲过分地依恋，不能很好地适应外界环境，一旦与母亲突然分离，就容易出现分离性焦虑。

3）生活事件影响。幼儿在出现分离性焦虑之前，多有生活事件作为诱因，如与父母突然分离，在幼儿园遇到挫折，亲人重病或去世等。

强化练习

在线练习 7-1

一、单项选择题

1. 幼儿佝偻病最常见的病因是（　　　）。
   A. 钙摄入不足　　　　　　　　B. 日光照射不足　　　　　　　C. 体内贮存不足
   D. 胃肠疾病影响　　　　　　　E. 长期服用抗惊厥药物

2. 为了预防幼儿维生素D缺乏性佝偻病，应强调（　　　）。
   A. 及早服用钙剂　　　　　　　B. 及早服用鱼肝油　　　　　　C. 经常晒太阳
   D. 母乳喂养　　　　　　　　　E. 及早添加辅食

3. 以下属于幼儿中度营养不良表现的是（　　　）。
   A. 肌肉萎缩　　　　　　　　　B. 皮肤弹性消失　　　　　　　C. 皮包骨样
   D. 腹壁脂肪厚度0.3 cm　　　E. 精神萎靡

4. 小儿发生营养性缺铁性贫血最常见的原因是（　　　）。
   A. 铁摄入不足　　　　　　　　B. 疾病所致　　　　　　　　　C. 药物干扰铁剂吸收
   D. 体内铁丢失过多　　　　　　E. 生长发育过快，需要量增加

5. 幼儿出现营养不良最早的表现是（　　　）。
   A. 体重下降　　　　　　　　　B. 体重不增　　　　　　　　　C. 消瘦
   D. 皮下脂肪消退　　　　　　　E. 面色苍白

6. 幼儿多吃（　　　）丰富的蔬菜、水果，有助于机体吸收铁元素。
   A. 维生素A　　　　　　　　　B. 维生素B　　　　　　　　　C. 维生素C
   D. 维生素D　　　　　　　　　E. 维生素E

7. 小儿发热时，如果体温超过（　　　），可给予药物降温，避免高热惊厥。

    A. 36.5℃   B. 37.5℃   C. 38.5℃

    D. 38.0℃   E. 39.5℃

8. 以下食物中的成分，哪种最容易导致小儿发生龋齿？（　　　　）

    A. 糖类   B. 蛋白质   C. 脂肪

    D. 矿物质   E. 维生素

二、判断题

1. 肥胖指体重超过同性别、同身高正常小儿体重均值的20%。（　　　）

2. 急性上呼吸道感染是由于感染细菌引起的。（　　　）

3. 过量摄入维生素D会引起中毒，保育师应确保患儿不过量服药。（　　　）

4. 引起小儿龋齿的最常见细菌是葡萄球菌。（　　　）

5. 小儿双眼外斜视，俗称"斗鸡眼"。（　　　）

6. 口吃好发于2.5岁至4岁儿童。（　　　）

7. 小儿分离性焦虑与遗传无关。（　　　）

项目二　幼儿传染病

任务一　幼儿传染病早期识别

案例导入

    丽丽，女孩，3岁。今天早上起床后，妈妈发现她发热了，测体温38℃，还有流鼻涕、咽喉痛。过了一会，身上也出现了皮疹，有些为疱疹。丽丽觉得皮肤很痒，不停地抓挠。妈妈很担心，带她到附近的医院看医生。丽丽可能得了什么疾病？假设医生诊断丽丽得了传染病，该如何护理？如何避免传染给其他小朋友？

任务要求

    1. 掌握传染病的概念、基本特征。

    2. 熟悉幼儿常见传染病的表现。

    3. 了解幼儿常见传染病的防控措施。

一、传染病概述

（一）概念

    传染病是指由各种病原体引起的能在人与人、动物与动物或人与动物之间相互传播的一类疾病。病原体包括病毒、细菌、寄生虫、支原体等。幼儿传染病中最多见的病原体是病毒和细菌。

（二）传染病的基本特征

1. 具有病原体

每一种传染病都有特定的病原体。不同病原体引起的传染病症状表现都不一样。

2. 具有传染性

传染病的病原体可以在不同个体间通过不同的途径传染扩散，这是传染病与一般感染性疾病的主要区别。

3. 具有流行病学特征

传染病根据病原体传染扩散的速度、范围，可以呈现不同强度的流行方式，包括散发、流行、大流行和暴发流行。

4. 具有免疫性

个体在感染某种病原体后，能产生针对该病原体及其产物的特异性免疫，比如幼儿感染麻疹后，可获得持久免疫力。

5. 具有季节性或区域性

某些传染病的流行发生受气候条件、地理条件的显著影响，具有一定的季节性或区域性流行特点。比如，流行性感冒多见于冬春季节。

（三）传染病流行与防控

1. 传染病的流行

传染病之所以能流行传播必须具备三个环节，分别是传染源、传播途径和易感人群，三者缺一不可。

（1）传染源。传染源是指能传播病原体的人和动物，包括患者、病原携带者和受感染的动物。

（2）传播途径。常见的传染病传播途径包括空气传播、飞沫传播、血液或体液传播、粪–口途径传播、直接或间接接触传播等。

（3）易感人群。易感人群是指对某种病原体缺乏免疫力而易受感染的人群。

2. 传染病的防控

传染病的防控措施是针对传染病流行的三个环节，采取控制传染源、切断传播途径和保护易感人群，从而终止传染病的传播流行。

聚焦考证

（单项选择题）传染源是指（　　）。

A. 护理幼儿的成人　　　　B. 同伴　　　　C. 病人　　　　D. 病原携带者和受感染的动物

【破题要领】D。传染源是患者、病原携带者或受感染的动物。

二、幼儿常见的传染病

（一）流行性感冒

流行性感冒，简称"流感"，是由流行性感冒病毒引起的急性呼吸道传染病，传染性极强。流感有甲、乙、丙三种类型，其中最容易引起大流行的是甲型，称为甲型流感，简称"甲流"。

1. 流行病学特点

（1）传染源。流感患者及隐性感染者是主要的传染源。

（2）传播途径。流感主要通过飞沫经呼吸道传播，幼儿也可通过接触口鼻、眼睛等部位的黏膜而传播。易感者接触病人的呼吸道分泌物、体液或病毒污染的物品也可感染。

（3）易感人群。幼儿由于免疫系统不成熟，容易感染流感病毒而发病，病情亦较重。

（4）流感多发于冬春季节，尤其在人群密集场所，托幼机构是流感的高发区。

2. 症状表现

流感的潜伏期较短，通常为1～7天。流感患儿的症状主要表现为高热、寒战、头痛、肌肉酸痛

等。个别患儿可有呕吐、腹泻等消化道症状。发热持续 3～5 天后逐渐消退，全身症状逐渐缓解，可伴有咳嗽、咽痛等症状。

3. 防控措施

（1）流感高发季节幼儿应避免到人群密集、空气不流畅的场所，外出活动时可佩戴口罩。

（2）培养幼儿养成良好个人卫生习惯，勤洗手，避免用手触摸眼睛、口鼻；必要时佩戴口罩；打喷嚏时使用纸巾遮挡，不随地吐痰，避免飞沫传播。

（3）室内开窗通风，保持空气新鲜，每日做好环境的清洁消毒。

（4）托幼机构坚持晨午检和全天观察，发现流感疑似患儿应及时安排就医治疗。

（5）流感患儿必须居家隔离治疗或在医疗机构治疗，轻症者通常需要隔离至发病后一周。

（6）建议幼儿接种流感疫苗。由于流感病毒变异性强，每年的流感病毒菌株不一样，因此每年接种的流感疫苗都不同。

（二）手足口病

手足口病是多种肠道病毒引起的急性传染病，大部分表现为轻型。

1. 流行病学特点

（1）传染源。患儿和隐性感染者是主要的传染源。

（2）传播途径。手足口病属于多途径传播，包括消化道传播、呼吸道传播和接触传播，接触患儿的粪便、皮疹疱液、玩具、餐具等可导致感染。

（3）易感人群。手足口病多发在 5 岁以下小儿，托幼机构易发生集体感染。

（4）一年四季均可发病，高峰期集中在 5～7 月，传染性强，常常引起暴发流行。手足口病目前无广泛应用的疫苗，主要以预防为主。

2. 症状表现

手足口病潜伏期较短，通常为 2～10 天，整个病程 1 周左右，大部分预后良好。患儿急性起病，早期有发热，口腔出现散在疱疹，破裂形成小溃疡，手掌、足及肛周皮肤出现斑丘疹或疱疹，可伴有上呼吸道症状，如流涕、咳嗽、打喷嚏等。个别患儿因口腔溃疡疼痛，而出现流涎、胃口下降。少数患儿表现为重症手足口病，甚至引起死亡。

3. 防控措施

（1）托幼机构应坚持做好晨午检和全日观察，以便及时发现手足口病疑似病例并隔离疑似患儿。

（2）平时要培养幼儿养成良好个人卫生习惯，饭前、便后及时洗手。

（3）做好日常清洁卫生和预防性消毒工作，当发现有小儿患手足口病时，采取疫源地消毒。

（4）加强手足口病患儿管理，手足口病患儿需及时到医疗机构就诊，根据医生的医嘱，采取居家隔离或住院隔离治疗；隔离期满后凭当地疾控部门出具的复课证明方可返园。

（5）托幼机构必须严格执行手足口病防控指南有关规定，出现重症或死亡案例，或 1 周内同一班级出现 2 例及以上病例，所在班级须停课 10 天；1 周内累计出现 10 例及以上或 3 个班级出现 2 例及以上病例时，经评估后可建议托幼机构停课 10 天。

聚焦考证

（单项选择题）小儿感染手足口病需要（　　）。

　A. 回家休息　　　　　B. 不用隔离治疗　　　　　C. 吃药　　　　　D. 马上进行隔离治疗

【破题要领】D。手足口病传染性强，托幼机构防控不及时很容易造成传播流行。

（三）麻疹

麻疹是由麻疹病毒引起的、传染性极强的急性呼吸道传染病。

1. 流行病学特点

（1）传染源。麻疹患者是主要的传染源。

（2）传播途径。麻疹以飞沫传播为主，空气传播、接触传播为辅。

（3）易感人群。本病主要发生于6月龄至5岁小儿，感染后可获得持久免疫力。

2. 症状表现

麻疹潜伏期为6～21天，典型病例包括前驱期、出疹期和恢复期三个阶段。前驱期患儿出现高热、上呼吸道炎症、口腔黏膜斑等表现，其中口腔黏膜斑是麻疹的特征表现之一。患儿的出疹期皮疹为斑丘疹，常常在发热的第3～4天出疹，出疹的部位、顺序及皮疹的消退等具有特征性。麻疹患儿的皮疹常首发于耳后、发际，随后蔓延至全身。恢复期皮疹按出疹先后顺序逐渐消退，可遗留色素沉着。单纯麻疹大多预后良好，并发喉炎、肺炎、脑炎的患儿则病情较重，甚至出现死亡。

3. 防控措施

（1）麻疹患儿应在家隔离治疗至出疹后5天，一般不少于病后2周。

（2）易感者在接触麻疹患者后应立即采取被动免疫，在5天内注射人血丙种球蛋白可预防发病；若在5天后注射，仅能减轻症状。

（3）麻疹可通过疫苗接种进行有效预防，接种麻疹疫苗是预防麻疹的关键措施。

（四）水痘

水痘是由水痘-带状疱疹病毒感染引起的急性出疹性传染病。该病原体初次感染引起水痘，而复发时表现为带状疱疹，传染性较强。

1. 流行病学特点

（1）传染源。该病的传染源是水痘、带状疱疹患者。

（2）传播途径。呼吸道传播或接触传播为主要的传播方式。

（3）易感人群。2～6岁小儿为易感人群，病后可获得持久免疫力。

（4）该病好发于冬春季节。

2. 症状表现

水痘患儿大多数病情较轻，为自限性疾病，病程一般在10天左右。早期出现发热或呼吸道感染症状。患儿常常在发热的第一天即发疹，皮疹首发于躯干，可向四肢蔓延，但集中出现在胸腹、腰背，呈向心性分布。皮疹起初为斑疹，逐渐演变呈丘疹、疱疹，最后结痂，分批出现，同一部位可见到不同形态的皮疹。皮疹瘙痒明显，患儿常常因瘙痒难忍将疱疹抓破，导致皮肤细菌感染。皮肤如没有合并细菌感染，通常能痊愈而不留瘢痕。

3. 防控措施

（1）水痘患儿应在家隔离治疗至身上疱疹全部结痂为止，一般不少于病后2周。

（2）易感者接触水痘患者后在4天内注射水痘免疫球蛋白可预防发病。

（3）小儿接种水痘疫苗可有效预防发病。

聚焦考证

（单项选择题）有关水痘患儿皮疹说法错误的是（　　　）。

A. 早期为斑疹、丘疹　　　　B. 皮疹呈向心性分布　　　　C. 皮疹一般不痒　　　　D. 皮疹分批出现

【破题要领】C。因出水痘引发的皮疹剧痒，患儿常常因皮肤瘙痒而抓挠。

（五）流行性腮腺炎

流行性腮腺炎是由腮腺炎病毒引起的急性呼吸道传染病，传染性较强，但弱于麻疹和水痘。

1. 流行病学特点

（1）传染源。患儿和隐性感染者为主要的传染源。

（2）传播途径。飞沫传播是主要的传播方式，也可因直接接触而传播。

（3）易感人群。该病多发于5～15岁小儿，病后可获得持久免疫力。

（4）该病冬春季节多见。

2. 症状表现

患儿的潜伏期为8～25天，前驱症状包括发热、头痛、乏力、食欲不振等，典型特征是以耳垂为中心的腮腺肿大、疼痛。腮腺肿大多为单侧，也可双侧发病，触痛明显，进食咀嚼时加剧。

3. 防控措施

（1）患儿应居家隔离治疗至腮腺肿胀完全消退后3天为止，若有并发症应到医疗机构就诊。

（2）因该病的潜伏期长，密切接触患者的幼儿应检疫3周。

（3）疾病流行时，托幼机构应加强晨午检、全日健康检查与消毒工作。

（4）接种腮腺炎减毒活疫苗或麻腮风三联疫苗可较好地预防发病。

（六）诺如病毒性肠炎

诺如病毒性肠炎是由诺如病毒引起的急性腹泻病，传染性强。

1. 流行病学特点

（1）传染源。患者及隐性感染者是主要的传染源。

（2）传播途径。粪口途径是主要的传播方式。小儿因进食被诺如病毒污染的食物、饮用水而发病。

（3）易感人群。人群普遍易感，因小儿免疫力低下，该病常在托幼机构引起暴发流行。

（4）全年均可发病，其中以秋冬季显著。

2. 症状表现

潜伏期通常为1～2天，急性起病，主要症状包括发热、恶心、呕吐、腹痛、腹泻等。多数患儿表现为轻症，1～3天症状好转。少数病例患儿因频繁呕吐、腹泻，导致脱水，可进展为重症，甚至死亡。

3. 防控措施

（1）托幼机构平时应重视对幼儿的健康卫生教育，利用宣传栏、发送宣传单等方式，开展诺如病毒防控知识的宣传，提高家长与幼儿的防病意识。

（2）保育师教导幼儿保持手卫生，严格执行规范的免冲洗手消毒液洗手程序，良好的手卫生能预防该病的发生和传播。

（3）教导幼儿要饮食卫生，不吃生冷食品，不吃未煮熟食物，不喝生水。给幼儿提供水果要洗净、削皮，海产品必须煮熟煮透。

（4）严格执行消毒工作。

班级环境、物品要彻底做好清洁、消毒工作。当有幼儿呕吐时，保育师引导其他幼儿向相对清洁的地方疏散，随后对呕吐物进行消毒处理；班级发生疫情时，保育师应在托幼机构保健人员的指导下做好疫源地消毒工作，着重对污染的环境、物体表面及生活用品进行严格消毒。

（5）患儿应及时安排至隔离室进行隔离观察。患儿必须在家隔离治疗至症状痊愈后3天，持医疗机构开具的复课证明方可返园。

聚焦考证

（单项选择题）以下不属于幼儿腹泻的主要症状的是（　　）。

A. 大便次数较平时增多　　　B. 大便干硬　　　C. 大便形状改变　　　D. 大便带有较多的水分
【破题要领】 B。大便干硬是便秘的表现。

（七）新型冠状病毒感染

新型冠状病毒感染，是由变异的冠状病毒引起的肺部急性感染。

1. 流行病学特点

（1）传染源。患者及无症状感染者为主要的传染源。

（2）传播途径。呼吸道传染及接触传播是主要的传播方式。

（3）易感人群。人群普遍易感，感染后对同型病毒株有免疫力。

2. 症状表现

大部分患儿症状较轻，甚至仅在筛查时确诊。症状主要是发热、乏力、干咳等，也有少数患儿出现鼻塞、流涕、腹泻等症状。

3. 防控措施

（1）保育师教导幼儿勤洗手，保持手卫生，正确佩戴口罩。托幼机构应严格执行晨午检和全日观察，勤测体温，对可疑病例应及时就诊。

（2）托幼机构根据当地疾控中心指导，制定应急预案，确保相关人员熟悉处理流程及明确职责；防止人员聚集，各班级采取错峰入园、离园；保健人员指导各班每天执行晨午检，做好信息登记、汇总，及时上报有关部门。

（3）托幼机构发现疑似病症患儿，应按要求及时隔离治疗，及时上报，进行追踪、记录。

（八）结核病

结核病是由结核杆菌引起的慢性消耗性传染病，可累及全身脏器，而以肺结核最为常见。

1. 流行病学特点

（1）传染源。开放性肺结核患者是主要的传染源。

（2）传播途径。呼吸道感染是主要的传播途径，其次为消化道感染。

（3）易感人群。幼儿因免疫功能低下，是结核病的易感人群。

（4）结核病的发生与生活环境、社会因素关系密切。居住环境卫生差、经济落后地区、身体营养差等是人群结核病高发的重要因素。

2. 症状表现

结核病患儿的症状表现呈现多样化，肺结核患儿表现为发热、盗汗、咳嗽、食欲不振、乏力等。患儿因疾病长期消耗而消瘦、营养不良。

3. 防控措施

（1）早期发现患儿，隔离开放性肺结核患者是防控的关键。

（2）接种卡介苗可有效预防结核病，一般在新生儿出生时即可接种。

（3）托幼机构应对结核病的密切接触者加强卫生宣教，随访观察。

聚焦考证

（单项选择题）幼儿肺结核最重要的传播途径是（　　　）。

A. 飞沫传播　　　B. 消化道传播　　　C. 直接接触　　　D. 母婴传播
【破题要领】 A。呼吸道感染是肺结核主要的传播途径，其次为消化道感染。

任务二　幼儿传染病报告

案例导入

最近，某市疾控中心发布公告称该市暴发流行诺如病毒感染。今日某托幼机构有3个幼儿出现了身体不适，低热、呕吐、腹泻，精神不振。保育师立即向机构负责人汇报。经区卫生中心工作人员进一步调查，明确幼儿为诺如病毒感染，对托幼机构患儿接触过的物品和生活场所进行了彻底消毒；对密切接触的幼儿进行医学观察；其间该班相对隔离，不办理入托、转托手续。托幼机构如何做好传染病防控？托幼机构发生传染病时，应如何应急处置？

任务要求

1. 掌握传染病应急处置处理流程。
2. 熟悉传染病的防控措施。
3. 了解传染病的检测与报告。

一、防控要求

托幼机构应熟悉传染病的防控措施，在当地疾控预防中心指导下严格执行相关文件要求，具体做到以下几方面：

（1）托幼机构应建立完善的传染病管理制度，坚持预防为主，定期开展预防接种、传染病防治知识教育；发现传染病疫情或疑似病例后，应及时向所在地的疾控中心及教育部门报告。

（2）督促家长按法定免疫接种程序和要求完成儿童预防接种，配合疾控机构按实际情况完成幼儿常规或应急接种工作。

（3）保育师每日登记本班幼儿出勤情况，对因病缺勤的小儿，应做好追踪观察，对疑似或确诊传染病的，及时上报负责人，做到早发现、早报告、早治疗。

（4）托幼机构在园内发现疑似或确诊传染病病例时，应立即将患儿带至专用的隔离室，采取有效隔离，并做好登记、上报工作，后续进一步电话追访及记录。

（5）对隔离室内环境、物品，以及患儿接触过的物品和生活场所要进行彻底终末消毒，防止传染病在园内暴发流行。

（6）对密切接触的幼儿，要立即进行医学观察及检疫工作；其间该班处于相对隔离，不办理入托、转托手续。

（7）患儿隔离期结束后，须经医生检查证明已痊愈，并出具医疗机构的痊愈复课证明方可返园；托幼机构保健人员应严格做好把关。

二、检测与报告

托幼机构出现以下任一情况，机构疫情报告人应在24小时内向属地疾控中心、社区卫生服务中心和属地教育行政部门报告。

（1）同一班级1天内有3例或连续3天内有多个幼儿（5例以上）患病，并有相似症状或体征（如发热、呕吐、腹泻、皮疹等）。

（2）个别幼儿出现不明原因的高热、呼吸急促、频繁呕吐、腹泻等表现。

（3）发现传染病或疑似传染病患儿。

（4）托幼机构发生群体性不明原因疾病或其他突发公共卫生事件。

三、传染病应急处置处理流程

托幼机构应熟悉常见传染病的应急处置流程，见图7-2-1。

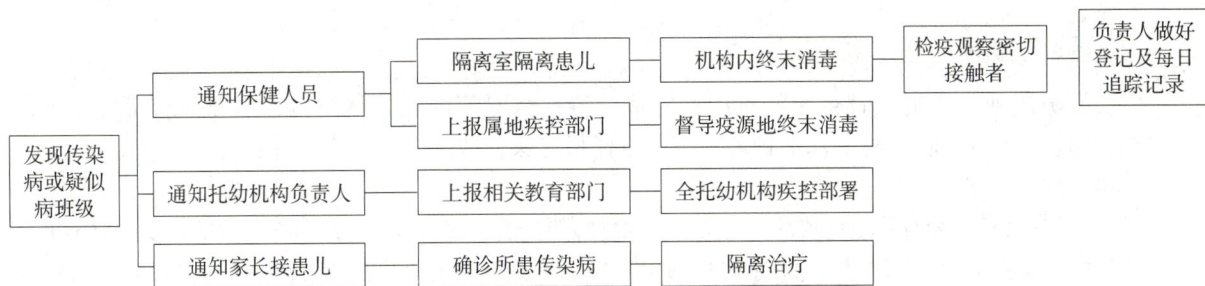

图7-2-1　幼儿常见传染病的应急处置流程图

任务三　幼儿定期体检及预防接种知识

案例导入

冬冬小朋友3岁了，他所在幼儿园明天要给小朋友们打预防针了。有些小朋友很害怕，每次打针都会哭闹。但是，冬冬一点都不害怕，因为老师告诉他打预防针可以预防很多传染病，他就避免因为生病而不能上学了，他可喜欢幼儿园的游戏了。预防接种的意义是什么？你能给予预防接种后的幼儿合理的护理吗？

任务要求

1. 熟悉幼儿定期体检的内容及安排。
2. 熟悉幼儿预防接种过程的护理。
3. 了解幼儿预防接种的不良反应。

一、幼儿定期体检

托幼机构要定期对幼儿进行健康检查，全面了解幼儿的生长发育及健康情况，定期评价体格发育水平，及时发现不利于幼儿生长发育的因素并加以干预。

1. 检查项目

定期检查项目包括测量体重、身高（身长），检查口腔、皮肤、心肺、肝脾、脊柱、四肢等，测量视力、听力，检查血常规。

2. 检查次数

1～3岁幼儿每年健康检查2次，每次间隔6个月；3岁以上小儿每年健康检查1次，每年进行1次血常规检测。1～3岁幼儿每年进行1次听力筛查；3岁以上小儿每年检查1次视力。

二、预防接种知识

（一）预防接种

预防接种是根据疾病预防控制规划，将疫苗通过适当的途径接种到适宜接种对象的体内，使其产生对相应传染病的免疫力，达到预防和控制传染病发生和流行的目的。

（二）计划免疫

计划免疫是根据免疫学原理、儿童免疫特点和传染病发生情况而制订的免疫程序，通过有计划地使用生物制品进行预防接种，使儿童获得相应的免疫力，从而控制和消除传染病。

（三）预防接种的基本护理

幼儿预防接种主要由家长带至接种门诊完成，特殊情况下的集体预防接种需要保育师配合。因此，保育师应当了解预防接种的基本护理知识，以便指导家长或配合保健人员完成相应工作。

1. 接种前

（1）集体接种前必须有卫生行政部门的文件，保育师要提前了解该次接种的名称、目的、及注意事项。

（2）保育师要提前告知家长，保证幼儿的出勤率；有过敏体质的幼儿需谨慎接种，最好经过医生的评估判断，并得到家长知情同意，及签字。

（3）预防接种前1天，保育师通知家长为幼儿洗澡，清洁皮肤，防止接种部位皮肤感染。当天，幼儿穿着衣服宜清洁、宽松，以方便医护人员接种。

（4）提醒家长带上儿童预防接种证，以供医护人员核查接种情况及记录该次接种情况。

（5）保育师提前给幼儿做心理辅导，引导幼儿在心理上接受和配合，避免幼儿产生畏惧心理，消除紧张感，鼓励幼儿接种时不哭闹。

（6）保育师应确保幼儿不在空腹情况下进行接种。

（7）保育师应协助统计接种的人数，做好准确的记录，登记好缺勤或生病的幼儿，以便安排补种。

（8）保育师应将幼儿的健康状况告知医护人员，通常发热、腹泻、严重皮肤病的幼儿不宜接种。

聚焦考证

（单项选择题）预防接种前，保育师要向幼儿介绍预防接种的好处，消除他们（　　）。

A. 疑惑感和期待感　　　　B. 期待感和压迫感　　　　C. 恐惧感和紧张感　　　　D. 兴奋感和压迫感

【破题要领】C。幼儿在进行预防接种时过分紧张，容易出现晕针现象。

2. 接种中

（1）保育师和当班教师配合协作，一人站在接种幼儿旁边，一人站在队尾，确保关注到队伍中所有的幼儿。

（2）站在接种幼儿旁边的保育师要核实幼儿的姓名，帮助脱上衣、挽衣袖，言语上给予鼓励，减轻其紧张、恐惧感。对不配合、哭闹的幼儿，保育师应将其抱在怀里，安慰幼儿，同时帮助医护人员固定好幼儿的胳膊，协助接种。

（3）站在队尾的保育师要与队尾的幼儿轻松交谈，减轻其紧张情绪，维持好队伍秩序，避免吵闹，并帮助完成接种的幼儿穿好衣服。

（4）预防接种时，个别幼儿可发生晕针，出现面色苍白、呼吸急促、头晕、乏力等。保育师应立即将幼儿平卧，喂喝少量糖水，一般休息片刻即可恢复。晕针的原因通常是幼儿过分紧张、害怕、空腹等所致。

聚焦考证

（单项选择题）预防接种过程中，保育师要和（　　）配合，一人站在接种幼儿旁边，一人站在队尾。

A. 家长　　　　　　B. 医生　　　　　　C. 校长　　　　　　D. 本班教师

【破题要领】D。预防接种中，保育师与本班教师应分别站在队伍头、尾两处，分工合作，维持秩序，确保接种顺利进行。

3.接种后

（1）嘱咐幼儿休息、多喝水，避免受凉、受热，防止感冒。

（2）接种后不适宜进行强度大的活动，保育师可组织幼儿进行安静游戏。

（3）接种后幼儿打针处皮肤可能有发痒等症状，保育师应提醒幼儿不可抓挠，避免感染。

（4）保育师应提醒家长接种当天不要给幼儿洗澡，保持接种部位清洁、干净。

（5）幼儿接种后一般须密切观察半小时。保育师应留意幼儿的体温、食欲和精神状况，发现异常及时送到保健人员处检查处理。

（四）预防接种不良反应及处理

预防接种反应包括局部反应、全身反应及异常反应。

1.局部反应

幼儿接种后出现的局部反应较为常见，通常是在接种部位出现红、肿、热、痛等现象。红肿部位直径如果在2.5 cm以下为弱反应，2.5～5.0 cm为中等反应，5.0 cm以上或出现化脓性感染为强反应。局部炎症反应一般2～3天好转，轻者不必处理，重者可以适当热敷。

2.全身反应

全身反应表现为发热、全身不适症状。多数幼儿为轻中度发热。保育师应让幼儿休息，多喝水，并密切观察。若体温超过38.5℃，应予以物理降温，通知家长并送医院就诊。

3.异常反应

异常反应包括过敏性休克、晕针、过敏性皮疹和全身感染。

强化练习

在线练习7-2

一、单项选择题

1. 流感好发于（　　）。

   A.春季　　　　　　　　　　B.冬季　　　　　　　　　　C.春季、冬季

   D.秋季　　　　　　　　　　E.春季、秋季

2. 麻疹的特征性表现是（　　）。

   A.口腔黏膜斑　　　　　　　B.发热　　　　　　　　　　C.疱疹

   D.卡他症状　　　　　　　　E.皮肤脱屑

3. 小儿接种预防针后，需要密切观察（　　）分钟。

   A.10　　　　　　　　　　　B.20　　　　　　　　　　　C.30

   D.40　　　　　　　　　　　E.60

4. 小明，男，2岁，昨日打预防针后，左手臂皮肤出现红肿，直径约1.5 cm，轻微触痛，无发热，属于（　　）。

   A.异常反应　　　　　　　　B.弱反应　　　　　　　　　C.中等反应

   D.强反应　　　　　　　　　E.极强反应

5. 传染病与一般感染性疾病不同，最主要的区别在于传染病具有（　　）。

   A.病原体　　　　　　　　　B.免疫性　　　　　　　　　C.季节性

   D.区域性　　　　　　　　　E.传染性

6. 以下不属于预防接种的异常反应是（　　）。

   A.接种后低热　　　　　　　B.过敏反应　　　　　　　　C.全身感染

   D.晕针　　　　　　　　　　E.休克

7. 流行性腮腺炎患儿应居家隔离治疗至腮腺肿胀完全消退后（　　　）天为止。

    A. 1　　　　　　　　　　B. 2　　　　　　　　　　C. 3

    D. 7　　　　　　　　　　E. 14

二、判断题

1. 水痘病毒传染性强，可引起托幼机构水痘暴发流行，小儿感染水痘通常第3天才出痘。　　　　（　　　）

2. 小儿手足口病的病原体是细菌。　　　　（　　　）

3. 小儿预防接种后出现低热属于正常反应，多喝水、休息即可。　　　　（　　　）

4. 对即将入幼儿园生活的幼儿进行健康检查，掌握每个幼儿生长发育的特点，是入园前健康检查的目的之一。　　　　（　　　）

5. 结核病是由结核杆菌引起的慢性消耗性传染病，仅累及肺引起肺结核。　　　　（　　　）

模块小结

    本模块主要阐述了幼儿常见疾病、传染病的症状表现、预防措施，以及幼儿异常行为表现、预防接种的知识。保育师只有熟悉幼儿疾病的表现，才能及早识别患病幼儿，并采取正确的预防措施，使幼儿及时获得治疗；应熟悉幼儿群体预防接种流程，才能更好地协助卫生机构完成幼儿计划免疫工作。

模块 八

幼儿园保育环境管理

项目一 → 幼儿生活环境管理

项目二 → 幼儿支持性环境管理

项目三 → 家园合作共育

幼儿年龄小，独立性差，还不会自己主动、自觉地选择环境，受特定环境的影响很大。《幼儿园教育指导纲要》中明确指出："环境是重要的教育资源，应通过环境的创设和利用，有效促进幼儿的发展。"通过本模块学习，帮助学生掌握一日生活区域布置、物品管理、清洁消毒、区域材料选择和投放、家园共育等涉及幼儿园保育环境管理的相关知识和要求，培养学生系统规划、设计与调整安全、卫生、符合幼儿发展需要和教育要求的活动场景的能力，满足幼儿多方面发展需要。

>> 学习目标

1. 掌握幼儿园环境管理的内容、要求与原则。
2. 掌握家园有效沟通交流的内容、方法与途径。
3. 具备为家长提供科学育儿服务的能力。

>> 内容结构

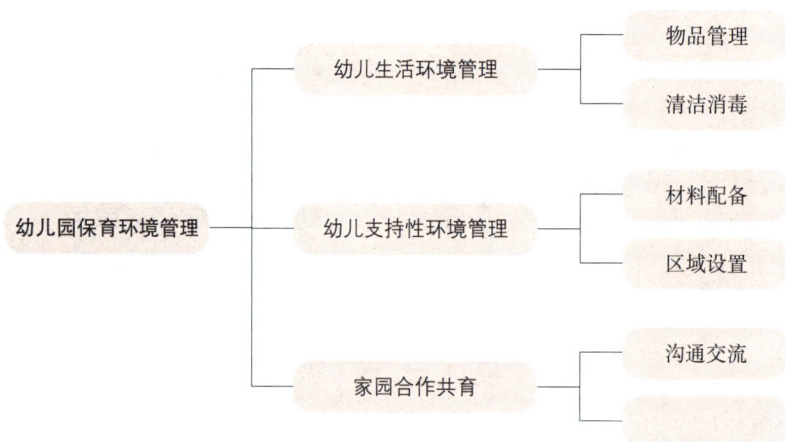

项目一　幼儿生活环境管理

任务一　物品管理

案例导入

晨间接待结束后，保育师带领幼儿去盥洗室洗手，超超看到洗手台上有瓶杀虫剂，就好奇地用手去按压。保育师马上制止超超说，"这个是杀虫剂，有毒的，不能随便摸。"作为保育师，应该如何妥善放置危险用品呢？

任务要求

1. 掌握生活用品的管理规范。
2. 掌握生活物品的使用登记。
3. 掌握危险用品管理的要求。

一、幼儿生活用品的管理规范

保育师主要负责公共生活用品和幼儿个人生活用品的摆放。常用生活用品摆放要整齐且位置固定，对于有安全隐患的药品、消毒液、电器、开水及其他物品等，要放在幼儿拿不到的地方。具体要求如下：

（1）每班有班柜一组，根据幼儿身高、数量、年龄等特点，按照易认、拿取方便，安排合理、摆放整齐，美观等原则摆放物品。

（2）班柜设有带锁门一个，用于存放老师私人用品、幼儿贵重物品、老师领取的教学用品。

（3）幼儿水杯、毛巾按本班幼儿数量领取或归还，放置在水杯、毛巾的固定位置，做上标记专人专用。

（4）幼儿书包由各班老师安排固定放置位置，贴上标签做标记。老师（或家长）在幼儿书包上写上幼儿姓名，让幼儿和家长便于认领。

（5）幼儿衣物由各班老师安排固定放置位置，贴上标签做标记。幼儿衣物相同的，老师（或家长）可在衣物隐蔽处写上幼儿姓名，以便于区别认领。

（6）幼儿入园带来的贵重物品，老师一律收缴，放在固定位置，保管好，待其回家时归还，并交代家长和幼儿以后不能带以上物品入园。

（7）每天下班前对教室及班柜进行收拾、整理及卫生清洁，教室其他位置不放置其他任何物品。

（8）领取时须填写领用登记表，不可未经允许拿用幼儿园物品，借用须及时归还。

聚焦考证

（单项选择题）物品保管的基本要求是（　　　）。
A. 不问来路　　　　B. 不问去处　　　　C. 不怕丢失　　　　D. 来路明，销路清，不丢失
【破题要领】D。生活物品领取时须填写领用登记表，借用须及时归还，领用的物品根据需要放置保管好。

二、班级生活物品的使用登记

幼儿生活环境所涉及的场所是活动室、睡室、盥洗室等，包括这些区域内的窗户、门、灯具、墙面、墙饰、台面、地面、洗手池、小便池、马桶等。对这些区域进行清洁，常用的班级生活用品主要有扫把、簸箕、拖把、抹布、垃圾桶、厕所刷、清洁手套等。

班级生活用品按照用途分开放置在固定的区域，班级各区域的生活用品要专区专用，做好标记，用后放回原处，相互要有间隔。各种抹布，如清洁抹布、清水抹布等，按照卫生工具标志分类悬挂风干，以备第二天使用。各类拖把，如室内拖把、室外拖把、厕所用拖把、睡眠室用拖把等，按照卫生工具标志分类悬挂，以备第二天使用。

班级的生活用品都属于公共财物，每一件生活用品都应该分类登记造册，明确物品数量、采购日期和使用人，以便定时清点管理。生活用品登记表示例如表8-1-1。

表8-1-1　　幼儿生活用品登记表

类　　别	物品名称	物品数量	型　　号	责任人	检查日期

日常工作中，保育师一方面要妥善管理好幼儿生活用品，做到定期清点核对，定期检查质量，做好坏损登记、借出登记，及时查找，以免丢失。另一方面要加强对幼儿生活环境设备的爱护和保养，细心观察墙面、地板、天花板、屋顶、门窗、供暖设备、上下水管道、家具（桌椅）、电器（电风扇、插座等）等设备使用情况，发现异常，要及时报修或更换，避免出现危险。

聚焦考证

（单项选择题）保管幼儿园物品应（　　　）。

A. 做记录　　　　　　　　　　　　　　　B. 定期将实物与记录进行核对

C. 清点实物　　　　　　　　　　　　　　D. 检查实物质量

【破题要领】　B。幼儿园物品要定期清点核对，如果出现不符应及时查找，出现损坏要做坏损登记。如有借出，应及时登记并索还，以免丢失。

（单项选择题）玩教具等在园物品的登记包括（　　　）。

A. 数量、质量、检查日期、地点　　　　　B. 数量、颜色、名称、购买人

C. 类别、名称、数量、型号、责任人、检查日期　　D. 名称、检查日期

【破题要领】　C。玩教具等在园物品的登记包括登记物品类别、物品名称、物品数量、型号、责任人和检查日期等。

三、危险用品管理的要求

幼儿园生活环境中的危险用品是指有腐蚀性、有毒的用品和易燃易爆物品，通常是用于消毒的药品（如配制的各种消毒液）、杀虫剂、灭火器以及其他易碎物品，偶尔也有用于装修的油漆和涂料。管理危险用品，保育师要做到：

（1）危险用品存放在安全固定的位置，严格按说明书的要求保管危险物品。

（2）危险用品妥善放置在隐蔽且幼儿够不着的地方，并注以明显标志，杜绝让幼儿任意玩耍。

（3）危险用品使用时应登记记录，剩余部分要及时放回储藏室或幼儿不可触及的地方。

（4）养成看说明书的习惯，对一些危险物品的使用和保管要严格按说明书操作，避免安全事故。如消毒液、清洁剂等物品，在幼儿生活环境中使用频率非常高，保育师必须严格按说明书操作，否则容易给幼儿的身体造成伤害。

（一）含氯消毒液

含氯消毒液对人的皮肤、家具等腐蚀性大，有致癌、致畸、致基因突变的不良效应，应放置在保健室专用橱柜或者幼儿无法触及的储藏室橱柜中。

（单项选择题）含氯消毒片属于哪种危险物品（　　）。

A.放射性物质　　　　　　B.易燃固体　　　　　　C.毒害品　　　　　　D.腐蚀品

【破题要领】D。含氯消毒片具有强氧化性，受高热分解产生有毒的腐蚀性烟气，具有腐蚀性。

（二）杀虫剂

当通风不良、使用过多、浓度过高时，杀虫剂会对人体造成损害，尤其对呼吸道可造成严重刺激，引起过敏性咳嗽及哮喘，对孕妇及儿童可引起中毒反应。杀虫剂应妥善放置在隐蔽且幼儿够不着的地方，并注以明显标志，杜绝让幼儿任意玩耍。

（三）灭火剂

灭火剂蒸气或雾对眼睛、黏膜和上呼吸道有刺激作用，接触后有可能引起神经系统功能紊乱。灭火剂应妥善放置在各活动室的角落处并标有明显标志，杜绝幼儿开启阀门。

（单项选择题）对幼儿有害的物品有（　　）。

A.食品　　　　　　B.玩具　　　　　　C.消毒用品　　　　　　D.洗涤用品

【破题要领】C。含氯或者强氧化剂的消毒剂，对人的皮肤、家具等腐蚀性大，有慎接触者有致癌、致畸、致基因突变的不良效应。

任务二　清洁消毒

案例导入

初入冬，天气骤然变冷。某幼儿园的保育师经常把窗户紧闭，不再组织幼儿晨间做操和进行户外活动。结果各班都相继出现呼吸道传染疾病，幼儿感冒发热人数不断增加。为了保证幼儿不被传染，作为保育师，应该掌握哪些环境管理的清洁消毒技能？

任务要求

1.掌握日常消毒的相关知识。

2.掌握传染病消毒的相关知识。

保育师要在保健医生指导下按要求消毒各种物品，并掌握常用消毒液的配制及使用方法。

一、幼儿园日常消毒的内容

幼儿园的日常消毒指的是对公共区域、玩具、桌椅等采用物理消毒或者化学消毒方法，并做好消毒记录。

1.幼儿活动室、卧室应当经常开窗通风，保持室内空气清新。每日至少开窗通风2次，每次至少10～15分钟。在不适宜开窗通风时，每日应当采取其他方法对室内空气消毒2次。

2. 餐桌每餐使用前消毒。水杯每日清洗消毒，用水杯喝豆浆、牛奶等易附着于杯壁的饮品后，应当及时清洗消毒。反复使用的餐巾每次使用后消毒。擦手毛巾每日消毒1次。

3. 门把手、水龙头、床围栏等幼儿易触摸的物体表面每日消毒1次。坐便器每次使用后及时冲洗，接触皮肤部位及时消毒。

4. 使用符合国家标准或规定的消毒器械和消毒剂。

二、幼儿园日常消毒的方法

幼儿园环境和物品的预防性消毒方法，具体要求见表8-1-2。

表8-1-2　幼儿园日常消毒方法

消毒对象	物理消毒方法	化学消毒方法	备　注
空气	开窗通风每日至少2次；每次至少10～15分钟		在外界温度适宜、空气质量较好、保障安全性的条件下，应采取持续开窗通风的方式
	采用紫外线杀菌灯进行照射消毒每日1次，每次持续照射时间60分钟		1. 不具备开窗通风空气消毒条件时使用 2. 应使用移动式紫外线杀菌灯 3. 禁止紫外线杀菌灯照射人体体表 4. 采用反向式紫外线杀菌灯在室内有人环境持续照射消毒时，应使用无臭氧式紫外线杀菌灯
餐具、炊具、水杯	煮沸消毒15分钟或蒸汽消毒10分钟		1. 对食具必须先去残渣、清洗后再进行消毒 2. 煮沸消毒时，被煮物品应全部浸没在水中 3. 蒸汽消毒时，被蒸物品应疏松放置，水沸后开始计算时间
	餐具消毒柜、消毒碗柜消毒按产品说明使用		1. 使用符合国家标准规定的产品 2. 保洁柜无消毒作用
毛巾类织物	用洗涤剂清洗干净后，置于阳光直接照射处暴晒干燥		暴晒时不得相互叠夹。暴晒时间不低于6小时
	煮沸消毒15分钟或蒸汽消毒10分钟		
		使用次氯酸钠类消毒剂消毒 使用浓度为有效氯250～400 mg/L、浸泡消毒20分钟	消毒时将织物全部浸没在消毒液中，消毒后用生活饮用水将残留消毒剂冲净
抹布	煮沸消毒15分钟或蒸汽消毒10分钟		
		使用次氯酸钠类消毒剂消毒 使用浓度为有效氯400 mg/L、浸泡消毒20分钟	1. 消毒时将抹布全部浸没在消毒液中，消毒后可直接控干或晾干存放 2. 或用生活饮用水将残留消毒剂冲净后控干或晾干存放
餐桌、床围栏、门把手、水龙头等物体表面		使用次氯酸钠类消毒剂消毒 使用浓度为有效氯100～250mg/L、消毒10～30分钟	1. 可采用表面擦拭、冲洗消毒方式 2. 餐桌消毒后要用生活饮用水将残留消毒剂擦净 3. 家具等物体表面消毒后可用生活饮用水将残留消毒剂去除

续表

消毒对象	物理消毒方法	化学消毒方法	备　注
玩具、图书	每两周至少通风晾晒一次		适用于不能湿式擦拭、清洗的物品 暴晒时不得相互叠夹。暴晒时间不低于6小时
		使用次氯酸钠类消毒剂消毒 使用浓度为有效氯100～250 mg/L、表面擦拭、浸泡消毒10～30分钟	根据污染情况，每周至少消毒1次
便盆、坐便器与皮肤接触部位、盛装吐泻物的容器		使用次氯酸钠类消毒剂消毒 使用浓度为有效氯400～700 mg/L、浸泡或擦拭消毒30分钟	1. 必须先清洗后消毒 2. 浸泡消毒时将便盆全部浸没在消毒液中 3. 消毒后用生活饮用水将残留消毒剂冲净后控干或晾干存放
体温计		使用75%～80%乙醇溶液、浸泡消毒3～5分钟	使用符合《中华人民共和国药典》规定的乙醇溶液

——来源于教育部《托儿所幼儿园卫生保健工作规范》

聚焦考证

（单项选择题）毛巾类织物煮沸消毒（　　）分钟。

A. 5　　　　B. 10　　　　C. 15　　　　D. 20

【破题要领】C。毛巾类织物煮沸消毒15分钟或蒸汽消毒10分钟。

（单项选择题）玩具浸泡消毒（　　）分钟。

A. 5～10　　　　B. 10～30　　　　C. 30～60　　　　D. 无须消毒

【破题要领】B。教育部《托儿所幼儿园卫生保健工作规范》里玩具的化学消毒方法。

（单项选择题）图书暴晒时不得相互叠夹，暴晒时间不低于（　　）小时。

A. 3　　　　B. 4　　　　C. 5　　　　D. 6

【破题要领】D。教育部《托儿所幼儿园卫生保健工作规范》备注里提到图书暴晒时不得相互叠夹。暴晒时间不低于6小时。

（单项选择题）托幼机构餐具的最佳消毒方法是（　　）。

A. 煮沸或蒸汽消毒　　B. 消毒药水浸泡　　C. 紫外线照　　D. 开水烫

【破题要领】A。根据教育部《托儿所幼儿园卫生保健工作规范》，托幼机构餐具的最佳消毒方法是煮沸或蒸汽消毒。

三、幼儿园消毒液配置方法

幼儿园常用的消毒产品有次氯酸钠消毒液、含氯消毒片和消毒粉等，保育师要使用符合国家标准或规定的消毒产品，根据消毒产品类型和有效氯含量，正确地配制消毒液，具体要求如表8-1-3。

表8-1-3　幼儿园消毒液配制标准表[1]

消毒产品类型	有效氯含量	配制方式
次氯酸钠消毒液	有效氯含量为5%的84消毒液	1. 将1 000 mL水（2瓶500 mL矿泉水空瓶装满水）倒入容器中； 2. 在水中加入1瓶盖（10 mL）的84消毒液； 3. 搅拌均匀即可变成含有效氯浓度为500 mg/L的消毒液。
含氯消毒片	有效氯含量为每片500毫克的含氯消毒片	1. 将1 000 mL水（2瓶500 mL矿泉水空瓶装满水）倒入容器中； 2. 在水中加入一片含氯消毒片； 3. 搅拌让片剂全部溶解即可变成含有效氯浓度为500 mg/L的消毒液。
消毒粉	有效氯含量为10%的消毒粉	1. 将4 000 mL水（8瓶500 mL矿泉水空瓶装满水）倒入容器中； 2. 在水中加入重量为20 g一小包的消毒粉； 3. 搅拌让片剂全部溶解即可变成含有效氯浓度为500 mg/L的消毒液。

四、幼儿园保育师配置消毒液的注意事项

为了保证消毒效果和消毒安全，保育师配置消毒液时要注意以下问题：

（1）配置化学消毒液时需做好个人防护，穿好防护服，戴口罩、帽子、橡胶手套。

（2）消毒剂量和水（或其他溶剂）量要精准，以便配制成准确、合适的有效消毒剂溶液。

（3）严格控制所要求的消毒作用时间。药液配制应随配随用，因某些消毒剂性质不稳定，贮存过程中易变质而降低杀菌效力，最好在配制后24小时内用完。

（4）含氯消毒剂不稳定，应避光、防潮、密封保存；消毒剂配制前应测定有效氯浓度。

（5）未加防锈剂的含氯消毒剂对金属有腐蚀性，不应消毒金属器械；加防锈剂消毒剂金属器械后，应用无菌蒸馏水冲洗干净，擦干后使用。

（6）对织物有腐蚀和漂白作用，不应作为有色织物的消毒。

（7）使用含氯消毒剂消毒用物后，应及时用清水冲洗。

（8）消毒时，若存在大量有机物时，应提高使用浓度或延长作用时间。

（9）幼儿不宜触碰消毒用品。

（10）酒精消毒液使用应远离火源。

聚焦考证

（单项选择题）对毛巾、水杯、餐具等进行消毒时，应注意先（　　　），再进行消毒。

A. 晒干　　　　　　　　　　　　B. 晒干、刮掉污物

C. 浸泡　　　　　　　　　　　　D. 洗去残留在上面的污物

【破题要领】D。消毒前，注意先清洁毛巾、水杯、餐具等用品残留在上面的污物，再使用消毒液进行消毒。

强化练习

一、单项选择题

1. 杀虫剂应放置在（　　　）。

在线练习8-1

---

[1]　资料来源于广东疾控中心 .https://mp.weixin.qq.com/s/PvEKzGJKAaAVpCZ7iaaIFg

　　A. 室内　　　　　　　　B. 户外　　　　　　　C. 储藏室　　　　　　D. 隐蔽且幼儿够不着的地方

2. 幼儿生活用品登记表需要登记（　　　）。

　　A. 物品名称　　　　　　B. 物品数量　　　　　C. 物品管理人　　　　D. 以上都需要

3. 预防性消毒目的是（　　　）。

　　A. 切断传播途径　　　　B. 消灭传染源　　　　C. 保护易感者　　　　D. 清洁

4. 空气质量的好坏是通过（　　　）来判断的。

　　A. 空气的味道　　　　　B. 空气的透明度　　　C. 空气的颜色　　　　D. 空气中污染物的浓度

5. 幼儿生活环境的桌椅每日至少消毒（　　　）次。

　　A. 不需要每天清洁　　　B. 一次　　　　　　　C. 两次　　　　　　　D. 三次

二、判断题

1. 门把手、水龙头、床围栏等每周消毒1次。　　　　　　　　　　　　　　　　　（　　　）

2. 幼儿活动室、卧室每日至少开窗通风2次，每次至少10～15分钟。　　　　　　（　　　）

3. 幼儿水杯、毛巾按不需要做上标记专人专用。　　　　　　　　　　　　　　　（　　　）

4. 幼儿书包由各班老师安排固定放置位置，贴上标签做标记。　　　　　　　　　（　　　）

5. 采用紫外线杀菌灯进行照射消毒每日1次，每次持续照射时间90分钟。　　　　（　　　）

项目二　幼儿支持性环境管理

任务一　材料配备

案例导入

　　某幼儿园活动室的面积很宽敞，材料的投放也是丰富多样，最近一段时间却出现了奇怪现象：各班教师们辛辛苦苦投放的材料幼儿并不喜欢，这些材料并没有引发幼儿与周围环境之间积极的互动。保育师们感到很苦恼：该如何给不同年龄班的幼儿提供玩具材料呢？

任务要求

　　1. 了解活动材料的类型及划分。

　　2. 熟悉活动材料的投放原则和要求。

一、活动材料的结构划分

（一）低结构材料

　　低结构材料指的是没有经过加工的原始材料，低结构材料可变性强，形状、结构在操作时没有具体的人为设定，需要幼儿在与材料的互动过程中发挥主观能动性，尝试自己的新玩法，获得相关经验。因此，低结构材料是幼儿控制材料。

（二）高结构材料

　　高结构材料指的是经过教师加工装饰、有自己固有的玩法、活动目标明确的操作材料。高结构材料操作方法固定，操作过程固定，操作结果固定，缺乏可变性。因此，高结构材料是材料控制幼儿。

《幼儿园保育教育质量评估指南》指出幼儿园环境创设中投放的玩具材料应该种类丰富，数量充足，以低结构材料为主，能够保证多名幼儿同时游戏的需要。尽可能减少幼儿使用电子设备。

聚焦考证

（单项选择题）活动区是根据儿童发展的需要和幼儿园的实际情况设置的不同角落、区域，（　　）是儿童在活动区活动的基础。

A. 空间　　　　　　　B. 材料　　　　　　　C. 隔离　　　　　　　D. 活动规则

【破题要领】B。活动区的教育价值主要是附着在区内的操作材料、情境及相应的活动中。材料、情境在活动中承载着教育功能，儿童对区域游戏的兴趣主要来自材料。

二、活动材料投放的基本原则

活动材料是幼儿在支持性环境主动建构知识的支持物。在投放材料时，保育师既要考虑幼儿的年龄特点，又要兼顾不同幼儿的个体差异；既要做到趣味和操作性的统一，又要注意投放时的适量和适度，以满足活动的需要。具体来说，在幼儿支持性环境摆放支持性材料时，保育师需遵循以下原则：

（一）全面性原则

全面性原则指的是保育师在摆放材料时要根据幼儿的实际情况，而不是严格按照年龄班来分配玩具。这就意味着，一个班级里可能要融合不同年龄段或者其中两个年龄段的支持性材料。

（二）适量性原则

适量性原则指的是支持性材料的种类和数量要适当。材料太少，幼儿无法游戏；材料太多占去了幼儿的游戏空间，容易使幼儿刺激过度，导致他们忙于频繁更换材料而不能专注于一种有效的活动。支持性材料的数量，保育师要多观察，随时调整。

（三）层次性原则

层次性原则指的是在提供材料中要考虑到幼儿本身的能力不同，使活动材料在难易度上体现出层次性。在适合幼儿的发展水平基础上，考虑幼儿的"最近发展区"，使不同层次的幼儿能够选择适合自己的材料及方法进行操作、探索，有效地促进每一个幼儿在原有基础上得到发展。

（四）动态性原则

材料的提供不能一成不变，要根据教育目标和幼儿的发展需求，定期或不定期地进行调整、补充。材料的动态性还体现在各年龄段及平行班之间的互动上，保育师们应及时沟通、交流幼儿的活动和游戏情况，做到材料的互补，资源共享，让材料真正地为活动提供服务。

（五）趣味性原则

幼儿天生好奇，在材料提供上要尊重和支持幼儿自发地对材料产生兴趣，能使幼儿探索处于积极主动的状态，幼儿支持性环境配以设计新颖、有趣的材料，容易引起幼儿的注意，会使幼儿在愉快的状态下进行探索，促进幼儿记忆力、观察力、思维能力的发展，培养幼儿的动手能力。

三、活动材料投放的基本要求

保育师要了解幼儿园环境管理的基本方法，能够按照教育活动要求协助教师选择安全、符合活动内容的活动材料，并将材料投放到各个区域中，投放活动材料时要做到：

（一）材料投放要有目的性，满足不同年龄幼儿发展需要

如，针对小班幼儿的手眼协调能力以及小肌肉群灵活性的发展需要，保育师在教师指导下能够在操作区投放"毛线、穿线板"，让幼儿开展"穿线板"活动；投放颜色、大小不同的塑料瓶盖，让幼儿将瓶盖旋在相应的瓶口上，使幼儿有充足时间去练习手眼协调能力，提升小肌肉群的灵活性。针对大班幼儿在穿脱衣服、系鞋带等自理能力方面的发展需要，可以开设"自我服务区"投放布娃娃、鞋子、衣服等实物，让幼儿给娃娃穿鞋子、系鞋带、穿衣服、扣纽扣、摆放鞋子、折衣服等，培养幼儿生活自理能力。

（二）材料投放要有主题性，满足不同班级主题活动推进的需要

保育师在教师指导下能够在区域活动中投放与主题活动内容相关的材料。如，在"各种各样的伞"的主题活动中，能够在与伞相关的活动区，如"伞制作区""伞展示区"等，投放各种材质、各种造型的伞，让幼儿尝试设计与制作，不断丰富幼儿伞知识和伞文化。

（三）材料投放要有教育性，满足幼儿本土文化经验发展的需要

如在幼儿园侨乡文化课程中，设置侨乡文化博物馆，保育师能够收集与展示侨乡各地的风景名胜、著名的建筑、独特物产的图片，丰富幼儿侨乡文化在"衣食住行"等方面的经验，发挥幼儿园课程的育人功能。

（四）材料投放要有层次性，满足不同发展水平的幼儿学习需要

由于幼儿个体的先天动作发展、保育环境、亲子照顾方式等因素不同，幼儿在生活能力方面呈现出较大的差异，如个别大班幼儿不能区分左右脚，个别中班幼儿不会用餐具吃饭。如在娃娃家可以投放相应的材料，让幼儿反复练习，提高幼儿生活自理能力。

聚焦考证

（单项选择题）保育师应（　　）做好物质材料的准备工作。

A. 根据预先设计　　　　B. 根据活动场地　　　　C. 根据活动环境　　　　D. 根据教育要求

【破题要领】D。活动材料的准备应根据幼儿的实际情况和活动开设的需求进行物质方面的准备。

（单项选择题）班级保育师记录设备、材料和物品的使用情况，主要是记录（　　）和外借的设备，材料和物品的使用情况，下一次活动需要继续保留的设备，物品和材料的情况，需要维修和更换的设备情况，等等。

A. 室外活动的设备，物品和材料　　　　　　　　B. 室内活动的设备，物品和材料

C. 本班设备，材料和物品的使用情况　　　　　　D. 体育活动的设备，物品和材料

【破题要领】C。本班的保育师记录设备、材料和物品的使用情况，主要是记录：本班和外借的设备，材料和物品的使用情况。下一次活动需要继续保留的设备，物品和材料的情况，需要维修和更换的设备情况，等等。

任务二　区域设置

案例导入

幼儿园班级区域活动的设置要考虑幼儿兴趣和发展需要，如基于小班幼儿的手眼协调能力以及小

肌肉群灵活性的发展需要，可以设置"小手真能干"的操作区。中班幼儿对建构活动的兴趣较为浓厚，可以在积木建构区外，增设一些低结构材料设置建构活动区，以满足幼儿的建构兴趣与需求。保育师结合本班幼儿实际可以设置哪些活动区域？

任务要求

1. 掌握活动区域设置的种类、功能与材料。
2. 熟悉活动区域设置的要求和管理原则。

《幼儿园保育教育质量评估指南》中提出，幼儿园合理规划并灵活调整室内外空间布局，最大限度地满足幼儿游戏活动的需要。幼儿园室内外空间布局主要指室内外活动区域设置问题。

一、室内活动区域的设置

室内活动区是根据活动内容的类别对室内空间进行划分后形成的区域。一般来说，可根据空间大小或课程需要，将室内活动室隔成若干个小型的区角，有时这些区角会延伸到走廊、大厅和户外等公共区域，供幼儿共同使用。

（一）阅读区

阅读区帮助幼儿掌握阅读技能，培养幼儿对书籍的兴趣。《幼儿园保育教育质量评估指南》指出，幼儿园配备的图画书应符合幼儿年龄特点和认知水平，注重体现中华优秀传统文化和现代生活特色，富有教育意义。要防止存在意识形态和宗教等渗透的图画书进入幼儿园。阅读区可以提供童话故事书、经典绘本、儿童报刊等，根据需要及时调整更新。

（二）表演区

表演区是幼儿自主发展艺术能力的一种活动区域，表演区为幼儿音乐能力发展提供了丰富而有引导性的支持性环境。幼儿通过自主探索、操作材料、组合表演等形式尝试进行表演、歌唱、欣赏、音乐游戏等活动，发展幼儿综合音乐表现能力。表演区材料有音乐作品、服装、木偶、头饰、面具、主题材料和各种乐器等。

（三）建构区

建构区主要帮助幼儿通过独立或合作性建造、分类、组合、比较和排列，获取重要知识和社会经验，对幼儿认知和社会交往能力的发展有重要意义。建构区材料有成品材料和废旧材料。成品材料主要有木质积木、泡沫积木、雪花片、塑料积木等，废旧材料有纸箱、易拉罐、报纸等。

（四）美工区

美工作为艺术活动的载体符合幼儿天性发展的需求，幼儿喜欢以美工作为媒介表达自己的内心思想，幼儿在参与美工区活动中可以促进创造性思维、社会性情感和审美能力的发展。美工区材料有基础性材料、创意性材料和工具类三种。基础性材料包括各种质地的纸、油性颜料、水性颜料、墨汁、棉花、线绳等。创意性材料包括纽扣、珠子、吸管、杂志、报纸、各种瓶盖等废旧材料。工具类包括剪刀、刻刀、各种笔、油画棒、调色盘、胶水等。在美工区中，由投放材料所诱发的是绘画活动和手工活动。手工包括了泥工、纸工和多种材料的综合手工。只要工具和材料得到保证，幼儿就会自发地在各种纸上用笔和颜料进行探索。黏土具有极大的可塑性、可任意变形，特别能引发幼儿创作的欲望。

（五）益智区

在益智区，可根据课程的目标投放各种有益于幼儿思维能力发展的操作材料，让幼儿主动探索，得到思维的训练。由于益智区的内容往往与动脑、动手解决问题有关，对于幼儿的能力与思维发展有一定的挑战性，幼儿在益智区表现出的更多的是逻辑思维，逻辑思维的训练在数学领域尤为突出，所以在益智区里会较多地投放数学领域的操作材料。

（六）科学区

幼儿会对自然界发生的一切现象感兴趣，教师应利用声、热、光、电、磁等自然现象，引导幼儿尝试发现自然事物之间的异同和联系。幼儿在对自然现象探究过程中，不断积累科学和生活经验，为其他领域的深入学习奠定基础。科学区的材料包括植物类和动物类的实物、拼图、标本等；运动、声、热、光、电、磁等实验材料；人体骨骼结构和器官模型；地球仪、指南针、望远镜、时钟、温度计等。在科学区，通过投放各种低结构化的材料，让幼儿通过与材料的互相作用，获得物体属性和事物关系的知识。

（七）角色区

角色区是幼儿开展角色游戏的主要场所。角色游戏是幼儿创造性地反映个人生活印象的一种活动，其主题和情节源于幼儿的生活经验。所以，与幼儿的生活经验越接近，幼儿越能充分表现他们对生活的印象，巩固对生活事件的理解。角色区预设的情景必须是幼儿熟悉的，比如所有幼儿都会经历的生活环境是家庭、医院、超市等，布置主题标识并加上与主题相应的模拟物，如餐具、听诊器、收银机等，就能唤起幼儿的生活经验。

聚焦考证

（单项选择题）积木区的游戏不仅能发展幼儿的小肌肉，而且能促进幼儿（　　　）。

A. 空间认知的发展　　　　　　　　　B. 科学知识的丰富

C. 大肌肉的发展　　　　　　　　　　D. 精细动作的发展

【破题要领】　A。积木区游戏能够帮助幼儿获得游戏中材料的颜色、形状、大小、空间比例等知识，体验自身动作与游戏材料的互动，积累空间方位的概念、组合、积累、排列等知识。

二、户外活动区域的设置

户外活动区域的各类设施设备应注重安全、环保，符合幼儿的年龄特点，方便幼儿使用和取放。户外活动区域要提供必要的遮阳避雨设施设备，确保特殊天气条件下幼儿必要的户外活动能正常开展。

（一）运动性活动区

运动性活动区是在户外场地上以粗大动作练习为主要内容的活动区域，幼儿生长发育离不开运动，喜欢运动也是幼儿的年龄特点，而阳光和空气又是保障幼儿健康的自然条件，所以运动性活动区是幼儿支持性环境必不可少的区域之一。

（二）沙水区

沙水区一般设置在户外角落，玩沙、玩水的设施是幼儿支持性环境必不可少的硬件之一。因为沙水游戏涉及幼儿各个发展领域多种经验的获得，沙水自身的多种特点使其极具探索的价值，同时沙水材料所具有的开放性又适宜幼儿的多种表现，所以沙水游戏具有探索与表现的双重特点，是一种综合

性的活动。

（三）种植饲养区

种植饲养区是幼儿增长自然常识、认识生命变化的活动区域，主要是提供常见的易养易种的动植物，让幼儿在种植、采摘、喂养、照料等直接体验的过程中，学习观察动植物的生长过程，理解生命循环的特点和价值。户外的种植饲养则要根据环境来安排，可开辟集中的小农场，也可以用大缸、大木箱等容器装土栽种，一般户外种植以季节性的农作物为主，如各种果蔬。

三、活动区域的设置要求

（一）区域设置的空间要求

1. 大小有别

区域空间的大小安排要根据区域活动的功能、活动量等因素加以考虑。如建构区，由于其材料及活动量大的特点，其空间安排就应划出较宽敞的空间。而像益智区、阅读区，由于其以安静活动为主，且人数不多，可安排小一些的空间。

2. 动静分开

要注意安静的区域与活跃的区域的间距，如要将阅读区与热闹的表演区或角色区分开。

3. 相关邻近

区域空间安排要考虑区域之间的联系，把在内容上便于结合的区域相邻安排，能够充分发挥区域的功能，方便幼儿的交往及活动的深入发展，如可将美工区和表演区放在一起。

4. 空间拓展

区域空间安排可以充分利用走廊、转角、寝室等可利用的场所，最大限度地利用活动室的空间。

5. 避免死角

区域空间安排要注意让保育师能从不同的角度看见活动室的所有区域，不能产生教师看不见的死角，便于保育师了解活动情况，及时指导幼儿的活动或处理发生的问题。

6. 因地制宜

区域空间安排要考虑活动室的采光照明等因素，如科学区、美工区要设置在离水源近一些的地方，阅读区要设置在光线充足的地方。

聚焦考证

（单项选择题）关于活动区域的设置，说法不正确的是（ ）。

A. 科学区可与阅读区邻近   B. 音乐区最好与益智操作区相邻近

C. 美工区应设置在接近水源的地方   D. 阅读区应设置在相对封闭的空间

【破题要领】B. 音乐区一般声音较大，可以安排在走廊、阳台或专门设置功能室，应避免干扰其他活动区的活动；而益智操作区应设置在相对安静的地方。

（单项选择题）活动区的布局策略不包括（ ）。

A. 高低分区   B. 干湿分区   C. 封闭与开放分区   D. 独立与整合分区

【破题要领】A. 活动区需要根据区域功能进行分区，有干湿分区、封闭与开放分区、固定与临时分区、独立与整合分区等，没有高低分区。

（二）区域设置的布局要求

1. 半封闭布局

运用橱柜等物体将活动区域的一半或更多地方围合，留下一个很大的通道供幼儿进出活动，它能较好地避免区域间的相互干扰，也能让幼儿从视觉上有一个完整的区域概念。

2. 全封闭布局

运用橱柜等物体将活动区域几乎全部围合，只留下一个或两个小缺口，便于幼儿进出。全封闭布局空间隔离效果最好，但需要较大的面积。小活动室采用全封闭布局，会使空间变得狭小，不利于活动较好地开展。

3. 开放式布局

区域大部分开放，便于幼儿取放材料、与同伴交往。开放式布局最节省室内面积，但邻近的区域可能会相互干扰。

（三）区域设置的界限要求

1. 平面界限

通过地面不同的图案、颜色或质地来划分不同的区域。

2. 立体界限

运用材料架、书架、储物箱、纸盒等物体的方式划出不同的区域。

3. 挂饰界限

运用各种相关活动区的图片、幼儿绘画作品或装饰物进行界线划分。

四、区域设置的管理原则

（一）适宜性原则

适宜性原则是指保育师要综合考虑园区、教室空间大小、活动人数、活动内容等因素，适度调整游戏活动空间，保证幼儿有足够的空间。根据教玩具及游戏材料功能，将其归类摆放在高度适宜的固定位置，便于幼儿自主取放。

（二）安全性原则

安全性原则是指保育师要了解活动内容，准备场地、教玩具和游戏材料，检查并排除安全隐患，保证满足幼儿需求。要定期对园内大型器械进行安全检查，做好安全检查记录，定期清洗、消毒游戏材料和教玩具。

（三）灵活性原则

灵活性原则是指保育师根据幼儿年龄特点和兴趣，提供安全卫生、种类丰富、层次多样的游戏材料及教玩具，并根据幼儿的发展需要及时调整和补充。

聚焦考证

（单项选择题）活动区域的设置要符合幼儿的年龄特征及身心健康发展的需要，促进每个幼儿全面、和谐地发展。这主要体现了区域设置的（　　　）。

A. 一致性原则　　　　B. 适宜性原则　　　　C. 灵活性原则　　　　D. 开放性原则

【破题要领】B。适宜性原则是指在设计环境时既要考虑幼儿年龄特征，也不能忽视幼儿间的个体差异，这样才能为每个幼儿创设与其发展相适宜的"最近发展区"。

在线练习8-2

强化练习

一、单项选择题

1. 幼儿园区域的创设除了要考虑美，还要注意（　　　）。
   A. 功能性　　　　　B. 教育性　　　　　C. 趣味性　　　　　D. 以上都要考虑
2. 活动室各区域空间布局的安排应遵循（　　　）的原则。
   A. 大小分区　　　　B. 立体分区　　　　C. 封闭与开放结合　　　D. 长短分区
3. 以下哪个是幼儿园室内活动区域？（　　　）
   A. 阅读区　　　　　B. 沙水区　　　　　C. 运动性活动区　　　　D. 种植饲养区
4. 幼儿支持性环境的适宜性原则要考虑的内容不包括（　　　）。
   A. 空间大小　　　　B. 活动人数　　　　C. 活动内容　　　　D. 富丽堂皇
5. 保育师在进行室外活动的场地、材料的准备工作时的注意事项是:（　　　）和做好保护性措施。
   A. 调动儿童的活动积极性　　　　　　　B. 与儿童共同游戏
   C. 加强与教师的沟通　　　　　　　　　D. 安全第一

二、判断题

1. 开放式布局最节省室内面积，邻近的区域不会相互干扰。（　　　）
2. 沙水区一般设置在户外角落，玩沙、玩水的设施是幼儿支持性环境必不可少的硬件之一。（　　　）
3. 婴幼儿支持性环境的材料具必须全部编号登记，分类保管。（　　　）
4. 支持性材料的数量，保育师要多观察，随时调整。（　　　）
5. 婴幼儿支持性环境要多用成品材料，少用半成品材料和废旧材料。（　　　）

项目三　家园合作共育

任务一　沟通交流

案例导入

　　牛牛的脸不小心被鹏鹏抓伤了，脸上留下了一条血道子。离园时，保育师笑笑还没来得及说话，牛牛爸爸就急了："怎么又受伤了？笑笑老师你带班是怎么回事啊？人家李老师带班就没让孩子受过伤……"面对家长的指责，笑笑老师一时不知应该如何应答。保育师该如何与家长沟通交流？

任务要求

　　1. 了解家园沟通交流的基本要求。
　　2. 熟悉家园沟通交流的基本方式。
　　3. 能熟练开展家园沟通活动。

一、家园沟通交流的基本要求

　　《幼儿园保育教育评估指南》中对幼儿园家园沟通交流提出以下要求：

（1）幼儿园与家长建立平等互信关系，教师及时与家长分享幼儿的成长和进步，了解幼儿在家庭中的表现，认真倾听家长的意见和建议。

（2）家长有机会体验幼儿园的生活，参与幼儿园管理，引导家长理解教师工作对幼儿成长的价值，尊重教师的专业性，积极参与并支持幼儿园的工作，成为幼儿园的合作伙伴。

（3）幼儿园通过家长会、家长开放日等多种途径，向家长宣传科学育儿理念和知识，为家长提供分享交流育儿经验的机会，帮助家长解决育儿困惑。

（4）幼儿园与家庭、社区密切合作，积极构建协同育人机制，充分利用自然、社会和文化资源，共同创设良好的育人环境。

二、家园沟通交流的基本方式

《幼儿园教育指导纲要（试行）》明确指出：家庭是幼儿园重要的合作伙伴。《托育机构保育指导大纲（试行）》明确指出：托育机构应与家庭、社区密切合作。因此，家园沟通交流的基本方式如下：

（一）面对面直接沟通

1. 家访

家访是保育老师到幼儿家里进行的调查访问。家访的目的主要是了解孩子的家庭环境、家庭教育情况；展示老师的专业素养，得到家长的信任。家访过程中要注意双向交流，首先减少陌生感，可以从聊家常入手，但闲聊不可太多；防止以"告状者"出现；同时也不要随便对家长许诺。家访分幼儿入园前家访和入园后家访。

幼儿入园前家访的程序为：家访前，保育老师须事先与家长取得联系，确定家访时间，并按约定时间准时到达幼儿家中。与家长见面后，礼貌打招呼，与家长就孩子的喜好、身体情况、注意事项逐项进行沟通，并把内容记录在案。

幼儿入园后家访的程序为：家访前，事先与家长取得联系，确定家访时间，并按约定时间准时到达幼儿家中。与家长见面后先礼貌打招呼，再委婉地表达家访的目的。准备一些孩子在班学习生活的视频、作品或相片，让家长了解孩子在班的情况，让家长感受老师的用心。

家访之后可以填写《家访记录表》（表8-3-1），作为支架后续教育的档案材料。

表8-3-1　家访记录表

幼儿名字		家访时间		家访形式	
家访目的				家访保育师	
家访话题					
家访想法					
幼儿表现					
幼儿情况	身体情况：A. 健康　　　B. 有特殊病症（　　　）				
	性格情况：A. 开朗活泼　B. 敏感胆小　C. 多动暴躁　D. 沉着冷静				
	自理能力：A. 自己吃饭　B. 自主睡觉　C. 自主如厕　D. 自己穿衣　E. 自己收拾玩具　F. 其他（　　　）				
家庭教育	教育方针：A. 有规划　　B. 无规划				
	亲子关系：A. 密切　　　B. 一般　　　C. 疏远				
	家庭关系：A. 和睦　　　B. 分居　　　C. 离异　　　D. 父母不在身边				

2. 家长会

家长会是将家长召集在一起交流或活动的家园沟通形式，一般会定期召开。家长会的形式基本有两种：一是线下家长会，一是线上家长会。线下家长会形式多样，可以是正式会议，也可以是茶话会、家长沙龙、专题讨论交流会等，内容则包含幼儿发展情况概述、班级管理事务、育儿理论学习、育儿经验分享、主题教育宣传等；二是线上家长会也有基本的两种形式，包括音频会议和视频会议。音频会议使用得较少，更多使用视频会议，采用直播或录播。家长会组织者可以采用"老师+N"方式，N代表其他专业主讲者，比如：育儿理论学习内容可以老师+专家；家长沙龙内容可以老师+家长代表分享等，充分发挥和挖掘家长们的特长和资源，为家长搭建一个共同成长、友好交流、提升育儿水平的平台。

聚焦考证

（单项选择题）召开家长会，对家长宣讲有关家庭教育的理论和经验是指导家庭教育的（　　）。

　　A.有效途径　　　　　　　　B.有效载体　　　　　　　C.有效过程　　　　　　　D.有效方法

【破题要领】　A。家校沟通渠道有家长委员会、家长学校、家长会、家访、家长开放日、家长接待日等各种家校沟通渠道。

3. 单独沟通

单独沟通形式灵活，体现个性化，不受时间、空间的限制。单独沟通的发起对象可以是家长，也可以是老师。可以利用入园或离园碎片时段进行沟通，沟通话题要少而精，交流内容可以是某一现象或某一问题，单一针对性强；也可以利用周末或下班后时段约定，主要根据沟通内容和双方空闲时间来约定沟通时间和地点，话题可以较广泛、深入。可以选择幼儿一段时间的行为来讨论，由幼儿一起参加；也可以借助游戏互动的形式让家长了解和体验育儿的方法和观念，发现幼儿的一些行为和存在的问题，引导家长去发现和观察，让家长更能接受，也能感受到老师的用心和专业。

沟通时，最好先以赞扬的态度和语气表述幼儿近期的行为，委婉地表达单独谈话的目的。例如："最近你有没有发现孩子活泼了很多，爱说爱玩，主动与朋友交往，真为她高兴。但是不知为什么这几天，不怎么吃饭，有时会边吃边玩，饭冷了也还没吃完，她在家用餐情况可好？"切忌在家长面前直接指出幼儿的问题。同时，在沟通时要时刻关注家长的眼神、语调、神态，从中捕捉家长的内心波动，及时调整自己的语言、说话的方式及策略，使谈话效果更好。

聚焦考证

（单项选择题）老师和家长单独沟通的注意事项不包括（　　）。

　　A.以赞扬的态度和语气表述幼儿近期行为　　　B.委婉表达单独沟通的目的

　　C.直接指出幼儿的问题　　　　　　　　　　　D.时刻关注家长的神态，并及时调整沟通策略

【破题要领】　C。单独沟通时，最好先以赞扬的态度和语气描述幼儿近期的行为，委婉地表达单独谈话的目的，切忌在家长面前直接指出幼儿的问题。同时，在沟通时要时刻关注家长的眼神、语调、神态，从中捕捉家长的内心波动，及时调整自己的语言、说话的方式及策略，使谈话效果更好。

（二）文字沟通

1. 问卷调查表

问卷分为综合问卷和专题问卷。综合问卷是详细调查或反馈幼儿在家中各种表现和在园所生活学习各方面的情况；专题问卷是调查幼儿某一项的发展情况或家长教育观念、家庭亲子关系等内容。

2. 家园联系册

通过家园联系册，家长和老师可以互送信息，了解幼儿在园所或在家的各种表现，使家园联系更紧密，进一步形成家园教育合力。

（单项选择题）（　　　）是保教人员采用书面形式与家长进行联系的载体，让他们了解幼儿在园的情况，征求他们的意见，同时了解幼儿在家的情况，以共同教育好幼儿。这是一种简便、经济的沟通形式。

A. 家园联系册　　　　　　B. 接送时交流　　　　　　C. 家长园地　　　　　　D. 家长会

【破题要领】A。家园联系册可以以书面的形式每周与家长互动，及时和家长沟通，了解幼儿在园和在家的表现情况。

3. 家园宣传栏

宣传栏是幼儿园采用的普遍形式，主要有幼儿园宣传栏和班级公告栏。幼儿园宣传栏一般设置在幼儿园门口处，主要向家长传达幼儿园的教育计划与实施情况、最新的学前教育动态信息等，与家长分享幼儿保教的科学知识和正确方法。班级公告栏主要设置在班级门口处，高度离地面120厘米以上，宣传内容主要让家长了解班级的工作计划和一日活动内容以及幼儿的作品，掌握一些科学育儿的知识和技巧等。如某幼儿园张挂着"卫生保健知识专栏"（主要板块：幼儿卫生保健知识；儿童营养金字塔及秋季幼儿保健知识要点），指导家长护理好幼儿的饮食，为幼儿提供营养健康的饮食，为幼儿做好秋季的防护工作。家长可以通过宣传栏获得有关班级的最新信息，也可以通过宣传栏向班级反馈问题和意见，幼儿的健康成长需要家园合作才能实现。

4. 书面通知

幼儿园书面通知一般用于知情同意书等需要家长亲笔签名的事宜上，优点是保证其有效的法律效力，也能确保家长知情。

（三）活动沟通

活动沟通能让教师充分利用和创造各种机会与家长联系，增进感情。活动沟通包括家长开放日、亲子活动、助教活动等。

1. 家长开放日

家长开放日是通过组织家长观摩班级活动，以了解幼儿园一日生活活动和孩子在幼儿园的表现。家长开放日活动目的的选择，要综合考虑家长的需要和家园合作的需要。一般有以下四个目的：一是让家长了解、认同托幼园所的教育内容、教育方式和教育理念；二是让家长了解孩子在园所学习和生活情况，让家长放心；三是让家长参与各项工作，同时对班级工作提出自己的意见和看法，完善班级管理；四是展示教师专业风采和专业能力，让家长信任老师，更有效地配合教师的工作。

2. 亲子活动

定期举办不同的亲子活动，如重大节假日活动、游园游戏、自理能力闯关活动、运动会等，让家长与孩子同参与，潜移默化地学习怎样寓教于乐，体会玩中学、学中玩的教育理念。

3. 家委会协理监督活动

设立家委会，定期召开家长委员会会议，让家长了解班级工作的计划和要求，协助班级保育工作。根据家委的时间设立随机和预约入园参观和参与班级教学活动，及时反映家长对班级工作的意见和建议，以及协助组织交流家庭育儿经验等任务。

（四）电话、微信、QQ群等网络沟通

电子沟通和网络沟通是当代信息时代家园沟通的新发展、新需要，它相比较传统沟通方式速度更

快，可以双向交流，及时反馈，信息比较综合。具体体现在以下三点：一是沟通不受时间和空间的限制，能让保教人员和家长在方便的时间、地点进行沟通，起到了及时了解和交流信息的作用；二是能让家长第一时间通过图文、视频、相片等资料，更直观地了解孩子在托幼园所的生活学习情况；三是利用网络平台进行信息宣传，及时为家长提供相关育儿知识。其中，微信沟通使用广泛、频繁，效用最高，能与任何层面的家长及时、准确地进行信息传递；各种软件平台沟通可以大量地上传文字、图片、视频，让家长直观地了解相关信息和幼儿情况，比较受现代家长们的欢迎。但是，在形成文字、图片、视频资料的时候，要注意网络伦理规范和文字的合理性，也要注意图片、视频中幼儿和老师的状态，包括仪表、态度等。其缺点是会形成大量的信息炸弹不停地轰炸家长，而录制视频、拍摄图片也会分散保教人员的注意力，从而影响带班效果。

聚焦考证

（单项选择题）家园共育的注意事项不包括（　　　）。

A. 要赢得家长的信任和真诚合作　　　　B. 努力提高双方合作共育的能力

C. 追求合作关系效应的最大化　　　　　D. 共育过程中幼儿园与家长是监督关系

【破题要领】 D。家庭是幼儿园重要的合作伙伴，二者之间是相互协作的关系，而非监督关系。

任务二　育儿指导

案例导入

保育师小王在向保育师小李抱怨，说家长过于关注幼儿的吃饭问题，李老师说："以前家长问我孩子今天吃得好不好，吃了多少，我也觉得很烦。当我有了孩子后才知道，家长都怕孩子吃少了长得慢，吃多了会积食。"作为保育师，该如何指导家长科学育儿？

任务要求

1. 掌握家长科学育儿的指导要点。
2. 了解家长科学育儿的指导途径。

家庭是社会的基本细胞，父母是孩子的第一任老师。家庭教育关系到孩子的终身发展，关系到国家和民族未来。学龄前儿童家长要为孩子提供健康、丰富的生活和活动环境，培养孩子健康体魄、良好生活习惯和品德行为，让他们在快乐的童年生活中获得有益于身心发展的经验。

一、家长科学育儿的指导理念

（1）家庭生活中父母对幼儿的教育和影响，对其良好行为习惯、思想品德、价值观的形成，健全人格培养等都具有基础性作用。

（2）家庭教育要从养成良好习惯开始，培养幼儿良好的思想品德，使幼儿养成好思想、好品德、好习惯、好人格，培养幼儿与他人、与社会、与自然和谐相处的能力。

（3）家长要履行对子女的监护职责和抚养教育义务，了解监护人法定权利和义务，学习家庭教育知识，掌握家庭教育理念和方法，提升科学实施家庭教育的能力。

（4）家长应当努力做到举止文明、情趣健康、敬业进取、言行一致、好学善思，自觉践行社会主义核心价值观，以健康的思想、良好的品行教育影响幼儿。

（5）家庭成员要共同构建优秀家庭文化、传承良好家风，为幼儿健康成长营造和谐的家庭环境。

家长要学会优化家庭生活，为幼儿提供健康向上、丰富多彩的活动。

二、家长科学育儿的指导要点

（1）带领幼儿积极开展体育锻炼；科学搭配幼儿饮食，做到营养均衡；不断学习幼儿营养的新理念、新知识。

（2）与幼儿一起制定生活作息制度；积极运用奖励与忽视并行的方式纠正并消除幼儿不良的行为方式与癖好；定期带领幼儿进行健康检查。

（3）提高安全意识，尽可能消除环境中的伤害性因素；以良好的榜样影响幼儿；对幼儿实施安全教育，提高幼儿的生命意识；重视幼儿的体能素质，通过活动提高其自我保护能力。

（4）关注幼儿日常交往行为，对幼儿的交往态度、行为和技巧及时提供帮助和辅导；注意培养幼儿多方面的兴趣、爱好和特长，增强幼儿交往的自信心；开展角色扮演游戏，帮助幼儿在家中练习社交技巧，并积极为幼儿创造与同伴交往的机会，培养幼儿乐于与人交往的习惯和品质。

（5）适时创设面对变化与应对挫折的生活情境与锻炼机会，引导幼儿学习面对挫折的方法，在幼儿遇到困难时以鼓励、疏导的方式给幼儿以必要的帮助与支持。

聚焦考证

（单项选择题）家庭教育和幼儿园教育是相互支持、相互补充的。家庭要主动配合幼儿园，幼儿园也要对家长进行家庭教育的（　　　）。

A. 指导　　　　　　　B. 支持　　　　　　　C. 配合　　　　　　　D. 协作

【破题要领】　A。幼儿园同时要面向幼儿家长提供科学育儿指导。

三、家长科学育儿的指导途径

《幼儿园教育指导纲要（试行）》明确指出：幼儿园应本着尊重、平等、合作的原则，争取家长的理解、支持和主动参与，并积极支持、帮助家长提高教育能力。《托育机构保育指导大纲（试行）》明确指出：托育机构应向家庭、社区宣传科学的育儿理念和方法，提供照护支持和指导服务，帮助家庭增强科学育儿能力。因此，家长育儿指导的途径如下：

（一）入户指导

入户指导是保育师走进幼儿家庭向家长介绍幼儿身心发展规律的基本知识、宣传正确的家庭教育观念、指导科学的家庭教育策略和方法。为使入户指导更有针对性，保育师要对幼儿家庭情况进行摸底，要分析每位幼儿的个性发展情况，与家长一同协商入户指导的时间和参与人员。保育师需要倾听家长的需求与育儿问题，与其建立信任关系，并为其提供情感支持。在倾听的同时，保育师还要帮助家长将信息与资源整合，转化为适合幼儿发展的教育方式。

（二）育儿讲座

育儿讲座指针对幼儿家长开展的以家庭教育为基础的讲座活动。育儿讲座是实现家园教育同步最有效的方式，可以增加家园共育的主动性和积极性，拉近家园合作关系，有效促进幼儿健康发展。因此，保育师可以定期或者不定期联合儿童保健专家、教育专家和心理学家举办各种类型的专题讲座和互动研讨，主要讲解内容是与幼儿保育和教育有关的知识，以扩充家长的育儿知识、转变家长的教育观念。

（三）亲子活动

亲子活动指父母陪着幼儿参加园所组织的有益于儿童成长的活动。常见的亲子活动有户外亲子、亲子体验、主题活动、家庭游戏等。开展亲子活动时，家长可直接观摩保育师是如何指导孩子的。家长也可以请保育师介绍一些保教观念及方法，对家长进行个别指导。保育师也可以将活动中观察到的父母指导孩子的好例子介绍给大家，然后分析其中科学的观念及方法，给予父母启发。因此，保育师应开展丰富多彩的亲子活动，寓教于乐，寓知识于游戏中，形成保育师、家长与幼儿进行互动游戏的育儿指导模式。

强化练习

在线练习 8-3

一、单项选择题

1. 家园沟通交流途径中，家长和老师面对面沟通的形式不包括（　　　）。
   A. 家访　　　　　　　　B. 家长会　　　　　　　　C. 单独沟通　　　　　　　　D. 家园联系册

2. 保育师向家长提出的要求应当（　　　），要体谅家长的困难，加深彼此之间的融洽感情。
   A. 满足教师的需要　　　　　　　　B. 适宜家长的个人能力
   C. 切合实际情况　　　　　　　　D. 符合家长的经济情况

3. 家园有效合作的前提是保教人员与家长之间的相互尊重，幼儿园方面要（　　　）家长。
   A. 经常沟通　　　　　B. 平等对待　　　　　C. 每天联系　　　　　D. 参与教育

4. 保育师要向家长讲解婴幼儿身心发展的一般规律和（　　　），使家长具备一些生理学、心理学知识，为教育孩子做好准备。
   A. 哲学知识　　　　　B. 差异心理知识　　　　　C. 教育理念　　　　　D. 遗传知识

5. 保育师要根据婴幼儿与家长的不同特点，开展分类型和（　　　）的指导，注意灵活性。
   A. 分年龄　　　　　B. 分个性　　　　　C. 分家庭　　　　　D. 分层次

二、判断题

1. 保育师开展的讲座报告不仅要讲科学育儿的理论、原则，还要讲家庭教育的途径方法、操作策略。
（　　　）

2. 保育师要引导家长积极运用奖励与忽视并行的方式纠正并消除幼儿不良的行为方式与癖好。（　　　）

3. 活动沟通形式灵活，体现个性化，不受时间、空间的限制。　　　　　　　　　　（　　　）

4. 幼儿的能力发展在整个学前时期是不断进行的，但各年龄阶段有一定的特点，不同年龄阶段生长速度不同。
（　　　）

模块小结

　　本模块主要阐述了幼儿园物品管理、清洁消毒、材料配备、区域设置、沟通交流和育儿指导的知识，帮助学生掌握幼儿园环境管理的内容、要求与原则，掌握家园合作共育的内容、方法与途径，提高学生环境管理能力和指导家长科学育儿能力。

附：实操题目

实操题目1　幼儿一日生活区域的布置

一、实操时间：10分钟

二、实操形式：操作＋口述

三、实操情景与要求

保育师小明在一所幼儿园上班，要求他针对新的班级合理布置幼儿一日生活区域，在新生家长会上向家长讲解区域的划分与功能分析。

请完成幼儿一日生活区域的布置与讲解，并选择某一区域（阅读区）介绍其投放的材料。

1. 在规定的时间内完成并展示幼儿一日生活区域规划设计图。

2. 口述并操作一日生活区域划分、材料投放及功能的具体内容：准备环节、操作环节、综合评价。

四、实操步骤要点

序号	实操步骤	实操要点
1	准备环节	1. 保育师准备：着装整齐，不戴饰物，指甲不过肉际，头发束起，洗净双手，心情平静，表情自然 2. 环境准备：保持室内空气新鲜，温湿度适宜，相对独立环境 3. 用物准备：一日生活区域、纸张、笔、各类型的玩教具和生活用品
2	操作环节	1. 一日生活区域规划图： （1）根据幼儿的年龄特点规划一日生活区域：生活区、感官区、阅读区、科学区、艺术区、社会区等 （2）合理确定活动区域的空间布局 （3）写出每个活动区域的面积和可容纳人数 （4）根据活动内容和形式，做到动静分离。 2. 规划图讲解： （1）讲解详细、准确、全面，条理清晰 （2）语言简洁流畅，教态自然大方 （3）区域划分及功能讲解明晰，完整，适宜婴幼儿活动需要 （4）材料投放丰富、适宜，能够激发幼儿积极地与环境互动 3. 选择一个区域投放材料（阅读区）：1～2个图书架，有一定数量的软垫，适合孩子阅读的各种绘本、挂图、各类卡片，放置卡片袋或盒子

续表

序号	实操步骤	实 操 要 点
2	操作环节	4. 整理记录： （1）洗手 （2）收拾整理用物，物品归位
3	综合评价	1. 保育师素质：沉着镇定，操作过程中保持专业态度，和蔼、语调柔和，关爱幼儿 2. 操作：评估方法正确，表达自然、流畅，用词礼貌，大方得体

实操题目2　幼儿呕吐物的处理

一、实操时间：10分钟

二、实操形式：操作＋口述

实操题目2

三、实操情景与要求

幼儿肠道比较脆弱，容易发生呕吐。中班幼儿小明吃完午餐后，发生喷射性呕吐，衣服沾染了很多呕吐物。请规范处理幼儿呕吐物。

1. 在规定的时间内规范完成幼儿呕吐物的处理。

2. 口述并操作处理幼儿呕吐物的具体内容：准备环节、操作环节、综合评价。

四、实操步骤要点

序号	实操步骤	实 操 要 点
1	准备环节	1. 保育师准备：着装整齐，不戴饰物，指甲不过肉际，头发束起，洗净双手，心情平静，表情自然 2. 环境准备：保持室内空气新鲜，温湿度适宜，相对独立环境 3. 用物准备：幼儿模型（四肢能动）、抹布、84消毒液、软胶手套、扫帚、簸箕、流动水、洗衣盆、中性肥皂、一次性医用口罩、防护帽子
2	操作环节	1. 呕吐物处理程序： （1）保育师应协助幼儿离开呕吐物，避免幼儿将地面踩脏造成二次污染 （2）保育师用干净抹布及时擦洗、清洁幼儿的衣物。如幼儿衣服上沾染了呕吐物较多时，保育师要及时为幼儿更换衣服，并进行清洗消毒 （3）保育师提醒幼儿避开呕吐物，同时用1∶100的84消毒液对呕吐物进行喷洒消毒 （4）84消毒液在地面停留10分钟后，保育师用扫帚和簸箕清扫地面污物，并用1∶100的84消毒液消毒的拖把将地面拖洗干净 （5）保育师应及时询问幼儿身体状况，了解幼儿呕吐的原因，以便就医或与家长取得联系 2. 幼儿呕吐后清理工作的注意事项（口述）： （1）保育师在清理呕吐物时，不要训斥幼儿，要细心观察和询问幼儿身体不舒服的原因 （2）如果幼儿出现较严重的呕吐现象时，保育师应及时与家长取得联系，必要时请家长送患儿去医院就医 （3）保育师要教育幼儿当胃部不舒服时及时到厕所呕吐 4. 整理记录： （1）洗手 （2）收拾整理用物，物品归位
3	综合评价	1. 保育师素质：沉着镇定，操作过程中保持专业态度，和蔼、语调柔和，关爱婴幼儿 2. 操作：评估方法正确，操作熟练、动作轻稳、准确、安全

模块二 生活照料实操训练

实操题目3 引导幼儿正确如厕

实操题目3

一、实操时间：10分钟

二、实操形式：操作+口述

三、实操情景与要求

请为小班幼儿创设愉快如厕环境，引导小班幼儿正确如厕。

1. 在规定的时间内按程序和要求安全、正确口述并操作引导幼儿正确如厕的方法。

2. 口述并操作小班幼儿如厕环节并进行如厕环境创设的具体内容：准备环节、操作环节、综合评价。

四、实操步骤要点

序号	实操步骤	实 操 要 点
1	准备环节	1. 保育师准备：着装整齐，不戴饰物，指甲不过肉际，头发束起，洗净双手，心情平静，表情自然 2. 环境准备：保持室内空气新鲜，温湿度适宜，相对独立环境 3. 用物准备：幼儿模型（四肢能动）、免洗手消毒剂、便盆1个、小内裤1条、长裤1条、签字笔、记录本等，物品放置有序
2	操作环节	1. 如厕前准备： （1）优美、安静氛围，可放轻音乐 （2）准备幼儿喜欢的便具放固定位置 （3）如厕过程不强迫幼儿、不催促幼儿、不威胁幼儿 （4）幼儿主动如厕要及时表扬和鼓励 2. 如厕过程： （1）指导幼儿学会自己发出"排便信号" （2）指导幼儿学会脱裤子 （3）指导幼儿专心排便，不要玩玩具或者与其他幼儿交谈 （4）指导幼儿学会清洁屁股 （5）指导幼儿放水冲洗马桶 （6）指导幼儿洗手，养成良好的如厕卫生习惯 注意：每个步骤用时不少于15秒 3. 整理记录： （1）收拾整理用物，物品归位 （2）记录幼儿如厕情况
3	综合评价	1. 保育师素质：沉着镇定，操作过程中保持专业态度，和蔼、解释耐心、语调柔和，关爱幼儿 2. 操作：评估方法正确，操作熟练、动作轻稳、准确、安全

实操题目4

实操题目4　幼儿感冒的饮食调理

一、实操时间：10分钟

二、实操形式：操作＋口述

三、实操情景与要求

涵涵，男，4岁，最近天气转冷，出现鼻塞、流鼻涕、打喷嚏等感冒症状，伴有食欲不振。请完成幼儿感冒的饮食调理。

1.在规定的时间内按要求正确地进行幼儿感冒的饮食调理。

2.口述并操作幼儿感冒饮食调理的具体内容：准备环节、操作环节、综合评价。

四、实操步骤要点

序号	实操步骤	实操要点
1	准备环节	1. 保育师准备：着装整齐，不戴饰物，指甲不过肉际，头发束起，洗净双手，心情平静，表情自然 2. 环境准备：保持室内空气新鲜，温湿度适宜，相对独立环境 3. 用物准备：幼儿模型（四肢能动）、围兜、餐具（碗、勺）、幼儿餐桌椅、水杯、海带70克、水发绿豆80克、冰糖50克、菜盆、砂锅、纯净水等物品整齐、有序放置
2	操作环节	1. 将海带洗净，切成条，再切成小块；将绿豆洗净，滤干，放在盆中备用 2. 在锅中注入适量清水烧开，倒入洗净的绿豆 3. 烧开后用小火煮30分钟，至全部食材熟透，搅拌片刻 4. 倒入切好的海带，加入冰糖，搅拌均匀 5. 用小火续煮10分钟，至全部食材熟透，搅拌片刻 6. 盛出煮好的汤料，装入碗中即可 7. 带幼儿洗净双手，系好围兜，安置幼儿坐在餐椅上，辅助幼儿使用小勺食用 8. 口述海带绿豆汤功效：海带中的矿物质含量较高，能增强幼儿的免疫力，有助于预防感冒病毒的侵袭，多吃绿豆还能清热下火，对感冒有辅助食疗作用 9. 全过程保持镇静，注意与幼儿沟通时微笑、关心爱护幼儿
3	综合评价	1. 保育师素质：沉着镇定，操作过程中保持专业态度，和蔼、语调柔和，关爱幼儿 2. 操作：评估方法正确，表达自然、流畅，用词礼貌，大方得体

模块三　安全健康管理实操训练

实操题目5

实操题目5　幼儿头皮血肿的应急处理

一、实操时间：10分钟

二、实操形式：操作＋口述

三、实操情景与要求

贝贝，4岁半，女，在活动室玩游戏时，不小心头磕到地上，出现了一个核桃般大小、略鼓起的小包，皮肤没有磕破，轻触中间稍有凹陷，贝贝痛得大哭起来。请对幼儿头皮血肿进行应急处理。

    1. 在规定的时间内按程序和要求，安全进行头皮血肿幼儿的急救处理。

    2. 口述并操作头皮血肿幼儿的急救处理的具体内容：准备环节、操作环节、综合评价。

四、实操步骤要点

序号	实操步骤	实 操 要 点
1	准备环节	1. 保育师准备：着装整齐，不戴饰物，指甲不过肉际，头发束起，洗净双手，心情平静，表情自然 2. 环境准备：保持室内空气新鲜，温湿度适宜，相对独立环境 3. 用物准备：幼儿模型（四肢能动）、冰块或冰袋、小毛巾、碘伏、棉签、治疗盘、弯盘、记录本和笔、手消毒剂，物品放置有序
2	操作环节	1. 观察评估： （1）观察情况：幼儿的生命体征、面色、意识状态并安抚幼儿情绪 （2）观察伤口：查看头皮血肿的部位、体积大小，有无伤口出血，评估血肿的严重程度、疼痛程度等，病情严重拨打"120" 2. 立即进行应急处理： （1）立即抱起幼儿，与幼儿沟通，保持其情绪稳定 （2）口述：头皮血肿不能揉，24小时内进行冷敷，以减少出血、肿胀和疼痛 （3）口述：冷敷方法正确，将冰袋或冰块用小毛巾包裹后敷在血肿处，避免过冷。 （4）口述：观察幼儿是否有头痛、头晕、恶心、呕吐、躁动不安或嗜睡等异常表现，病情加重者及时送往医院 （5）口述：24～48小时后，可以热敷促进血肿吸收，热敷时询问宝宝烫不烫，随时观察局部皮肤情况，如发红起泡，立即停止热敷，热敷后不能立即外出，避免着凉感冒 3. 现场救护效果评价： （1）观察幼儿生命体征，情绪是否缓解 （2）有无必要送至医院 4. 整理记录： （1）洗手，记录（记录救护过程） （2）收拾整理用物，物品归位
3	综合评价	1. 保育师素质：沉着镇定，操作过程中保持专业态度，和蔼、语调柔和，关爱幼儿 2. 操作：评估方法正确，表达自然、流畅，用词礼貌，大方得体

实操题目6　幼儿触电的现场救护

实操题目6

一、实操时间：10分钟

二、实操形式：操作＋口述

三、实操情景与要求

    小帅，5岁，男，比较调皮，喜欢乱摸乱碰，趁老师不注意，拿着小刀插入到插座里面，突然间小帅全身抽搐，面色苍白，惊叫一声倒在了地上。请完成触电幼儿的现场救护。

    1. 在规定的时间内按程序和要求，安全进行触电幼儿的急救处理。

    2. 口述并操作触电幼儿的急救处理的具体内容：准备环节、操作环节、综合评价。

四、实操步骤要点

序号	实操步骤	实操要点
1	准备环节	1. 保育师准备：着装整齐，不戴饰物，指甲不过肉际，头发束起，洗净双手，心情平静，表情自然 2. 环境准备：保持室内空气新鲜，温湿度适宜，相对独立环境 3. 评估幼儿：生命体征、意识状态、有无惊恐、焦虑 4. 用物准备：幼儿模型（四肢能动）、木棍或竹竿等绝缘工具、一次性呼吸膜或纱布、记录本、笔
2	操作环节	1. 触电急救过程： （1）保育师保持镇静，拉下幼儿园电源总闸 （2）快速换穿胶底鞋，拨开排插座与插座的连接 （3）用拖把柄绝缘工具，把排插座从幼儿的身边移开；将脱离电源的幼儿迅速移至通风干燥处仰卧 （4）检查幼儿全身，呼叫幼儿，评估幼儿神志清醒、四肢麻木；松开上衣和裤子，评估幼儿的呼吸情况，摸一摸颈动脉搏动情况，如发生呼吸心跳停止，立即行心肺复苏。（口述） （5）将幼儿平躺在床上休息，不要让幼儿起身走动，严密观察呼吸和脉搏的变化 （6）幼儿情绪稳定后，给幼儿做安全教育 （7）将排插收拾，将电线捆起，装上安全插座防护盖 2. 口述注意事项： （1）将排插收拾，将电线捆起，装上安全插座防护盖 （2）情况严重迅速将幼儿送医院治疗 3. 整理记录： （1）洗手，记录（记录救护时间和过程） （2）收拾整理用物，物品归位
3	综合评价	1. 保育师素质：沉着镇定，操作过程中保持专业态度，和蔼、语调柔和，关爱幼儿 2. 操作：评估方法正确，表达自然、流畅，用词礼貌，大方得体

实操题目7　幼儿热性惊厥的急救处理

实操题目7

一、实操时间：10分钟

二、实操形式：操作＋口述

三、实操情景与要求

西西，3岁8个月，女，早上出现流涕咳嗽，高热，测体温达39.3℃，服用退热药物后效果不明显，中午突然间西西全身抽动，口吐白沫，双眼上翻。老师马上送医院就诊并通知家长。请完成幼儿热性惊厥的急救处理。

1. 在规定的时间内按程序和要求，安全进行幼儿热性惊厥的急救处理。

2. 口述并操作幼儿热性惊厥急救处理的具体内容：准备环节、操作环节、综合评价。

四、实操步骤要点

序号	实操步骤	实操要点
1	准备环节	1. 保育师准备：着装整齐，不戴饰物，指甲不过肉际，头发束起，洗净双手，心情平静，表情自然

续表

序号	实操步骤	实 操 要 点
1	准备环节	2. 环境准备：保持室内空气新鲜，温湿度适宜，相对独立环境 3. 用物准备：幼儿模型（四肢能动）、纱布、手电筒、治疗盘、弯盘、记录本和笔、手消毒剂，物品放置有序
2	操作环节	1. 观察评估： （1）观察情况：关心孩子，检查幼儿惊厥发作程度，有无伴随症状；口述：幼儿全身抽动，口吐白沫，双眼上翻，马上清除口腔异物，头偏向一侧 （2）评估幼儿有无外伤、窒息的危险 2. 立即进行急救处理： （1）就地抢救，立即将幼儿平卧，头偏向一侧 （2）解开幼儿衣领、裤带 （3）清除口、鼻腔分泌物和呕吐物方法正确 （4）抽搐时防止幼儿咬伤自己的舌头。 （5）将纱布放于幼儿手下或腋下，保护患儿安全，移开床上硬物，床边加设床栏 （6）根据幼儿高热情况，在前额、手心腹股沟等处放置冷毛巾，冰袋或使用退热贴进行物理降温 3. 现场救护效果评价： （1）观察幼儿生命体征，意识状态、瞳孔等是否缓解 （2）将幼儿平稳送至医院 4. 整理记录： （1）洗手，记录（记录病情发作、持续时间和救护过程） （2）收拾整理用物，物品归位
3	综合评价	1. 保育师素质：沉着镇定，操作过程中保持专业态度，和蔼、语调柔和，关爱幼儿 2. 操作：评估方法正确，表达自然、流畅，用词礼貌，大方得体

实操题目8　幼儿气道异物梗阻的急救处理

一、实操时间：10分钟

二、实操形式：操作+口述

实操题目8

三、实操情景与要求

东东，男，4岁，一天在玩耍时翻到放在抽屉里的糖果，于是拿来吃，由于硬糖嚼不碎，放在嘴里不久后出现咳嗽，表情痛苦，面部潮红发绀，双手挣扎。请完成幼儿气道异物梗阻的急救。

1. 在规定的时间内按程序和要求，正确判断幼儿气道异物梗阻并实施急救。

2. 口述并操作幼儿气道异物梗阻的判断和实施急救的具体内容：准备环节、操作环节、综合评价。

四、实操步骤要点

序号	实操步骤	实 操 要 点
1	准备环节	1. 保育师准备：着装整齐，不戴饰物，指甲不过肉际，头发束起，洗净双手，心情平静，表情自然 2. 环境准备：保持室内空气新鲜，温湿度适宜，相对独立环境 3. 用物准备：幼儿模型（四肢能动）、记录本、签字笔、手消毒剂

205

续表

序号	实操步骤	实 操 要 点
2	操作环节	1. 正确判断气道异物梗阻： （1）观察情况：发现孩子咳嗽，立即上前询问。口述：孩子出现刺激性咳嗽，声音浑浊，哭声减弱，呼吸困难，口唇发绀，判断为孩子发生气道异物梗阻 （2）安抚幼儿情绪：用语言稳定幼儿情绪，鼓励自行咳嗽。口述：无法自行咳出异物，立即进行海姆立克急救法 2. 正确实施海姆立克急救法： （1）站在幼儿背后，双手臂从身后环抱幼儿 （2）定位："剪刀"脐上两横指定位 （3）手势：一手"石头"拳头手背朝上置于脐上两横指，另一手"布"包住拳头 （4）用力方向：向内向上 （5）反复多次有节奏进行，直至异物排出 3. 现场急救效果评价： （1）幼儿气道异物是否排出 （2）幼儿是否有二次伤害 4. 整理记录： （1）洗手，记录 （2）收拾整理用物，物品归位
3	综合评价	1. 保育师素质：沉着镇定，操作过程中保持专业态度，和蔼、语调柔和，关爱幼儿 2. 操作：评估方法正确，表达自然、流畅，用词礼貌，大方得体

模块四　早期学习支持实操训练

实操题目9　与幼儿一起玩纸工游戏

实操题目9

一、实操时间：10分钟

二、实操形式：操作＋口述

三、实操情景与要求

以"家"为主题，为中班幼儿组织一个撕纸、粘贴纸，制作装饰画的纸工游戏，重点关注幼儿精细动作技能发展。

1. 在规定的时间内按程序和要求安全、正确为幼儿开展纸工游戏训练。

2. 口述并操作中班幼儿精细动作技能发展的具体内容：准备环节、操作环节、综合评价。

四、实操步骤要点

序号	实操步骤	实 操 要 点
1	准备环节	1. 保育师准备：着装整齐，不戴饰物，指甲不过肉际，头发束起，洗净双手，心情平静，表情自然 2. 环境准备：保持室内空气新鲜，温湿度适宜，相对独立环境 3. 用物准备：幼儿模型（四肢能动）、各种各样的纸，包括纸巾、彩色纸、皱纸、包装纸、相框一个、即时贴、黑色卡纸、双面胶若干、免洗手消毒剂、签字笔、记录本等

续表

序号	实操步骤	实 操 要 点
2	操作环节	1. 保育师给幼儿不同颜色和质地的纸和幼儿一起玩撕纸游戏 2. 保育师示范把纸撕开，幼儿尝试撕纸，保育师根据当时展示的纸告知幼儿纸的颜色与质地 3. 保育师鼓励幼儿用拇指和食指配合将纸撕开 3. 保育师准备好底板，露出有黏性的一面备用 4. 幼儿将撕下的碎纸粘在底板上 5. 保育师鼓励幼儿根据自己的意愿随意粘贴，表扬"宝宝的作品真棒！" 6. 将幼儿的作品装入相框，用于家庭环境布置 7. 活动过程中具有一定的安全意识 注意：每个步骤用时不少于15秒 3. 整理记录： （1）引导幼儿洗净双手 （2）和幼儿一起收拾整理工具材料，清理干净场地 （3）记录幼儿精细动作技能发展情况
3	综合评价	1. 保育师素质：沉着镇定，操作过程中保持专业态度，和蔼、语调柔和，关爱幼儿 2. 操作：评估方法正确，表达自然、流畅，用词礼貌，大方得体

实操题目10　与幼儿一起玩包糖果游戏

一、实操时间：10分钟

二、实操形式：操作＋口述

实操题目10

三、实操情景与要求

东东，男，小班，平时喜欢模仿妈妈包糖果。请完成指导幼儿玩包糖果礼物游戏。

1. 在规定的时间内按程序和要求安全、正确地与小班幼儿一起玩包糖果礼物游戏。
2. 口述并操作与小班幼儿一起玩包糖果礼物游戏的具体内容：准备环节、操作环节、综合评价。

四、实操步骤要点

序号	实操步骤	实 操 要 点
1	准备环节	1. 保育师准备：着装整齐，不戴饰物，指甲不过肉际，头发束起，洗净双手，心情平静，表情自然 2. 环境准备：保持室内空气新鲜，温湿度适宜，相对独立环境 3. 用物准备：幼儿模型（四肢能动）、各式各样的糖纸、糖果
2	操作环节	1. 热身活动： 保育师自编儿歌"小糖果手心放，小糖果里面藏，上包包下包包，左拧拧右拧拧，我的糖果包包好。"创设语言氛围，激发幼儿参与游戏的兴趣 2. 示范操作： （1）保育师指导幼儿选择喜欢的糖纸、糖果，观察糖纸的色彩、形状、花纹，感受糖纸的色彩美 （2）保育师示范包糖果、拧糖果的技能 3. 独自练习： （1）保育师让幼儿自己选择喜欢的糖纸，糖果 （2）保育师鼓励幼儿练习包、拧的技能 4. 交换小礼物： （1）节日当天，鼓励幼儿将自己包装好的糖果礼物送给喜欢的小朋友

序号	实操步骤	实 操 要 点
2	操作环节	（2）交换礼物时使用礼貌用语 5. 整理记录，物品归位，洗手
3	综合评价	1. 保育师素质：沉着镇定，操作过程中保持专业态度，和蔼、语调柔和，关爱幼儿 2. 操作：评估方法正确，表达自然、流畅，用词礼貌，大方得体

模块五　家园合作共育实操训练

实操题目11　保育师与家长交流

实操题目11

一、实操时间：10分钟

二、实操形式：操作＋口述

三、实操情景与要求

幼儿亮亮，男，3岁，活泼好动。他很聪明，喜欢画画，玩游戏。游戏中，他常常推拉、抓伤别的小朋友，有时候把小朋友弄哭了，向保育师李老师告状。今天，亮亮又把一个小朋友的手抓伤了。保育师李老师决定和亮亮妈妈沟通。请演示与家长交流沟通的过程。

1. 在规定的时间内按程序和要求完成与家长交流沟通的过程。
2. 口述并操作与家长交流沟通的具体内容：准备环节、操作环节、综合评价。

四、实操步骤要点

序号	实操步骤	实 操 要 点
1	准备环节	1. 保育师准备：着装整齐，不戴饰物，指甲不过肉际，头发束起，洗净双手，心情平静，表情自然 2. 环境准备：保持室内空气新鲜，温湿度适宜，相对独立环境 3. 用物准备：办公桌、椅子
2	操作环节	1. 环境要求：房间宽敞、明亮、温湿度适宜 2. 精神状态饱满，举止大方得体，态度友好亲和，能正确地称呼家长 3. 保育师面带微笑，眼睛看着家长脸部的三角部位（双眼和口之间），目光友好亲和 4. 保持社交距离1.2～3.5米 5. 简述交谈目的：交流分析幼儿在园行为表现，肯定孩子优点和进步，如"亮亮很聪明，画画很出色，游戏水平很高，保教人员都很喜欢他，也希望家长给他提供更多锻炼的机会……"让家长感觉到老师对孩子的关注和喜爱，表扬之后指出亮亮平时好推拉小朋友，还爱告状等缺点和不足，并和家长一起分析亮亮好打人的原因，寻求家长的配合，帮助亮亮改掉这个缺点 6. 感谢家长能积极配合老师的工作，共同促进孩子的健康成长 7. 交流结束，友好告别
3	综合评价	1. 保育师素质：沉着镇定，操作过程中保持专业态度，和蔼、语调柔和，关爱幼儿 2. 操作：评估方法正确，表达自然、流畅，用词礼貌，大方得体

实操题目12　入园新生家庭访问

一、实操时间：10分钟

二、实操形式：操作+口述

实操题目12

三、实操情景与要求

请开展入园新生的家庭访问，并做好家访记录。

1. 在规定的时间内按程序和要求开展入园新生的家庭访问，并做好家访记录。
2. 口述并操作入园新生家访的具体内容：准备环节、操作环节、综合评价。

四、实操步骤要点

序号	实操步骤	实 操 要 点
1	准备环节	1. 保育师准备：着装整齐，不戴饰物，指甲不过肉际，头发束起，洗净双手，心情平静，表情自然 2. 环境准备：保持室内空气新鲜，温湿度适宜，相对独立环境 3. 用物准备：幼儿模型（四肢能动）、免洗洗手液、家访表格、笔、玩具、电话
2	操作环节	1. 家访前工作： （1）保育师电话说明家访的目的，确定家访的时间、地点、参与人员和注意事项 （2）保育师穿着整齐规范，带齐家访表格等材料，并在进门前用免洗洗手液洗手 2. 开始家访： （1）保育师先与幼儿和家长打招呼，并做自我介绍 （2）保育师用玩具与孩子互动，了解幼儿的性格特点，并做记录 （3）保育师与家长沟通，了解幼儿的生活习惯和注意事项，并做记录 （4）保育师介绍幼儿在园的一日生活情况 （5）保育师说明新生入园的注意事项 （6）保育师回答幼儿家长的问题 3. 家访结束： 保育师收拾物品，并与幼儿和家长道别 4. 整理记录： （1）洗手，记录 （2）收拾整理用物，物品归位
3	综合评价	1. 保育师素质：沉着镇定，操作过程中保持专业态度，和蔼、语调柔和，关爱幼儿 2. 操作：评估方法正确，表达自然、流畅，用词礼貌，大方得体

图书在版编目（CIP）数据

幼儿保育专业考证指导与训练/雷红云主编.—上海：复旦大学出版社，2023.10
ISBN 978-7-309-16818-1

Ⅰ.①幼…　Ⅱ.①雷…　Ⅲ.①幼儿教育-中等专业学校-教材　Ⅳ.①G61

中国国家版本馆 CIP 数据核字（2023）第 072264 号

幼儿保育专业考证指导与训练
雷红云　主编
责任编辑/谢少卿

复旦大学出版社有限公司出版发行
上海市国权路 579 号　邮编：200433
网址：fupnet@fudanpress.com　http://www.fudanpress.com
门市零售：86-21-65102580　　团体订购：86-21-65104505
出版部电话：86-21-65642845
上海丽佳制版印刷有限公司

开本 890 毫米×1240 毫米　1/16　印张 14　字数 434 千字
2023 年 10 月第 1 版第 1 次印刷

ISBN 978-7-309-16818-1/G·2491
定价：49.00 元

如有印装质量问题，请向复旦大学出版社有限公司出版部调换。